全国高职高专经济管理类"十四五"规划
理论与实践结合型系列教材·物流专业

物流管理基础（第二版）

WULIU GUANLI JICHU

主　编　李子豪　李东　朱媛
副主编　张丽丽　吴晶　陈勇

http://www.hustp.com

中国·武汉

图书在版编目(CIP)数据

物流管理基础/李子豪,李东,朱媛主编.—2版.—武汉:华中科技大学出版社,2021.2(2024.10重印)
ISBN 978-7-5680-6800-0

Ⅰ.①物… Ⅱ.①李… ②李… ③朱… Ⅲ.①物流-物资管理-高等职业教育-教材 Ⅳ.①F252.1

中国版本图书馆 CIP 数据核字(2021)第 005705 号

物流管理基础(第二版)
Wuliu Guanli Jichu(Di-er Ban)

李子豪　李　东　朱　媛　主编

策划编辑：聂亚文
责任编辑：白　慧
封面设计：孢　子
责任监印：朱　玢
出版发行：华中科技大学出版社(中国·武汉)　　电话：(027)81321913
　　　　　武汉市东湖新技术开发区华工科技园　　邮编：430223
录　　排：华中科技大学惠友文印中心
印　　刷：武汉邮科印务有限公司
开　　本：787mm×1092mm　1/16
印　　张：17
字　　数：370千字
版　　次：2024年10月第2版第2次印刷
定　　价：45.00元

本书若有印装质量问题,请向出版社营销中心调换
全国免费服务热线：400-6679-118　竭诚为您服务
版权所有　侵权必究

前言
PREFACE

高等职业教育具有高等教育和职业教育的双重属性,与行业的发展息息相关。2019年1月24日,国务院印发的《国家职业教育改革实施方案》指出:"建立健全学校设置、师资队伍、教学教材、信息化建设、安全设施等办学标准,引领职业教育服务发展、促进就业创业。"2020年8月22日,国家发展改革委会同工业和信息化部、公安部、财政部等13个部门在《关于印发〈推动物流业制造业深度融合创新发展实施方案〉的通知》中提出:"进一步推动物流业制造业深度融合、创新发展,推进物流降本增效,促进制造业转型升级。"

我们编写本书的目的是使学生尽快地熟悉现代物流管理基础知识,把握物流管理岗位的特点,掌握必需的技能,以过硬的专业素质来胜任物流管理的相关岗位。

本书自2012年7月出版以来,因内容丰富且紧密结合物流管理岗位实际,深受广大读者的欢迎。8年多来物流产业发展较快,物流管理理论和实践都有了一定的变化。为了使读者掌握国内外最新的物流管理理论和实践经验,更好地开展物流管理工作,我们在第一版的基础上,本着"保持原体例,更新旧知识,增加新知识"的原则,进行了全面的修订。

本书以培养物流管理岗位的综合管理技能为宗旨,将培养学生的职业能力作为目标,按照物流管理的工作任务和工作过程,整合、精选教学内容,突出职业教育的特色,解读国家最新物流政策,培养岗位职业道德,从内容到形式都有创新。

本书根据高等职业院校人才培养目标,结合现代物流业发展的最新动态,突出"以就业为导向"的职业教育特点,遵循"完整、简明、实用、够用"的原则,把整个物流管理的内容整合为十二个项目,即物流与物流管理、物流市场与物流企业、物流中心与物流园区、采购与运输管理、仓储与配送管理、包装与流通加工管理、装卸与搬运管理、物流信息与物流系统、物流技术及其装备、电子商务与国际物流、物流供应链管理、第四方物流。每一项目由项目目标、知识链接、任务引入、任务分析、任务实施、相关知识扩展、实例分析、项目小结、同步训练题、实训项目构成。

本书在强调完整性、实用性、实践性、职业性和创新性的基础上,还突出了以下特色:

(1)以最新案例为载体,调动学生学习兴趣。大量的最新案例贯穿于书中,通过详细的讲解让学生掌握相关知识,这样更能调动学生学习的积极性。

(2)围绕物流行业需求,避免教学内容重叠。根据物流行业特点和市场实际需要编写课程内容,突出物流管理特色,统筹安排内容,避免内容重叠。

（3）简化理论教学内容，强化实践教学内容。理论内容遵循"必需、够用"原则，实践内容围绕专业技能，整合优化理论知识，提高学生的职业技能。

（4）注重实训课外实践，强化实践操作能力。教材内容设置紧密围绕技能教育，在十二个项目的内容后都增加了实训项目。

（5）科学选择教学内容，实现五个方面对接。专业与产业、职业岗位对接，专业课程内容与职业标准对接，教学过程与生产过程对接，学历证书与职业资格证书对接，职业教育与终身学习对接。大力推进职业教育人才培养模式改革。

本书由李子豪、李东、朱媛担任主编，由张丽丽、吴晶、陈勇担任副主编。

本书可作为高职高专物流管理、工商管理、经济管理、国际经济与贸易、电子商务、市场营销、会计等专业的教学用书，还可供中专教育、成人教育、企业培训使用。

本书在编写过程中借鉴并引用了大量文献与资料，在此向这些文献与资料的作者表示衷心的感谢！由于时间仓促，书中不足之处，敬请读者谅解并提出宝贵意见。

编　者

2020 年 11 月

目录
CONTENTS

项目一　物流与物流管理 1
　　任务一　认识物流 3
　　任务二　物流管理与物流人才 10
项目二　物流市场与物流企业 23
　　任务一　物流市场 25
　　任务二　物流企业 31
项目三　物流中心与物流园区 43
　　任务一　物流中心的选址方案 46
　　任务二　物流园区的规划分析 52
项目四　采购与运输管理 63
　　任务一　采购管理 65
　　任务二　运输管理 71
项目五　仓储与配送管理 83
　　任务一　仓储管理 85
　　任务二　配送管理 99
项目六　包装与流通加工管理 109
　　任务一　包装 111
　　任务二　流通加工 119
项目七　装卸与搬运管理 127
项目八　物流信息与物流系统 143
　　任务一　物流信息 145
　　任务二　物流系统 154
项目九　物流技术及其装备 167
　　任务一　装卸搬运技术和装备 170
　　任务二　仓储技术及其装备 175
　　任务三　集装单元化技术及其装备 181

任务四　现代物流技术的新发展——物联网技术 …………………………………… 191
项目十　电子商务与国际物流 …………………………………………………………… 201
　　任务一　电子商务与现代物流 …………………………………………………………… 203
　　任务二　国际物流管理 …………………………………………………………………… 213
项目十一　物流供应链管理 ………………………………………………………………… 227
项目十二　第四方物流 ……………………………………………………………………… 253
参考文献 ……………………………………………………………………………………… 264

项目一
物流与物流管理

WULIU
GUANLI
JICHU

(1) 掌握物流的概念及其分类。
(2) 理解现代物流的运作模式。
(3) 掌握物流管理的概念及意义。
(4) 熟悉物流管理的基本内容和特征。

随着经济全球化和信息技术的迅速发展,企业生产资料的获取与产品营销的范围日趋扩大,社会生产、物资流通、商品交易及其管理方式正在发生深刻的变革。与此相适应,除降低物资消耗、提高劳动生产率以外,被称为"第三利润源泉"的现代物流作为一种先进的组织方式和管理技术,正在世界范围内广泛兴起,并在国民经济和社会发展中发挥着重要作用。

物流的产生应该是生产力和社会经济发展的结果,从管理学与工业工程的角度看,物流是连接生产与生产系统、经济与经济系统不可缺少的部分。

一、物流的概念

中华人民共和国国家质量监督检验检疫总局和中国国家标准化管理委员会颁布的国家标准《物流术语》(GB/T 18354—2006)中将物流定义为物品从供应地向接收地的实体流动过程。根据实际需要,将运输、储存、装卸、搬运、包装、流通加工、配送、信息处理等基本功能实施有机结合。

1. 物流中的物

物流中的物泛指一切有形和无形的物质资料,有物品、物体、物质及相关信息等含义,包括一切社会劳动产品和用于社会生产与消费的各种资源。

2. 物流中的流

物流中的流泛指物质的一切运动状态,有流动、移动、运动的含义,特别是把静止也看成运动的一种形式。

物流过程中空间状态的变化使物资产生空间效用,如运输过程,时间上的转移使物资产生时间效用;储存、加工、包装过程,形状和数量的变化即物流的形质效用。

二、物流的分类

现代物流根据不同的分类标准可以进行多重划分,具体如下。
(1) 按照物流活动范围,物流可分为地区物流、国内物流、国际物流。
(2) 按照物流的社会作用,物流可分为供应物流、生产物流、销售物流、回收物流、废弃物流。
(3) 按照物流系统性质,物流可分为社会物流、行业物流、企业物流。
(4) 按照物流服务对象,物流可分为一般物流和特殊物流。
(5) 按照物流的其他特性,物流可分为绿色物流、军事物流、第三方物流、第四方物流、定制物流、虚拟物流。

三、物流管理的概念

物流管理(logistics management)是指在社会生产过程中,根据物质资料实体流动的规律,应用管理的基本原理和科学方法,对物流活动进行计划、组织、指挥、协调、控制和监督,使各项物流活动实现最佳的协调与配合,以降低物流成本,提高物流效率和经济效益。现代物流管理是建立在系统论、信息论和控制论的基础上的,包括对物流活动诸环节(运输、包装、储存、装卸、流通加工)的管理、对物流诸要素(人、财、物、设备、方法、信息)的管理和对物流活动中具体职能(计划、质量、技术、经济等)的管理。

四、物流管理的基本原则

(一)物流管理的总原则——物流合理化

物流管理的具体原则有很多,但最根本的指导原则是保证物流合理化的实现。所谓物流合理化,就是对物流设备配置和物流活动组织进行调整改进,实现物流系统整体优化的过程。它具体表现在兼顾成本与服务上,即以尽可能低的物流成本,获得可以接受的物流服务,或以可以接受的物流成本达到尽可能高的服务水平。

(二)物流合理化的基本思想

物流活动各种成本之间经常存在着此消彼长的关系,物流合理化的一个基本思想就是"均衡"的思想,从物流总成本的角度权衡得失,做到不求极限,但求均衡,以均衡造就合理。

(三)物流管理面临的新挑战

近年来,很多先进信息技术的出现,极大地推动了物流行业的改变。人们不能再以传统的观念来认识信息时代的物流,物流管理也不再是物流功能的简单组合运作,现在它已是一个网的概念。加强连通物流节点的效率、加强系统的管理效率已经成为整个物流产业面临的关键问题。

任务一 认识物流

京东进军物流业

京东集团自2007年开始自建物流,2012年正式注册物流公司,2017年4月25日正式成立京东物流集团。京东物流以技术驱动,引领全球高效流通和可持续发展为使命,致力于将过去十余年积累的基础设施、管理经验、专业技术向社会全面开放,成为全球供应链基础设施服务商。

京东物流是全球唯一拥有中小件、大件、冷链、B2B、跨境和众包(达达)六大物流网络的企业,凭借这六张大网在全球范围内的覆盖以及大数据、云计算、智能设备的应用,京东物流打造了一个从产品销量分析预测,到入库出库,再到运输配送各个环节无所不包,综合效率最优、算法最科学的智能供应链服务系统。

截至2020年6月30日,京东物流在全国运营超过750个仓库,包含云仓面积在内,京东物流运营管理的仓储总面积约为1800万平方米。目前,京东物流已投入运营的28座"亚洲一号"智能物流园区以及70多座不同层级的无人仓,形成了目前亚洲规模最大的智能仓群。京东物流大件和中小件网络已实现大陆行政区县几乎100%覆盖,90%的区县可以实现24小时达,自营配送服务覆盖了全国99%的人口,超90%的自营订单可以在24小时内送达。同时,京东物流着力推行战略级项目"青流计划",从"环境""人文社会""经济"三个方面,协同行业和社会力量共同关注人类的可持续发展。

社会经济的发展必然使得整体的资源配置更加优化,分工体系更加专业和明确。目前京东物流明确以"体验为本、技术驱动、效率制胜"为核心发展战略,将朝着"世界领先的供应链物流企业"的方向迈进。

一、物流的发展过程

物流的发展经历了四个阶段。

(一)第一阶段:物流萌芽阶段(20世纪初至20世纪50年代)

20世纪初,北美和西欧工业化进程的加快、大批量生产和销售的出现催生了最初的物流形态,主要表现为以工厂布置和物料搬运为主的企业物流,以及企业间采购、销售、供给等产生的社会物流两种形态。

美国的物流开始于各位学者对一些物流活动的研究、探索和第二次世界大战中美国军事后勤为物流提供的实证基础。1946年,美国正式成立了全美输送物流协会(American Society of Traffic Logistics),这是美国第一个对专业输送者进行考查和认证的组织。

欧洲的物流是由传统的厂区内物流规划开始的,当时主要的任务是变革传统的物料搬运。

(二)第二阶段:物流快速发展阶段(20世纪六七十年代)

20世纪60年代以后,科技与管理的不断发展,生产组织规模化和销售、供应专业化的改变对物流的发展起到了极大的促进作用,同时,社会各界对物流的重视态度为物流的飞速发展提供了良好的环境。

美国企业在这一时期普遍意识到物流所提供的服务对于企业的重要性。物流,特别是配送在这一时期得到了快速的发展。1960年,美国Raytheon公司设立了最早的配送中心。1963年,成立了美国国家物流管理协会。在这段时期物流学者也赋予了物流更丰富的内涵。美国物流学者唐纳德·鲍尔索克斯(Donald J. Bowersox)在其1974年出版的《物流管理》一书中,将物流定义为"以卖主为起点将原材料、零部件与制成品在各个企业之间有策略地加以流转,最后到达用户,期间所需要的一切活动的管理过程"。1976年,美国国家物流管理委员会对物流的定义是:"物流活动包括但不局限于为用户服务、需求预测、销售情报、库存控制、物料搬运、订货销售、零配件供应、工厂及仓库的选址、物资采购、包装、退还货物、废物利用及处置、运输及仓储等。"

20世纪70年代,欧洲社会对物流的需求随着欧洲经济的快速发展而不断涌现,此时欧洲的物流已经突破了原有厂内物流的局限,建立配送中心已经成为经济发展的需要。

(三) 第三阶段:物流成熟阶段(20世纪七八十年代)

这一阶段,物流管理的重点已经转移到对物流战略的研究上,企业开始关注同供应网络中企业的合作。电子数据交换(EDI)、准时制生产(just in time,JIT)、配送计划以及其他物流技术的不断涌现、应用与发展,为物流管理提供了强有力的技术支持和保障。

1988年,美国物流管理学会(CLM)对物流的定义反映了物流实践的发展,也进一步揭示了物流的本质,使得综合物流管理的概念得到广泛的认可和应用。这一观念的引入,使企业内部逐步改变了传统的财务、采购、销售、市场、研发等分解式管理的思维方式,取而代之的是系统整合的思想,它表明物流协作化与专业化已成为今后物流发展的主要方向。

20世纪80年代,欧洲开始探索一种新的联盟型或合作式的物流新体系:综合物流供应链管理。综合物流供应链管理用以实现最终消费者和最初供应商之间的物流与信息流的结合,即在商品流通过程中加强企业间的合作,改变原来各企业分散的物流管理方式,通过合作实现原来不可能达到的物流效率,成果由参与的企业共同分享。这一时期,欧洲的制造业已采用准时生产模式,客户的物流服务需求已经发展到同一天供货或服务,因此,综合物流的供应链管理进一步得到加强。值得一提的是,这一时期第三方物流开始在欧洲兴起。

(四) 第四阶段:现代物流发展阶段(20世纪90年代至今)

随着经济和现代信息技术的迅速发展,现代物流的内容在不断地丰富。信息技术的进步,使人们更加意识到物流体系的重要。同时,信息技术特别是网络技术的发展,为物流发展提供了强有力的支撑,使物流向信息化、网络化、智能化方向发展。

美国电子商务如火如荼地发展,使现代物流上升到前所未有的重要地位。电子商务带来的交易方式的变革,使物流向信息化和网络化发展。此外,专家系统的推广使美国物流管理实现了智能化,提高了整体效果。为了保障物流管理的效率和效果,一方面通过销售时点信息系统(point of sale,POS)、条形码、EDI网络技术等方式收集、传递信息,另一方面利用专家系统使物流战略决策实现最优化,从而共同实现商品的附加值。

进入20世纪90年代以来,欧洲一些跨国公司纷纷在国外,特别是在劳动力比较低廉的亚洲地区建立生产基地,故欧洲物流企业直接从顾客消费地获取需求信息,采用在运输链上实现组装的方式,使库存量实现最小化。信息交换采用EDI系统,产品的追踪应用无线射频识别技术(radio frequency identification,RFID),信息处理广泛采用互联网和物流服务方提供的软件。目前,基于互联网和电子商务的电子物流正在欧洲兴起,以满足越来越苛刻的物流需求。

二、物流的功能要素

物流的功能要素指的是物流系统所具有的基本能力。这些基本能力有效地组合联结在一起,形成物流的总体运作功能,从而合理、有效地实现物流系统的总目标。物流系统的功能要素一般包括运输、储存保管、装卸搬运、包装、流通加工、配送和信息处理等,各个功能要素的含义具体如下。

(一) 运输

运输的主要职能是实现物质资料的空间移动。运输在物流活动中处于中心地位,是物流系统的两大支柱之一。对物流活动的管理要求选择技术经济效果最好的运输方式及运输工具,合理确定运输路线,以实现安全、迅速、准时、价廉的目的。

(二) 储存保管

储存保管也是物流系统的核心功能要素之一,与运输一起构成了物流系统的两大支柱,在物流活动中处于中心地位。储存保管功能主要是通过仓库来实现的,其作业包括堆存、保管、保养、维护等活动。对储存保管活动的管理,包括仓储管理和库存控制两部分,应力求提高保管效率,降低损耗,加速物资和资金的周转。

(三) 装卸搬运

通常,在整个物流活动中,装卸搬运出现的频率最高,是产品损坏的重要原因。装卸搬运是对运输、储存保管、包装、流通加工等物流活动进行衔接的活动,以及在仓储保管中为进行检验、维护、保养而进行的活动。对装卸搬运活动的管理,主要包括装卸搬运方式及其器具的选择和合理配置、使用,力求减少装卸搬运次数,以达到节能、省力、安全、快速、减少损失的目的。

(四) 包装

包装的主要功能是保护产品、方便运输和促进销售。包装活动包括产品的出厂包装,生产过程中在制品、半成品的包装,以及物流过程中的换装、分装、再包装等。对包装活动的管理,主要是根据物流方式、销售要求和全部物流过程的经济效果,来确定包装材料和包装形式。

(五) 流通加工

流通加工是物流过程的辅助活动,如金属、玻璃的切割、钻孔、弯曲,商品的组装、贴标、细分等。企业、物资部门、商业部门为了弥补生产过程中商品加工程度的不足,为了能更好地衔接产需,更有效地满足用户或本企业的需求,往往需要进行这种加工活动。流通加工是物流过程中提高商品附加价值、促进商品差异化的重要环节。

(六) 配送

配送是以配货、送货形式最终实现资源配置的活动,是整个物流过程中的末端环节。作为一种现代流通方式,配送已不局限于送货运输,而是集运输、储存保管、装卸搬运、包装、流通加工、信息处理、经营、服务于一身,成了物流的一个缩影。对配送活动的管理,主要包括配送方式与模式的选择、配送业务的组织以及配送中心的规划设计、运营管理等。

(七) 信息处理

信息处理包括对与物流活动有关信息的收集、汇总、统计、使用等活动,通过收集、整理相关的费用信息、生产信息、市场信息,从中获得相关的计划、预测的依据。物流信息化是现代物流系统能够高效运作的基础。

总之,物流系统的存在使生产者与使用者之间实现了无缝连接,物流系统追求的就是完美服务、快速、及时、准确、节约、规模化、调节库存的境界。

三、现代物流的行业构成

(一) 交通运输业

交通运输业是现代物流业的主体行业,包括铁道货运业、汽车货运业、水道货运业、航空货运业、管道运输业。

（二）仓库业

仓库业通过提供仓库承担货物存储业务，包括代存、代储、自存自储等。现代物流业的存储环节除了原有的报关存储业务外，还要承接大量的流通加工业务，如分割、分拣、组装等，同时还承担物流中分量很重的装卸业务。

（三）通运业

通运业是物流业中的主要行业之一，包括集装箱联运业、集装箱租赁经营业、运输代办业、行李托运业、托盘联营业等。

（四）配送业

配送业是以配送为主的各类行业，是实现商流和物流一体化的行业。

一、现代物流的运作模式

现代物流的运作模式呈现多样化的趋势，根据现有市场体系大致可以分为以下几种。

（一）自营物流

企业借助自身的物质条件，自行开展经营的物流，称为自营物流。具有以下特征的企业适合依靠自身力量解决物流问题。

（1）业务集中在企业所在城市，送货方式比较单一。

（2）拥有覆盖面很广的代理、分销、连锁店，而企业业务又集中在其覆盖范围内。

（3）对于一些规模较大、资金比较雄厚、管理能力强的企业，比较适合自营物流。

（4）物流对企业具有非常重要的战略地位。

（二）物流联盟

物流联盟是指两个或两个以上的经济组织为实现特定的物流目标，通过签署合同形成优势互补、要素双向或多向流动、相互信任、共担风险、共享收益的物流伙伴关系。

物流联盟适用于以下两种情况。

（1）物流在企业的发展战略中起主要作用，而企业自身的物流管理能力、管理水平又比较低。在此种情况下，组建物流联盟将会在物流设施、运输能力、专业管理技巧上收益较大。

（2）物流在企业战略中不占关键地位，但企业的物流水平很高。这时组建物流联盟可以寻找伙伴，共享物流资源，通过增大物流量获得规模效益，降低成本。

（三）第三方物流

第三方物流是指由供方与需方之外的物流企业提供物流服务的业务模式，即物流的实际需求方（第一方）和实际供给方（第二方）之外的第三方，部分或全部利用第三方的资源通过合约向第一方提供物流服务，也称合同物流、契约物流。

（四）第四方物流

第四方物流是第三方物流发展的高级阶段，与第三方物流协调、合作，共同发展，是一种新的物流运作模式。埃森哲咨询公司对第四方物流的定义为："第四方物流是一个供应链的整合者及协调者,调配与管理组织本身并通过组织与其他互补性服务所有的资源、能力和技术来提供综合的供应链解决方案。"

二、物流的作业模式

(一)店铺直送

店铺直送是指由供货方本身或供货商的批发商为连锁店铺直接送货的方式。

这种方式需要有足够的到货次数,到货次数=批发商个数×店铺个数。送货时会发生交错运输的情况,因为在实际送货时有的批发商用1台车辆巡回店铺,途中非常容易发生等待和堵车的情况,影响到货时间。从店铺方面来看,若每天有数十台载货车辆来回跑,又会浪费很多时间接待,使用很多接待人员,并且过多的车辆会使周围的交通恶化,影响居民的生活。

(二)配送中心联合配送

在供货商和店铺之间设置配送中心,将每个店铺的商品集中到配送中心后再进行配送,可有效减少配送车辆及到货次数。

配送中心一般规模比较大、专业性强,与顾客有稳定的配送关系。配送中心联合配送包括连锁企业建立的配送中心或委托给物流子公司进行自主经营的配送中心,还有物流企业和批发商组成的共同配送中心,以及使用特定的批发商物流功能进行共同配送的窗口批发商方式等。此外,不同的配送中心还可以联合起来进行配送,他们共同制订配送计划,统一调配运输车辆,共同对某一地区的客户进行配送,提高设施设备的利用效率,降低配送成本。

(三)一括物流

一括物流是指为了减轻销售门店所需众多人力验货和商品陈列作业的劳动量,在物流中心等场所进行相应支持的物流系统。此物流系统的具体操作步骤为:在物流中心检验向供应商订购的全部商品,并确定正确的到货数据,然后在一个货箱中按照销售门店卖场的货架顺序进行商品的配货和集中。门店在对货箱的数量进行简单的检验后即可接收,商品的陈列不需要在货架间移动和寻找,按货箱对应的货架进行快速陈列。这种按照货架位置的送货,被连锁超市行业称为分类送货。

实施共同配送型的物流系统,会使店铺的接货作业次数减少,但作业内容没有变化,只是将作业的工作量集中进行处理。一括物流则是尽可能地将店铺的作业在中转的配送中心内完成,通过配送中心连接厂家和零售店铺的货架,大幅度地减少店铺内的作业。

相关知识扩展

物流业务外包成为众多企业的优先选项

所谓物流业务外包,即制造企业或销售企业为集中资源、节省管理费用、增强核心竞争力,将物流业务以合同的方式委托给专业的物流公司(第三方物流,3PL)运作。外包是一种长期的、战略性的、相互渗透的、互利互惠的业务委托和合约执行方式。

1. 将有限的资源集中用于发展主业

制造企业将物流业务外包给第三方物流企业,可以使企业实现资源的优化配置,减少用于物流业务方面的车辆、仓库和人力的投入,将有限的人力、财力集中于核心业务。

2. 节省费用，增加盈利

从事物流外包业务运作的第三方物流企业利用规模经营的专业优势和成本优势，通过提高各环节设备的利用率，实现节省费用，使企业能在业务分离中降低费用，从而获益。

3. 加速商品周转，减少库存，降低经营风险

第三方物流服务提供者借助精心设计的物流计划和适时的运送手段，最大限度地加速库存商品周转，减少库存，为企业降低经营风险。

4. 提升企业形象

第三方物流提供者利用完备的设施和训练有素的员工，通过控制整个供应链，帮助顾客改进服务，树立自己的品牌形象。同时制造企业也可以借助于第三方物流企业的品牌形象，提升自己的企业形象。

5. 降低管理难度，提升管理效率

物流业务外包既能使制造企业享受专业管理带来的效率和效益，又可将内部管理活动变为外部合同关系，把内部承担的管理职责变为外部承担的法律责任，有利于简化管理工作。

实例分析

企业物流外包案例

上海通用汽车有限公司是中国目前最大的一个合资企业，由上海汽车集团股份有限公司与美国通用汽车公司共同出资组建。物流业务外包使它的生产线上基本做到了零库存，它的物流是如何外包的呢？

外包要做到 JIT(just in time)，即生产零部件直送工位，准点供应。这种外包就是把原材料直接送到生产线上去的一种外包制度。因为汽车制造行业比较特殊，它的零部件比较多，品种、规格又都比较复杂，如果自己去做采购物流，要花费很多时间。中远公司就是按照上海通用汽车有限公司要求的时间准点进行供应的。

门到门运输配送使零部件存放于运输途中。门到门运输有很大的优势：第一，包装的成本可以得到大幅度的下降，因为从供应商的仓库门到用户的仓库门，装一次卸一次就可以了，这比铁路运输要先进得多；第二，除了包装成本以外，库存可以放在运输途中，就是算好时间，货物就准时送到，货物在流通的过程中进行了一些调控。

此外，可以在生产线的旁边设立再配送中心。货物到位后两个小时以内就用掉了，那么它在这两个小时里就起到了缓冲的作用，这就是传统所说的安全库存。如果没有再配送中心，货物在生产线上流动的时候就没有根据地，就会比较混乱。再配送中心能起到集中管理的作用。

同时每隔两个小时"自动"补货到位就像蓄水池的活水。"自动"补货到位在时间上控制得非常严格，因为这是跟库存量有关系的，库存在流动的过程中加以掌控，动态的管理能够实现降低成本、提高效益的目的。

中远公司是很专业的第三方物流公司，通过这样一种强强联合，建立起战略合作伙伴的关系。这种模式对于国内的制造企业，尤其是做零库存的生产企业，是比较实用的。

任务二 物流管理与物流人才

任务引入

宝供物流永远将客户的利益放在第一位

宝供物流企业集团有限公司创建于1994年,1999年经国家工商总局批准,成为国内第一家以物流名称注册的企业集团,是我国最早运用现代物流理念为客户提供一体化物流服务的专业的第三方物流企业,是目前我国最具规模、最具影响力、最领先的第三方物流企业之一,也是我国现代物流和供应链管理的开拓者和实践者。

宝供物流企业集团有限公司是国内第一家将工业化管理标准应用于物流服务系统的企业,它全面推行GMP质量保证体系和SOP标准操作程序,宝供物流的整个物流运作自始至终处于严密的质量跟踪及控制之下,可确保物流服务的可靠性、稳定性和准确性。

宝供物流企业集团有限公司汇聚和培养了一大批熟悉中西文化、深谙现代物流和供应链管理内涵、具有丰富运作经验的员工队伍。目前,公司拥有3000多名员工,其中管理人员占总人数的12.3%,工程技术人员占总人数的23.6%。在学历方面,本科以上学历达到70%,拥有包括教授、博士、硕士在内的高层次、高素质专业人才,还聘请了大批国内外物流领域的资深人士组成专家顾问团,以提高企业的咨询、决策水平。

经过二十多年的开拓与发展,宝供物流已成为物流与供应链解决方案的引领者,以多年来服务全球500强企业的智慧,为广大工商企业提供供应链一体化服务,为政府提供产业供应链一体化解决方案,正形成一个以第三方物流为主体,集现代物流设施投资、供应链金融、电子商务、商品购销、国际货代、大数据服务等供应链服务功能为一体的综合集团。

任务分析

宝供物流永远将客户的利益放在第一位,致力于成为客户的最佳合作伙伴,落实供应链每一环节的价值创造,以"开放、合作、实干、创新、共赢"的企业精神,助力客户成就卓越,基业长青。

(资料来源:http://www.pgl-world.com/pgl_introduce.html,有改动)

一、物流管理的形成和发展历程

物流管理最初形成于两种相互独立的工业生产活动中,一是物资流通部门及所属研究机构对物资流通领域的物资流通和分配的规划、运作及研究,二是工业设计部门和起重运输行业对生产领域的物料流和物料搬运的研究。

物流管理起源于产业革命时代制造业的工艺生产流程设计。苏格兰经济学家亚当·斯密在1976年的《国富论》中就提出了专业分工能提高生产率的理论,提出可以通过对生产过程的设计,使劳动力得以有效的利用。

20世纪初,工业工程和科学管理的重要创始人吉尔布雷斯在建筑工作中提出的动作分析和流程分析开始体现物流管理的雏形。因此,工业生产的日益繁盛和分工细化推动了工厂设计和企业物流的发展。

20世纪30年代,以泰勒为首的工程师对工厂、车间、作坊进行了一系列调查和试验,细致地分析、研究了工厂内部生产组织方面的问题,倡导"科学管理"。当时工厂设计的活动主要有三项,即物料搬运、工厂布置和操作法工程。其中,物料搬运研究的重点就是对原材料到制成品的物流控制改进,工厂布置则研究机器设备、运输通道和场地的合理配置,操作法工程研究的重点是工作测定、动作研究等工人的活动。以上基于经验和定性方法开展的工厂设计为高效的管理提供了途径和突破口。

20世纪50年代,管理科学、系统分析、工程数学、统筹理论的应用,为工厂设计由定性分析转向定量分析奠定了基础。这期间陆续涌现了一批工厂设计的著作,如缪瑟的《系统布置设计》和《搬运系统分析》、穆尔的《工厂与设计》、爱伯尔的《工厂布置与物料搬运》等。

20世纪80年代,计算机仿真技术开始在物流系统分析中进行方案比较、方案优选以及复杂系统的仿真研究,包括从原料接收到仓库、制造、后勤支持系统的方针,仓储系统进行分析、评价的方针等,设施设计的动态、柔性问题的研究,利用图论、专家系统、模糊集理论进行多目标优化问题的探讨。

20世纪90年代,结合现代制造技术、现代管理技术、CIMS、JIT和FMS等进行物料搬运和平面布局的优化研究,物流系统的研究也扩大到从产品订货开始到销售的整个过程。充满生机和活力的物流业在全球范围内蓬勃发展起来。

我国物流管理的最初起源同样来自设施设计与生产场地布局设计,根据其系统(如办公楼、医院、学校、商店、工厂等)应完成的功能(提供产品或服务),对其各项设施(如土地、建筑物、设备、公用工程)以及人力资源、投资等进行系统的规划和设计。新中国成立初期,我国的工厂设计受苏联设计方法的影响较深,注重设备选择的定量运算,对设备的布置以及整个车间和厂区的布置则以定性布置为主。这种方法虽然在当时起到了积极作用,但是随着科技的发展、人类空间的缩小,新建或改建一个工厂仍完全按此方法粗放型布局已越来越不适应我国经济发展的需要。

80年代末,我国的物流管理与设施规划业迅速发展起来。1987年我国出版了第一本物流学方面的专著——《物流学及其应用》,各地纷纷建立物流研究机构。2000年后物流管理迅速发展,绝大部分的大型企业进行了物流系统的建设和重组,如青岛海尔、广东宝洁、东风汽车、顺德美的等已成为物流系统实施的集中典型,中国物流管理已经被认为是国民经济的一个重要组成部分。与此同时,提高物流效率,降低物流成本,向用户提供优质服务,实现物流合理化、现代化、社会化也是物流界所共同面临的重要课题。

随着科技的日新月异、世界资源和专业分工的不断变化,资源在全球范围内加速流动,物流业也在不断进行着完善和创新,产生了许多新的思想、新的观点、新的技术和新的方法,并逐步呈现出专业化、网络化、一体化、国际化、智能化等趋势。在资源短缺、产品生命周期逐渐缩短和竞争日益激烈的国际环境下,现代物流业在国民经济体系中越发凸显其独特性和重要性。目前国际上使用比较普遍的物流管理的发展模式主要有现代集成化物流系统、电子商务物流系统、精益物流系统、供应链物流系统与管理、逆向物流与闭环供应链等。

二、物流管理的意义

物流管理概念的形成过程充分体现了其在优化企业资源分布、提高管理效率、提升经济效益上起着极其重要的作用。国际企业界更是公认物流管理为创造效益的第三源泉,其重要意义表现在以下几个方面。

1. 大幅缩短生产周期,加快资金周转

在实施物流管理之前,设计人员在设计生产系统时更关注的是先进的制造工艺对提高生产率、降低成本所起到的作用,缺乏对整个物流系统的分析。但实践逐渐表明在工厂的生产活动中,从原材料进厂到成品出厂,物料真正处于加工等纯工艺环节的时间只占生产周期的5%～10%,而90%～95%的时间都处于停滞和搬运状态,所以优化物流环节,可缩短生产周期和交货期,提高资金周转能力,增强企业竞争能力。

2. 大幅降低物流费用,提高企业经济效益

现有制造业的总经营费用中20%～50%是搬运费用,在矿业生产中物流所占用的资金、人员、产品的成本均在50%左右,而科学的物流系统设计可使这一费用减少到10%～30%。人们把物流降低的费用比作"冰山一角",可见的部分很少,还有大部分是不可见的效益。在工业发达国家,除了营销、降低原材料和能源消耗外,已把改造物流搬运、改善工厂的物流组织看作减少和节省开支以获取利润的"第三源泉"。

3. 大幅减少工作量,提高单位生产效率

在大批量生产的机械制造企业中,加工1吨产品的平均搬运量为60吨次以上,一般工厂从事搬运储存的工作人员占工人总数的15%～20%。所以,合理布置、设计物流系统,对企业关系重大。

4. 推动技术创新,改变产业格局

新工艺、新设备的采用,往往可以缩短物流过程的时间;另外,物流过程的改造更要求采用新工艺、新设备。在周而复始的使用过程中,改变行业、产业的原有生产、销售格局,促进行业和产业的优化、升级。

5. 优化作业流程,提高产品质量

产品在搬运、储存过程中,因搬运不善,造成磕、碰、伤,从而影响产品质量的现象非常严重,而企业的管理者往往忽视这个问题。湖北某汽车制造厂的传动轴分厂统计表明,该厂的机床加工能力可保证98%的零件合格,而运到装配线上后合格零件只剩下60%,搬运中损坏35%以上。因此,该厂加强工位器具研制和运输过程管理,现在到达装配线的零件合格率达95%以上,质量大幅度提高。

总之,物流管理的系统研究可不断缩短生产周期、降低物流费用、推动技术创新、优化作业流程,从而加快资金周转,提高企业经济效益。

一、物流管理的基本内容

(一)根据物流系统的范畴划分

对于社会物流系统,其规划与设计是指在一定区域范围内(国际或国内,经济区域之间)物

资流通设施的网络布点问题,如环渤海经济圈、长三角经济圈、珠三角经济圈的集装货运枢纽规划。专项物流系统规划是对特定运作对象进行功能跨区域的物流系统规划设计,如石油输送的炼油厂、中间油库、管线布点等的最优方案;供应链物流,远距离、大规模生产协作网的各个工厂区域、配送区域、物流中心场址的选择等。

对于企业物流系统,其规划与设计的核心内容是厂址规划、车间内部的设计与平面布置、设备的布局,进行物流系统分析,以求物流路线的合理化,通过改变和调整平面布置来调整物流,达到提高整个生产系统经济效益的目的。

(二) 根据物流系统的运作体系划分

根据物流系统的运作体系划分,物流管理主要包括物料搬运系统设计、物流系统布置设计、仓储设计与管理、配送和运输系统设计与管理、物流设备和器具的设计与管理、物流信息系统设计与管理等。

(1) 物料搬运系统设计是对物料搬运的路线、设备、运量、储存场地及搬运方法等做出的合理安排,研究内容涉及以下几个方面。

① 工位储备与仓库储存的研究。
② 生产批量最佳化的研究。
③ 在制品的管理。
④ 搬运车辆的计划与组织方法。

(2) 物流系统布置设计是对建筑物、运输通道、设备、场地等,按照物流、人流、信息流的合理需要,进行有机组合和合理配置。

(3) 仓储设计与管理是对物流系统中的仓库设计、仓储结构、储存时间、储存数量、储存控制方法和网络进行规划、设计与管理,充分发挥仓储在物流系统中缓冲和平衡供需矛盾的作用。

(4) 配送和运输系统设计与管理是对物流系统在运作流程与输送路径上进行合理化设计,以保证物流系统在生产或制造外部实施的高效性。

(5) 物流设备、器具的设计与管理是指改进搬运设备和流动器具,以此来提高物流效益、产品质量等,如社会物流中的集装箱、罐、散料包装,工厂企业中的工位器具、料箱、料架及搬运设备的选择与管理等。内容包括容器、器具的设计与管理、搬运和运输车辆的设计与管理。

(6) 物流信息系统设计与管理包括相关物流信息的采集、分析和处理等,以求物流系统运行中的信息系统实现最佳运行与有效控制。

(三) 按照物流管理的不同内容划分

物流管理是指对给定的物流系统,通过组织、计划、控制、协调等手段来实现物流系统的低成本、高效率、低投入和高质量的运作。物流管理涉及五个方面的内容,即物流质量管理、物流成本管理、库存管理、物流设备管理和信息管理。

1. 物流质量管理

物流质量既包含物流对象的质量,又包含物流手段、物流方法的质量,还包含工作质量,因而是一种全面的质量观。物流质量管理的特点有以下几点。

(1) 管理的范围全面　物流质量管理对流通对象的包装、装卸搬运、储存、运输、配送、流通加工等若干过程进行全过程的质量管理,同时是对产品在社会再生产全过程中的全面质量管理的重要一环。在这一过程中,必须一环不漏地进行全过程管理,才能保证最终的物流质量达到目标质量。

(2) 管理的对象全面　物流质量管理不仅管理物流对象本身,还管理工作质量和工程质量,最终对成本及交货期起到全面管理的作用。

(3) 全员参加管理　保证物流质量,涉及有关环节的所有部门和所有人员,物流质量绝不是依靠哪个部门和少数人能搞好的,必须依靠各个环节的所有部门和广大职工的共同努力。物流管理的全员性,是由物流的综合性、物流质量问题的重要性和复杂性所决定的,它反映了质量管理的客观要求。

由于物流质量管理存在"三全"的特点,因此,全面质量管理的一些原则和方法(如 PDCA 循环)同样适用于物流质量管理。但应注意,物流是一个系统,系统中各个环节之间的联系和配合是非常重要的。物流质量管理必须强调"预防为主",明确"事前管理"的重要性,即在上一道物流过程就要为下一道物流过程着想,估计下一道物流过程可能出现的问题,预先防止。

物流质量管理必须满足两个方面的需求:一方面是满足生产者的需求,因为物流的终极目的是保证生产者的产品能保质保量地转移给用户;另一方面是满足用户的需求,即按用户要求将其所需的商品送达。这两方面的要求基本上是一致的,但有时也有矛盾,例如,过分强调满足生产者的需求,保证商品及时送交用户,有时会出现用户难以承担的过高成本。

物流质量管理的目的,就是在"以经济的手段来提供"和"向用户提供满足要求的质量服务"两者之间找出一条优化的途径,同时满足这两个要求。因此,必须全面了解生产者、消费者、流通者等各方面所提出的要求,从中分析出真正合理的、各方面都能接受的要求,作为管理的具体目标。从这个意义上讲,物流质量管理可以定义为:用经济的方法,向用户提供满足其要求的物流质量的手段体系。

2. 物流成本管理

物流成本是指产品在空间位移(含静止)过程中所耗费的各种劳动和物化劳动的货币表现形式。具体地说,它是产品在实物流动过程中,如装卸、运输、储存、包装、流通加工等各个活动中所支付的物力、人力、财力的总和。加强物流费用的监控对降低物流成本、提高物流活动的经济效益具有非常重要的意义。所谓物流成本管理不是管理物流成本,而是通过成本去管理物流,可以说是以成本为手段的物流管理,通过对物流活动的管理来降低物流费用。

3. 库存管理

合理储存的内容主要表现为合理储存结构、合理储存量、合理储存时间、合理储存网络等。

(1) 合理储存结构　合理储存结构是指商品的不同品种、规格之间出产量的比例关系。社会对商品的需要既有供应总量的满足,又有品种、规格的选择,而且需求的结构在不断变化,因此,确定合理储存数量的同时还应该考虑不同的商品及其品种、规格在储存中的合理比例关系,以及市场变化情况,以便确定正确的商品储存结构。

(2) 合理储存量　合理储存量是指在新的商品(或生产资料)到来之前,能保证此期间商品(或生产资料)正常供应的数量。合理储存必须以保证商品流通正常进行为前提。

(3) 合理储存时间　一是受客观存在物品的物理、化学、生物性能的影响。超过物品本身自然属性所允许的储存时限,物品会逐渐失去其使用价值。因此,储存的时间还必须以保证物品安全,减少损失、损耗为前提。二是受商品销售时间的影响。商品销得快,储存时间就短;商品销得慢,储存时间就长,甚至积压在库。所以,物流部门要随时了解生产、销售情况,促进生产、扩大销售、加速周转。

（4）合理储存网络　仓库网点的合理布局也是合理储存的一个重要条件。就流通领域而言，在商品流通过程中，商业批发企业和零售企业为了完成销售任务，会分别进行一定数量的商品储存。由于批发和零售企业的经营特点和供应范围不同，对批发环节和零售环节的储存要求也有所不同。批发企业一般担负着经济区的供应任务，它要依靠一定的储存量来调剂市场，起"蓄水池"的作用，所以，在批发环节，储存量要大，要合理设置储存网点。零售企业位于流通渠道末端，网点分散，销售量小，因而在零售环节，一般附设小型仓库，其储存量小，应快进快出，加速周转。就生产领域而言，物资主要以适量、适时、适当的形式，分散储存在各工厂的仓库里，避免积压和延误。

4. 物流设备管理

物流设备按功能分类主要有仓储设备、装卸搬运设备、集装设备、运输设备、包装设备、流通设备和信息采集与处理设备等。

5. 信息管理

物流数据和信息在物流领域发挥着独特作用，是物流及其运动规律的反映和体现，并且是随物流管理的发展和变化而不断发展和变化的。现代网络社会信息处理工具更加多样化，这些工具的使用有利于提高物流管理的效率，如信息社会中的 EMAIL、EDI、互联网、电子支付的计算机处理技术和 RFID 的最新应用等。当今企业应用的系统主要有网上采购、供应链管理软件、ERP、仓储软件、进销存软件、运输（线路优化）、报关、货代信息管理系统以及物流服务系统。

综上所述，物流管理所涉及的内容总体可以概括为以下几个方面。

（1）管理科学在物流系统中的应用与发展。

（2）信息科学在物流管理中对装备、设施的控制、管理、监控信息的处理，而计算机网络、数据库是物流管理与监控的基础。

（3）计算机仿真技术：物流管理是一个庞大的工程系统，采用计算机仿真技术有利于降低投资，减少经营费用，提高系统可靠性。

（4）现代通信技术也是物流管理的重要支持，目前物流系统中已引入 GPS（全球定位系统）。

（5）系统工程科学为物流系统的分析提供了可靠的方法，例如运筹学、动态规划方法等使物流系统的规划、布置更为科学合理。

（6）仓储技术从原来的单独储存功能发展为集配送、储存、拣选、流动加工为一体的多功能体。

（7）物料搬运技术为物流系统提供了硬件支持，现代物料搬运设备的机械化、自动化、大型化、机器人化使物流系统的软硬件结合得更加紧密。

二、物流管理的特征

（一）现代物流管理强调企业整体效应的最优化

在充分的市场竞争中，商品生产周期不断缩短，流通地域不断扩展，从原材料的采购到产成品递送到消费者手中，都要求高效而经济地输送物资，因而部门与部门之间、组织与组织之间必须有效结合并发挥综合效益，力图追求全体最优。从成本的角度来看，有些物流活动虽然可能使成本上升，但如果它有利于整个企业战略的实现，那么这种物流活动仍然是可取的。当然，追求全体最优并不是刻意忽略物流的效率化,物流部门在强调全体最优时,应当与现实相对应,彻底实现物流部门的效率化。

(二)现代物流管理重视物流信息的加工与处理

现代物流活动不仅是单个生产、销售部门或企业的表征,更是包括制造商、供应商、零售商、批发商等所有关联企业在内的整个统一体的共同活动,为使整个统一体的各个节点顺畅运行,准确把握信息如库存信息、采购信息、销售信息等并在统一体内充分共享就显得尤为必要。

(三)现代物流管理以实现顾客满意为首要目标

现代物流是基于企业经营战略基础,从顾客服务目标的设定开始,进而追求顾客服务的差异化战略,在现代物流中,顾客服务的设定优先于其他各项活动。

(四)现代物流管理更关注全程优化、供应链管理

传统物流管理的对象是销售物流和企业物流,即从生产阶段到消费者阶段的商品的实体移动。而现代物流的管理范围已远远超出了这一范围,侧重于从供应链的角度进行管理,包括从供应商、制造商、分销商到消费者的供应链之间的物流及相关的信息流、资金流等全过程的管理,从供应商到最终用户的整个流通过程中全体商品流动的综合管理。

▶ 相关知识扩展

物流行业主要工作岗位及岗位职责如表1-1所示。

表1-1 物流行业主要工作岗位及岗位职责

工作岗位	岗 位 职 责	备注
物流经理	(1)主持物流部全面管理工作,保证部门组织目标和管理目标的实现; (2)研究、设计物流管理办法和作业流程,提出改进和完善建议; (3)拟定、执行和控制本部门的工作目标; (4)领导本部门员工及物流管理,检查监控员工的工作状况,对员工的工作进行合理的分配; (5)拟定本部门的员工教育培训计划并组织实施,做好团队建设工作; (6)负责本部门员工的绩效评估工作; (7)贯彻、执行公司各项规章制度和决议; (8)协调同其他部门的工作关系; (9)完成上级领导交办的其他工作任务	
物流主管	(1)协助物流经理的工作; (2)研究、设计物流管理办法和作业流程,提出改进和完善建议; (3)拟定本部门的员工教育培训计划并组织实施,做好团队建设工作; (4)协助做好本部门员工的绩效评估工作; (5)完成领导交办的其他工作任务; (6)做好内部和外部对接协调工作; (7)管理监督物流部各岗位工作	

续表

工作岗位	岗位职责	备注
信息主管	(1) 严格遵守公司各项规章制度和工作流程,保证信息统计质量; (2) 维护公司形象,为公司其他部门提供优质的信息服务; (3) 负责对各种物理信息进行分类汇总、整理和分析,为内外部提供准确可靠的物流信息; (4) 完成领导交办的其他工作任务	
保税仓主管	(1) 负责仓库的管理工作,保障库房的合理秩序和安全; (2) 研究、制定仓储管理办法和作业流程,并不断改进和完善; (3) 负责调拨货品,保障总库和分库库存货品的合理比例; (4) 直接领导仓库管理员,检查、监控其工作状况,合理分配工作任务; (5) 直接向经理负责,服从上级领导,严格执行公司各项规章制度和工作流程; (6) 完成领导交办的其他任务	
操作主管	(1) 协调其他小组,做好小组内的工作; (2) 不断了解调查物流资源,优化网络; (3) 指导分公司员工的物流操作,并使其操作技能有所提高; (4) 完成领导交办的其他工作任务	
库管员	(1) 严格库存货物管理,包括货物的分区摆放、防火、防盗、防水等; (2) 库存货物的保管工作,保证放置安全,根据入库单进库,做到及时、无误; (3) 每天进出货后要对总库存进行盘点,做到日结日清,并提供数据与跟单员核对,每月配合负责人、财务人员、客户所派人员进行盘点; (4) 配合海关的随时抽查; (5) 更新物料登记卡	
配送员	(1) 协助装卸货物,入库时检查货物,让送货人签字(盖章),以备日后办理相关手续,签字后留一份存档; (2) 按流程办理货物入库,转交库管员,做入库单,并做好货到货架的第二次对单; (3) 根据客户发货通知单发货,做到单物相符; (4) 根据货物、体积、质量定相应的吨位车辆; (5) 拟定配送管理办法、配送计划和调整流程,并不断改进和完善	

续表

工作岗位	岗 位 职 责	备注
文件员	（1）及时接收收货单和发货通知单,并在第一时间确认货物编号、数量、合同编号、名称,如有不符要及时通报; （2）根据收货单和出货单及时准备发票、装箱单、车辆载货清单、托运书、报关单的申请,并确保所有单据在申报时准确无误; （3）开无木质包装证明,办理商检报检文件; （4）负责与发货中心和客户的及时沟通,保证信息畅通; （5）做好与财务关于各项收费单据的协调、每单货物的所有有关单据的保管; （6）及时配合报关员做好单据的修改; （7）及时跟踪货物起运时间、通关时间、到达工厂时间并要求收货方传回执; （8）认真完成临时交办的其他事务	
报关、报检员	（1）根据跟单员提供的单据到海关递单或通过报关行递单,负责单据的最后核实; （2）负责商检的报检; （3）负责海关、商检收费单的上报、传递; （4）配合进出口部及操作组做好货物进出口的各项报关工作; （5）积极配合海关查车; （6）及时上报报关时出现的一些突发事件,并配合妥善处理	
客服代表	（1）接待客户或来电咨询,分类汇总日常信息,并申报给相关责任部门; （2）受理客户投诉,调查工作差错原因,协助相关部门办理差错赔偿手续,做好客情服务工作; （3）设计客户回访方案并组织相关人员实施,分析回访信息,撰写回访分析报告,并对反馈的结果进行跟踪; （4）做好客户信息搜集、归类整理工作,编制信息分析报告,并对客户信息进行分类管理; （5）制订补充条款,完善业务流程	

实例分析

物流人才发展趋势

物流人才能否适应社会需求,既取决于物流的现代化发展走向,又取决于自身的发展速度是否能跟上物流管理与运作的提升速度。随着经济的不断发展,物流现代化已成必然趋势。现代物流的发展要求企业物流人才跟上时代的节奏,与时俱进。企业物流人才的发展随着企业管理的发展呈现以下趋势。

一、由被动转向主动

过去物流管理着重于企业内部作业与组织的整合,在下游顾客的管理上仍以服务品质为主要管理重心。因此,评价管理绩效的指标多半为订单周期时间、供货率等。然而伴随供应链管理模式的发展,企业逐渐转向强调跨企业界限的整合,使得顾客关系的维护与管理变得越来越重要。物流管理已从物的处理提升到物的加值方案的管理上,为客户量身定做所需的物品与服务。相应的,物流人才就应该对客户的需求与市场发展趋势具有敏锐的感知能力和认知度,只有这样,才能把握物流服务市场,从而把握客户。

二、由供应链局部转向整体

传统商业通道中,企业多半以自我为中心,追求自我利益,因此往往造成企业间对立的局面。然而在追求更大竞争力的驱动下,许多企业开始在各个商业流通机能上整合,通过联合规划与作业,形成高度整合的供应链通道体系,使通道整体绩效大幅提升。这就要求物流人才具有宏观的物流运作观念,能够站在供应链管理的制高点,把握整个供应链的发展脉搏,使整个供应链实现一体化管理。

三、由预测转向适时监控调整

传统的流通模式通过预测下游通道的资源来进行各项物流作业活动,遗憾的是,很少有预测准确的,因而浪费了许多自然及商业资源。新兴的物流管理趋势强调通道成员的联合机制,成员间可以实现信息共享,尤其是有关内部需求及生产资料的信息,使得处于供应链不同环节的企业无须做不必要的预测,这就要求物流管理人才具有良好的信息监控能力和对供应链管理的开放式思路与策略。

四、由经验主义转向判断

从我国物流发展历史来看,企业一直用经验曲线来分析市场竞争趋势,制定对应的发展策略,并以长年积累的经验作为主要竞争武器来指导当前的物流运作与管理。然而伴随着科技的突飞猛进,企业固守既有经验寻求突破的经营模式反而成为企业发展的障碍。因此,在高度变化的环境下,经验及现存通道基础结构反变为最难克服的障碍。成功的物流人才只有站在本企业和其所在供应链的制高点,建立新策略方向的嗅觉感知和持续变迁管理,才能使得自身和企业得以生存和发展。

五、由静态转向动态评价

传统财务评价只看一些绝对数值,而新的评估方法重在相对价值的创造,即在通道中提供加值服务,看顾客所增加的价值中企业可占多少比例。物流人才也就不能仅凭借理论知识,通过捕捉几个"关键的数据"来判断物流管理的绩效和发展趋势,而应该根据对物流技术发展的动态把握做辩证性的判断,从而得出相对优化的发展判断和导向方案。

六、由功能整合转向业务流程

在渠道竞争日趋激烈的环境中,物流人才和企业必须能够更快地响应上下游顾客的需要,因而必须具有能够有效整合各部门的营运管理模式,有以程序式的操作系统进行运作的能力。物流作业与活动多半具有跨功能、跨企业的特性,故物流人才具有程序式整合能力是成功的物流管理的要件。

七、由封闭式转向开放式

在供应链管理结构下,供应链内相关企业必须将供应链整合所需的信息与其他企业分享,否则无法形成有效的供应链体系,物流人才也不应该怕"肥水流到外人田",而应该以战略的眼光来看待信息共享,适应供应链发展的需要。

八、由岗前培训转向即学即用式

随着经济的发展,在可预见的未来,物流服务的业务流程大多通过人力来完成。然而,物流作业多半需要在各个物流据点和运输网络中进行,大约有90%的时间,物流主管无法亲自加以监控。全球化的发展趋势也增加了物流行业人力资源管理的复杂度。培养物流管理人才,必须将原来训练个别人员技能的方式转向基础知识的学习发展。物流管理的成功需要建立物流从业人员的关键知识能力,而目前此方面的发展并不理想,有待企业及专业教育机构付出更多的努力。

九、管理会计方式转向综合价值管理模式

企业管理原本就需要强调数字管理,但一般的会计系统中所显示的财务信息有很多的限制,无法提供有助于管理和决策的信息。因此,当作业基础成本制发展起来后,许多企业愿意投注许多资源来建立基本会计系统,着重在提供加值创造和跨企业的管理信息,以期能确认并支持可创造价值的作业,而非仅着眼于收益增加、成本升降上,所以物流人才在强调提升效率、降低成本的同时,必须具备相关的成本管理知识和能力。

项目小结

物流是社会经济发展到一定阶段、资源配置和专业分工发展到一定水平所产生的社会必需行业,前后经历了四个发展阶段,包括运输、储存保管、装卸搬运、包装、流通加工、配送和信息处理七大要素,覆盖了交通运输业、仓储业、通运业、配送业等传统行业,并且衍生出自营物流、物流联盟、第三方物流、第四方物流的运作模式,通过店铺直送、配送中心联合配送、一括物流等作业模式来完成。对物流活动诸环节、诸要素、具体职能的计划、组织、控制和协调即物流管理,通过物流管理来减少工作量、提高生产效率、缩短生产周期、加快资金周转,从而提高物流的运转效率。

同步训练题

(1) 简述物流的基本概念及外延。
(2) 论述物流的属性和基本的分类方法。
(3) 论述物流管理的范围和基本原则。
(4) 简述现代物流的运作模式。
(5) 论述物流管理的特征和意义。
(6) 论述物流人才的发展趋势。

实训项目

1. 实训目的

(1) 通过本次区域物流企业参观,让学生了解物流的主要功能要素,增强对物流的感性认识。
(2) 通过专业人士的讲解,了解物流企业的生产经营流程。
(3) 培养学生的沟通能力,提高学生的职业素质及团队意识。

2. 实训方式

实训方式为实地调研。

3. 实训内容

（1）以班级为单位分小组，由老师带队到当地物流企业进行参观，邀请专业人士进行现场讲解。

（2）参观企业可选择生产制造型企业、第三方物流公司或大型连锁超市物流配送部门等。

（3）企业专家讲解本企业的物流概况、物流经营模式和具体的作业流程。

（4）参观完毕，各小组针对参观情况制作PPT，在课堂上交流分享。

（5）老师按PPT及小组讲解情况进行评分和存档。

项目二
物流市场与物流企业

WULIU
GUANLI
JICHU

(1) 掌握物流市场的构成与运行模式。
(2) 熟悉物流市场管理的方法与内容。
(3) 了解物流企业的类型与职能。
(4) 学习物流企业的经营模式。

一、物流市场的概念

物流市场是指为保证生产和流通过程顺利进行而形成的商品在流动和暂时停留时所需要的服务性市场，以及包装、装卸、搬运等辅助性市场，是物流服务供给、物流服务需求交换关系的总和。

物流市场是一个新兴的服务业市场，是一种复合型产业。现代物流产业的发展要求物流资源都进入市场，通过物流市场来优化资源配置、实现规模经济、提高物流效率、降低物流成本。

二、物流市场的地位

物流市场是物流业发展的基础，一个成熟的物流市场是物流业健康快速发展的保障，因为物流市场的运行和发展状况直接决定和影响着物流的交易规模和实现程度。

现代物流是经济全球化的产物，也是推动经济全球化的重要产业。近年来，世界现代物流业呈稳步增长态势，欧洲、美国、日本成为当前全球范围内的重要物流基地。中国物流行业起步较晚，随着国民经济的飞速发展，物流业的市场需求持续扩大。

《物流业调整和振兴规划》及各级政府陆续出台的相关配套政策，为我国物流业发展创造了良好的外部环境。"十二五"期间，中国经济有望继续保持平稳较快增长，物流行业面临重大发展机遇，农村物流、零售业物流等细分市场投资前景乐观。

三、物流企业的概念

物流企业是指从事物流活动的经济组织，至少从事运输（含运输代理、货物快递）或仓储业务中某一种经营业务，并能够按照客户的物流需求对运输、储存、装卸、包装、流通加工、配送等基本功能进行组织和管理，具有与自身业务相适应的信息管理系统，实行独立核算，独立承担民事责任的经济组织。

四、物流企业的类型

根据物流企业以某项服务功能为主要特征，并向物流服务其他功能延伸的不同状况，物流企业可划分为运输型物流企业、仓储型物流企业和综合服务型物流企业。按照自行承担和完成物流业务，或是委托他人进行操作，物流企业还可分为物流自理企业和物流代理企业。

任务一 物流市场

大易物流"无车(无船)承运人服务平台"

一、应用企业概况

中原大易科技有限公司成立于 2016 年 9 月,2017 年 7 月正式运营,注册资本 1.5 亿,是国家首批无车承运试点企业、无船承运企业、国家综合 AAAA 级物流企业、2018 年中国物流十佳成长型企业、中国物流与采购联合会理事单位、河南物流企业 50 强、河南省物流协会常务理事单位,2019 年 3 月被列为河南省重点科创板上市后备企业。公司主要从事铸造、水泥、煤电、铝业、矿产品等大宗原材料及产成品专业整车运输管理运营、软件开发、销售、互联网信息服务、货运场站服务、货运代理、物流服务、仓储服务、货运车辆租赁等服务。

公司布局以河南为平台运营中心,目前运输业务覆盖河南、山东、辽宁、陕西、山西、内蒙古、江苏、天津等 20 多个省、自治区、直辖市,在焦作、平顶山、郑州、南阳、三门峡、商丘、阜阳、巩义、邓州、乌鲁木齐、石家庄、运城等地设立了分公司和办事处,同时与 300 多家大型货主型企业集团、570 家承运商建立了合作关系。

公司组建了专业的信息技术研发团队,在河南郑州、汝州设立双研发中心,公司自主研发、建设并运营在国内具有领先地位的大易物流平台,该平台为集物流服务、物流过程管理和协作流程对接为一体的"互联网+物流"平台。

公司成立至今,一直秉承"自动化、可视化、可控化、智能化、网络化、便利化"的企业理念,以"创造行业价值,实现企业发展"为宗旨,引领、推动中国物流行业的转型升级。

二、企业发展理念及平台运营模式

(一) 企业发展理念

大易科技依托传统货主企业区域、资源优势,巩固、优化供应链上下游的协作关系,以货源运输需求为切入点,以信息技术为支撑,以货带车,推动货源、车源的整合,创新经营发展模式,先整合后发展,采用线上线下相结合的运营模式,为整个供应链体系的上下游客户提供"物流+互联网"的高效透明、多元化、综合性的服务。提高客户黏性,为客户降本增效提供更大的帮助;以服务为宗旨,创新发展大易独有的运营模式;优化运输结构,拓展线上线下交易、金融、保险、理财、融资租赁、轮胎批发等相关服务,积极发展多式联运、甩挂等运输组织方式;围绕实体企业,构建立体化的供应链物流生态圈,超常规发展,力争三到五年把公司打造成国内"互联网+物流"行业的知名企业。

(二) 平台运营模式

1. 社会运力资源整合

大易物流平台采用轻资产业务模式,推动无车承运(网络货运平台)标杆建设。其通过 IT

系统整合运力和货主资源，从而加强对货物运输的管控，以及行业、区域运力的增值应用。截至 2018 年底，平台累计运量达 4297 万吨，已拥有合作车辆 14 余万辆，合作用户超 15 万人，平台资源不仅具备高度的业务活跃度，同时因长期的业务合作而具有更高的诚信度和运输能力。平台标准化的货运管理服务，不仅能够帮助货主制订不同的发货计划，同时能够充分利用回程车资源，降低空载率，帮助承运司机获得线路预报，平台依托整合的运力资源，为客户提供运力撮合与交易服务。

货主通过平台发布货源计划，利用货源资源的吸引力，将散乱的车辆信息汇集于平台，形成稳定的运力池，使货运信息直达车主，大大提高了货与车的匹配效率，同时利用第三方支付通道，实现货主签收自动联动司机收款，将实际物流交易业务产生的信息流、商流、资金流、车流归集于平台，真正做到车与货相结合、业务与资金相结合、信息与人相结合。

2. 对账开票流程线上化

将车辆相关数据，司机身份证、驾驶证、银行卡信息等进行系统简易标准化，方便司机用户点选输入，并结合自动识别技术将信息便利、快捷地录入系统。利用第三方的多元素认证和交通运输部开放的车辆、驾驶证双重验证审核，可以自主进行过期档案的变更和手机号码、银行卡的更换。同时结合大宗货物的特殊性以及签收回单与实际结算的偏差，利用平台技术与企业 ERP、供应链、计量系统衔接，实现回单数据与计量数据的自动对账，实现对账的自主化、自动化，并将权限下发到货主企业，使其可以自助办理付款及开票申请，大易科技后台客服人员审核后自动传递到税务平台进行发票的打印，实现开票的自动化。

3. 利用大数据分析技术，对运营全过程进行监控

大易物流平台利用北斗、手机 GPS 定位技术连接上下游，实现业务的全程可视化、可控化跟踪，通过连接发货企业、实际承运人来打通消息流，对车辆、司机进行全程监控，发货企业可通过大易物流平台为各企业分配的账号，登录手机客户端进行派单发货，实现运单的在途监控管理。平台同时根据企业所在位置进行货、车的高效匹配，通过自动预警功能，向承运司机发送轨迹定位异常提醒，货主可通过手机随时查看货物运输状态，无须时时通过电话跟踪货物运输情况。大易物流智能分析系统针对各环节所需要的内容提供服务，用户可随时查看业务全流程中运单的节点状态、车辆位置、付款进度、开票进度等情况，针对异常运单，在系统后台进行在途车辆实时监控及历史轨迹回放，对脱离监控的司机进行预警并予以纠正。

4. 开展安全教育及发布实时路况

利用平台进行安全教育、路况提醒，可实时对数万名司机推送信息，能方便、高效地开展安全教育宣传活动，提醒司机关注路况。

5. 依托线上商城支撑金融服务体系

大易科技将依托物流平台优势，结合物流互联网产品及其他金融服务，建立基于互联网运营的保险经纪业务平台、运费垫付平台、油料运营平台、商城交易平台。通过这些平台，实现为物流及其内外部客户提供保险方案、询价报价、投保、售后保全与理赔的保险经济业务模式，同时结合既有物流企业、货车司机资源开展保险代理销售业务。公司将与各大保险公司密切合作以快速切入保险市场，构建物流保险生态圈，后期将融入更多异业合作模式，丰富产品范围，拓宽合作渠道，增进自身在新领域的竞争能力。

为切实服务货主和实际承运人，大易科技已与中石油、中石化、中海油、安联程通、中物联、

山东高速、中交兴路、中国联通、阿里云、中国人保、百望、宝付等单位在支付、油料、路桥费、通信等方面达成战略合作,最大限度地为客户提供增值服务,降低税负。

(三)平台的功能及业务开展基本流程

平台将身份证、驾驶证、手机号、银行卡和车辆信息接入第三方平台进行实时校验认证,只有校验通过的才能参与运营、支付和结算,同时货主或实际承运人注册时需分别与公司签订协议。利用平台技术优势,注册车辆电子加盟协议约定托运方与实际承运方的相关职责,电子发货单、收货回单、货运合同的线上运营明确双方责任和义务,实现从线下到线上的无缝衔接。

平台交易实行实名制,在日常的线上运营中,必须由货主发布线上计划,司机线上接单,在接单过程中要进行提货、卸货、回单签收等几个主要步骤的操作且必须上传对应的照片,运输过程有北斗、GPS定位证明运输业务的真实,货主签收后,直接进行在线支付,司机即可收到款项。为保证货物的安全,平台与中财险合作,提货后即自动生成保单,保证了运输过程的安全。货主签收后进行评价,有信用问题的司机将不能参与平台运输。

大易科技开通全国统一客服电话、手机客户端以及微信公众号,接受货主、收货人、承运商和司机的各类问题咨询、运单信息查询以及服务质量投诉。

三、无车承运业务成效

(一)经济效益

货主可通过平台进行全过程的可视监控,通过手机即可随时查询货物状态及回放历史状态,平台同时为货主提供车辆管理、运单管理、自助对账开票服务,提升了效率,节省了人力成本和管理成本。对司机来说,平台的快速撮合匹配使得等待装货的时间大大缩短,实现多拉快跑,降本增效。从平台几年来的数据分析看,车辆实载率提升到68%,配载时间降低至10小时内,运输成本抛除市场环境因素降低了3%~6%,可增加司机收入,降低货主运输成本。

依陕西铜川到汝州某水泥厂的数据为例,此线路运输里程约600公里,在平台没上线之前月均运价为165元/吨,平均装卸车等待时间在12个小时以上,通过平台上线后连续6个月的运营数据分析可知,装卸车等待时间降低到8小时之内,单车月转趟数从3趟提升到5趟,车辆利用率提升了20%,月有效工作天数增加了4天,运费也从165元/吨降低到150元/吨。

(二)社会效益

利用平台定位技术、电子运单保证运输过程的真实有效,为税务部门提供无缝数据权限,实时掌控运输过程,把控税收风险。

政府部门可通过大易物流平台优化政务管理体系,扩大应税基数,增加财政收入,稳定收入来源,平台协助地方政府及交通运输主管部门着力打造交通领域大数据项目,在驾驶员安全教育、政府监管方面提供数据支撑和辅助手段。

大易物流平台符合国家相关政策,具有合法性、合理性和可行性,对于促进和保障当地社会经济发展以及企业自身的壮大都具有重要意义,大易物流平台充分发挥管理优势、资金优势、人才优势和技术优势,带动地方经济发展,增加就业岗位,保持社会稳定。

随着无车(无船)承运服务项目的实施,公司在无车(无船)承运服务领域的建设和发展已经

卓有成效。回顾整个无车(无船)承运服务业务及物流信息化建设过程,提升公司的服务水平、逐步打破传统物流运输业务模式、引导客户进行转变、紧密围绕用户需求是平台成功的基础。

(资料来源:中国物流与采购网,有改动)

一、物流市场的构成

物流市场构成要素包括物流市场主体、物流市场客体、物流市场载体和物流市场中介组织。

物流市场主体是物流市场的关键要素,是指进入物流市场进行交易的单位与个人,其构成主要有物流市场需求主体和物流市场供给主体。其中物流市场需求主体是需方企业与个人,主要包括生产企业、商业企业、消费者及其他经济实体;物流市场供给主体是供方企业与个人,主要包括物流企业(以运输、储存、装卸、搬运、包装、流通加工、配送、信息处理等基本活动以及根据实际需要将它们进行有机结合的活动作为核心业务的经济组织)、生产企业、商业企业内部供给部门等。

物流市场客体是指可以在物流市场上进行交易与加工增值的所有有形商品,包括生产资料与生活资料,以及在物流市场上需要进行位移的所有实体。按货物的自然属性来划分,物流市场客体可分为金属材料、化工材料、机电产品、建筑材料、木材、燃料、机械产品、食品、服装等;按物流服务的内容来划分,物流市场客体可分为物流实体作业服务市场、物流信息服务市场、物流管理服务市场和综合物流服务市场等。

物流市场载体是指为物流客体服务的设施与场所,包括铁路、公路、集装箱、船舶、飞机、港口、机场、管道、仓库、配送中心、物流中心等。

物流市场中介组织是指为实施行业自律、规范市场行为而成立的中介组织,特别是行业组织,比如中国物流与采购联合会、中国仓储协会、中国储运协会等。

二、物流市场的运行模式

(1) 自营物流模式是企业的物流活动全部由企业自身组织管理的物流模式。

自营物流模式的优点是有利于企业供应、生产、销售的一体化作业,系统化程度相对较高,也就是可满足企业内部原材料、半成品及成品的配送需求,又可满足企业对外进行市场拓展的需求。

一般而言,采取自营物流模式的企业大都是规模较大的集团公司。有代表性的是连锁企业物流。

(2) 共同物流模式是物流企业之间为提高物流效率、实现物流合理化所建立的一种功能互补的物流联合体。

进行共同物流的核心在于充实和强化物流的功能,共同物流的优势在于有利于实现物流资源的有效配置,弥补物流企业功能的不足,促使企业物流能力的提高和物流规模的扩大,更好地满足客户需求,提高物流效率,降低物流成本。

(3) 互用物流模式是几个企业为了各自利益,以契约的方式达成某种协议,互用对方物流系统而进行的物流模式。

这种模式的优点在于企业不需要投入较多的资金和人力,就可以扩大自身的物流规模和范围,但需要企业有较高的管理水平及与相关企业组织协调的能力。互用物流模式比较适合电子商务条件下B2B的交易方式。

(4)第三方物流就是指为其他组织提供部分或全部物流服务的一方,第三方物流模式就是指其他组织把自己需要完成的物流业务委托给第三方来完成的一种物流运作模式。

(5)第四方物流是以"行业最佳的物流方案"为客户提供服务与技术,具备以下功能。一是供应链管理功能,即管理从货主、托运人到用户、顾客的供应全过程;二是运输一体化功能,即负责管理运输公司、物流公司之间在业务操作上的衔接与协调问题;三是供应链再造功能,即根据货主/托运人在供应链战略上的要求,及时改变或调整战略战术,使其经常处于高效率的运作状态。

一、物流市场管理的含义和特点

1. 物流市场管理的含义

物流市场管理是指对物流市场的各种经济活动所进行的管理,以实现物流市场的有序化、高效化、规范化。

2. 物流市场管理的特点

物流市场管理具有系统性、宏观性、战略性、长期性、实时性、先进性、网络性、自动性等特点。

二、物流市场管理的方法

1. 经济管理方法

经济管理方法是指依靠利益驱动,利用经济手段,通过调节和影响被管理者的物质需要而促进管理目标实现的方法。其特点是具有利益驱动性、普遍性、持久性。其局限性是可能产生明显的负面作用。其形式有价格、税收、信贷、经济核算、利润、工资、奖金、罚款、定额管理、经营责任制等。

2. 法律管理方法

法律管理方法是指借助国家法规和组织制度,严格约束管理对象为实现组织目标而工作的一种方法。其特点是具有高度强制性、规范性。其局限性是对于特殊情况有适用上的困难,缺乏灵活性。其形式表现为国家的法律、法规,组织内部的规章制度,司法和仲裁等。

3. 行政管理方法

行政管理方法是指依靠行政权威,借助行政手段,直接指挥和协调管理对象的方法。其特点是具有强制性、直接性、垂直性、无偿性。其局限性是强制干预容易引起被管理者的心理抵抗。其形式表现为命令、指示、计划、指挥、监督、检查、协调等。

三、物流市场管理的主体

物流市场管理的主体为国家机关,主要是与物流市场管理相关的各级政府职能部门。

四、物流市场管理的内容

1. 市场准入

政府或其授权机构规定物流企业进入市场从事物流活动所必须满足的条件和必须遵守的

制度与规范的总称。

2. 运行监管

建立公开、公平、公正的市场环境,保证所有的市场参与者都能按照市场经济的原则,在相互尊重对方利益的基础上进行物流活动。

3. 市场退出

市场退出是指物流监管当局对物流企业退出物流业、破产倒闭或合(兼)并、变更等实施监管,也包括对违规物流企业终止经营的监管。

相关知识扩展

国家发展改革委会同相关部门联合印发
《推动物流业制造业深度融合创新发展实施方案》

2020年9月,为贯彻落实党中央、国务院关于推动高质量发展的决策部署,做好"六稳"工作,落实"六保"任务,进一步推动物流业制造业深度融合、创新发展,推进物流降本增效,促进制造业转型升级,国家发展改革委会同工业和信息化部、公安部、财政部、自然资源部、交通运输部、农业农村部、商务部、市场监管总局、银保监会、铁路局、民航局、邮政局、中国国家铁路集团有限公司等13个部门和单位联合印发《推动物流业制造业深度融合创新发展实施方案》(发改经贸〔2020〕1315号,简称《实施方案》)。

《实施方案》坚持问题导向和发展导向并举,重点聚焦企业主体、设施设备、业务流程、标准规范、信息资源等5个关键环节,以及大宗商品物流、生产物流、消费物流、绿色物流、国际物流、应急物流等6个重点领域综合施策,对促进物流业制造业深度融合创新发展做出全方位安排。同时,从营造良好市场环境、加大政策支持力度、创新金融支持方式、发挥示范引领作用、强化组织协调保障等方面提出综合性保障措施,进一步优化物流业制造业融合发展政策环境。

实例分析

丹麦运输物流业经验值得借鉴

丹麦是一个小国,但在国际运输物流产业中具有较强劲的竞争力,拥有如A.P.穆勒这样的大型跨国集团,其运输物流业发展的经验很值得大家学习和借鉴。

制定统一的发展战略是丹麦运输物流业发展的重要经验之一。目前丹麦运输物流业的主要战略仍是1997年政府与业界制定的战略。在1997年丹麦商业与工业部和丹麦工业界进行的一次对话中,丹麦运输工业以及运输服务的使用者们表达了在物流和运输领域制定全国发展战略的强烈愿望。于是丹麦商业与工业部同运输部、环境与能源部顺应企业的需要,于1997年底开始共同制定统一的战略。来自公共部门和私营部门的代表举行了关于工业所面临的挑战的研讨会,就六个方面提出战略应对措施并成为政府与企业的共识。

1. 工业所面临的挑战

企业全球化给运输业提出了新挑战,物流变得越来越重要。面对全球性的竞争,运输业应该为整个制造业供应链提供增值服务,应与外国运输企业联合,应发展多式联运,包括卡车、铁路、飞机和船舶。

需要创造良好的业界环境,内容包括公共法规、知识掌握、资金渠道、政府与企业互动及国际竞争条件等方面。

2. 公共法规

对运输产业的管理应在国际范围内进行。丹麦政府和企业应积极参与国际相关运输法规的制定。通过各国协调关税及认证来发展有利于环保的运输。

3. 知识掌握

为便于产业创新,应通过大学、技术研究部门和产业之间的紧密合作来加强对物流和运输的研究,政府机构可以为研究部门与产业界共同进行的研究项目提供资助。同时推行新的运输物流师教育也是十分重要的。

4. 资金渠道

包括中间融资、风险基金和丹麦工业发展基金均应向运输业倾斜。政府制定货物运输税收时要考虑企业的全球竞争力,另外还强调了政府应降低公司税。

5. 政府与企业互动

发展基础设施,解决瓶颈问题,建立多式运输中心;建立福门海峡的永久运输线;提高海关效率,管理好保税仓库,政府与企业就运输中的环境问题加强对话。

6. 国际竞争条件

在国际上强调运输企业和运输工具同业之间的平等竞争。政府要在国际上积极反对贸易壁垒和国家补贴以改善丹麦企业的市场进入条件。为方便多式运输,运输部保证放开铁路货物运输,同时调查是否需要修订丹麦港口的一些法律,以适应新战略。

任务二　物流企业

杭州富日:我很小,但活得挺好

就如同成功属于有头脑的人,物流市场也总会为那些定位准确的小企业预留生存空间,至于怎么长大,就要看各自的本领了。

富日:超市后台的生意。

家住杭州市景芳三区的蒋先生最近在易初莲花购物中心买了台洗衣机,正如蒋先生所要求的,洗衣机在第二天准时送货上门,但来送货的并不是易初莲花的员工,而是杭州富日物流有限公司的员工。

在杭州,富日物流为多家超市、便利店和卖场提供配送服务,永乐、苏宁、国美等家电连锁企业以及华润万佳超市等大型零售商在杭州的物流配送都交由它来完成。富日的总经理王卫安认为,作为一家规模不大的物流公司,富日的竞争力就在于"生产厂家和大型的批发商只要将订单指令发送到我们调度中心,富日即可根据客户指令将相关物品直接送到零售店或消费者手里"。

富日成立刚两年,但客户已经从最初的几家发展到了现在的150多家,2002年一年内完成仓储物流吞吐量26万吨。其快速发展的原因,就是它从一开始,就把业务目标瞄准了商业流通领域。

富日物流成立之初，相关人员曾对杭州的物流市场做过一个调查，包括杭州的地理位置、基础建设、市场区域等。调研显示：地处流通经济异常活跃的长江三角洲，杭州这几年零售业发展迅猛，大型超市和连锁店如雨后春笋般涌现，仅市区就有1600个门店。而这些连锁店所面临的共同问题就是店内自行配送投资太大而且管理困难，急需一个独立的平台来提供物流配送服务。

如此诱人的市场空缺，富日没有错过这个机会。

富日在杭州东部下沙路建了一个20万平方米的配送中心，可以同时储存食品、电器、化妆品、药品、生活用品等8000多个品项，这很好地解决了当地商业流通行业因为商品多样化带来的仓储难题。零售行业单件商品配送较多，为了提高车辆的满载率，富日物流通过信息系统的准确调度，将不同客户送往同一区域、同一线路的货品合理配车作业，大大降低了运作成本。

退货和换货作业是物流企业对客户的后续服务，富日所服务的客户类型使得它比别的物流公司要更多地面对这个难题。富日借鉴了国外的一些先进经验，专门设立退换货管理区域，将不同的货户、不同的货品退货集中起来，组织人员进行管理、分类，把能够继续使用的、无质量问题的重新打包成箱，无法继续使用的则挑拣出来，进行回收处理。

"货品质押"是富日物流的又一特色服务。富日与中国银行、招商银行等几家银行签约，供应商可将存放于富日配送中心的货品作为抵押获得银行贷款，同时，富日为银行免费保管这些被抵押的货品。通过这种运营模式，供应商的资产得到了盘活，库存压占的成本降低很多，这也使作为第三方物流商的富日获得了更多的客户资源。

按照王卫安的想法，下一步富日物流将全面提升物流资讯系统及网络传输能力，真正达到与货主联网，信息共享，实现物流系统网上操作及互联网在线查询。富日还在积极拓展电子商务，开展网上订单业务，因为它看到配送物流的网上需求正在不断增长。

富日的日子越来越好过了。一些跨国企业将制造中心设在杭州后，同样需要本土的第三方物流企业为其提供全方位的物流服务。除了为杭州市区内的零售商做配送外，富日物流同时也获得了许多大型快速消费品生产商在华东地区的物流份额，比如康师傅、伊莱克斯、摩托罗拉等。富日物流为它们提供仓储、配送、装卸、加工、代收款、信息咨询等物流配套服务。在沪杭高速上，每天都会有富日物流的几十辆载货车和集装箱运输车奔往宁波港、上海港以及华东地区的其他城市。

王卫安展开了富日物流的前景图：600亩物流园区第二期工程已有了初步的规划，"园区交通将极其便利，处于杭海路和绕城公路及将要构建的九堡大桥江北出口交汇处，同时它还毗邻未来杭州汽车站的新址"。王卫安对物流园选址颇为满意。这个项目已于2010年的3月份投资建设，项目总投资2.9亿元，建筑面积20万平方米，其中设有低温物流中心、中转库房和其他一些配套设施；另外，富日物流还将开辟15万平方米的大型停车场，以构建浙江东部地区最大的空车配货中心（即配载中心）。

杭州市有关部门在一份物流调查报告中提到："一个以杭州为中心，沟通浙江省内外公路、铁路、水运、航空等多种方式的便利快捷的交通网络已经形成。"

一、物流企业的发展战略

1. 一体化发展战略

一体化发展战略就是物流企业、生产商、销售商实行一定程度的联合,融产、供、销为一体,以提高企业的发展与应变能力,提高客户服务水平,降低物流总成本。

2. 服务战略

物流企业发展必须依据企业的实际需要,设计和提供个性化物流服务理念;必须关注市场需求变化,提供保障企业产品和服务质量的服务措施;必须深刻理解企业物流规律,建立完善的物流运作与管理的服务体系。

3. 集中化发展战略

物流企业不可能做到面面俱到,总是有自己的侧重点(如运输、仓储等)。在这种情况下,可根据目标市场的需求开展增值服务,为客户提供个性化的物流服务。集中自己的资源,培育核心竞争能力,把主业做强、做精,然后再谋求其他方面的发展。

4. 品牌战略

物流企业要树立物流发展的名牌意识,严格制定各项物流质量标准,才会不断提高物流服务水平。要引进先进技术手段,设计物流服务的精品内容、名牌项目。要强化物流技术与管理人员素质培训,建立优秀的物流人才队伍,确保企业名牌战略的实现。

5. 多样化发展战略

多样化发展战略又叫作多角化发展战略,即通常所说的多种经营战略。企业采取多样化发展战略的目的之一是分散风险,即"不把所有的鸡蛋放在一个篮子中""东方不亮西方亮",以避免一损俱损的弊病;另一目的是提高整体效益。

6. 联盟战略

物流企业发展需要本着"优势互补、利益共享"的原则,借助产权方式、契约方式实行相互合作,共同拓展物流市场,降低物流成本,提高物流效益。

7. 创新战略

物流的发展过程就是一个不断创新的过程。物流企业要创新观念,打破传统思想,借鉴国际先进物流管理思想,探索具有企业特色的新思想和新方法。

二、物流企业的基本职能

1. 物流企业购买商品的职能

物流企业根据市场的需求,用货币购买生产企业的劳动成果——物质产品,引入流通领域。从社会生产总过程看,使生产企业生产的物质产品实现了从商品到货币的转换,为它们的再生产提供了条件,即持币待购再生产所需的物资;从物流企业来看,则表现为货币到物资资源的转换,这意味着完成了流通过程中的第一个环节,掌握了物质资源,为商品的销售奠定了基础。

2. 物流企业流通加工的职能

在商品从生产者向消费者流通的过程中,为了增加附加价值、满足客户需求、促进销售而进行简单的组装、剪切、套裁、贴标签、刷标志、分类、检量、弯管、打孔等加工作业。

3. 物流企业储存商品的职能

将购进的物质产品加以积累,并根据消费者的需要进行分类、编配、加工等,使商品实体适时、适量、适质、齐备地满足用户消费的需求,从而创造生产总过程的时间价值。

4. 物流企业包装商品的职能

为了商品实体在物流中通过运输、储存环节,顺利地到达消费者手中,必须保证商品的使用价值完好无损。

5. 物流企业销售商品的职能

从物流企业来看,这一职能表现为物质资源到货币的转换,意味着物流企业在满足了再生产的物质需要,完成了商品供应任务后,除了弥补流通成本之外,还获取了增值的货币——销售利润;从社会生产总过程来看,又是生产企业的货币到再生产需求的物质资料的转换,意味着取得了进行再生产的物资要素,并实现了物质产品的价值。

6. 物流企业运送商品的职能

物流企业的这一职能,将暂时停止在流通领域的物质产品,借助于运力完成其商品实体在空间分布上的转移,运送到消费者所在地,从而创造出生产总过程的空间价值。物流企业的存和运这两个职能是物流全过程中的两个相对独立的中间环节。物流企业通过对实体产品存和运的职能,圆满地实现了其使用价值。

7. 物流企业装卸搬运商品的职能

装卸是指物品在指定地点以人力或机械装入运输设备或从运输设备上卸下。搬运是指在同一场所内,对物品进行以水平移动为主的物流作业。装卸是改变物的存放、支撑状态的活动,主要指物体上下方向的移动;而搬运是改变物品的空间位置的活动,主要指物体横向或斜向的移动。通常装卸搬运是结合在一起的。

8. 物流企业的信息流通职能

在市场经济社会,大量的重要信息来自市场。物流企业直接置身于市场中以及在连接产需双方中的特殊地位,使它们在收集信息方面具有得天独厚的条件,能够将市场供求变化和潜在需求的信息反馈给供求双方,起到指导生产、引导消费、开拓市场的作用。

一、物流延伸服务模式

物流延伸服务模式是指在现有物流服务的基础上,通过向两端延伸,向客户提供更加完善和全面的物流服务,从而提高物流服务的附加价值,满足客户高层次物流需求的经营模式。例如,在家用电器的运输和使用过程中,不断出现损坏的家用电器,在以往的经营模式中,每家生产商都是自己进行维修,办公场所和人力方面的成本很高。西南仓储公司经过与用户协商,在得到大多数生产商认可的情况下,在仓库内开始了家用电器的维修业务,既解决了生产商售后服务的实际问题,也节省了维修品往返运输的成本和时间,并分流了企业内部的富余人员,一举两得。

二、物流项目服务模式

物流项目服务模式是指为一个特定的项目提供全程物流服务的模式。这样的需求主要集中在中国的重大基础设施项目和综合性展览上,如三峡水电站、核电站、国家体育场和奥运场馆等基础设施项目,展览和其他大宗货物的运输和物流服务。物流企业对物流运作模式的实施必须具有丰富的经验和雄厚的经营实力。

"中外运物流"在项目物流方面取得了不菲的成绩,长期以来,中外运在国内外建设起完善的业务经营网络,在为国内各大外贸公司提供全面运输管理服务的同时,为国家重点工程项目的生产物资实行国际多式联运,还为我国大型国际展览会、博览会和运动会承担物品的运输任务,取得了一定的成功经验。

三、物流定制服务模式

物流定制服务模式是指将物流服务具体到某个客户,为该客户提供从原材料采购到产成品销售过程中各个环节的全程物流服务模式,涉及储存、运输、加工、包装、配送、咨询等全部业务,甚至还包括订单管理、库存管理、供应商协调等其他服务。现代物流服务强调与客户建立战略协作伙伴关系,采用定制服务模式不仅能保证物流企业有稳定的业务,而且能节省企业的运作成本。物流企业可以根据客户的实际情况,为其确定最合适的物流运作方案,以最低的成本提供高效的服务。

北京星网物流中心是金鹰公司专门为诺基亚公司兴建的物流设施,它坐落在诺基亚星网工业园内,将园区内诺基亚的区域供应商和制造厂商紧密地连接在一起,通过金鹰公司提供的无缝隙供应链解决方案,降低整个园区内企业的供应链成本,实现低成本运营目标。

四、物流行业服务模式

物流行业服务模式是通过现代技术手段和专业化的经营管理方式,在拥有丰富的目标行业经验和对客户需求深度理解的基础上,在某一行业领域内,提供全程或部分专业化物流服务的模式。这种经营模式的主要特点是将物流服务的对象分为几个特定的行业领域,然后对某个行业进行深入细致的研究,掌握该行业的物流运作特性,提供具有特色的专业服务。行业物流服务模式集企业的经营理念、业务、管理、人才、资金等各方面优势于一体,是企业核心竞争力和竞争优势的集中体现。

在国内,物流行业服务是近年来我国物流市场发展的一个趋势,服装、家电、医药、书籍、日用品、汽车、电子产品等行业或领域纷纷释放物流需求,极大地丰富了物流市场。

五、物流咨询服务模式

物流咨询服务模式是指利用专业人才优势,深入到企业内部,为其提供市场调查分析、物流系统规划、成本控制、企业流程再造等相关服务的经营模式。企业在为客户提供物流咨询服务的同时,帮助企业整合业务流程与供应链上下游关系,进而提供全套的物流解决方案。企业通过物流咨询带动其他物流服务的销售,区别于一般仓储、运输企业的简单化服务,有助于增强企业的竞争力。

在具体的业务运作中,可以采用大客户经理负责制来实施物流咨询服务。大客户经理要针对每个客户的不同特点,成立独立的项目组,组织行业专家、大客户代表、作业管理部门、项目经理人员等,从始至终负责整个项目的销售、方案设计与服务实施,保证项目的实施效果,提高客户满意度。实践证明,这种站在客户角度考虑问题,与客户结成长期的战略合作伙伴关系,相互合作、共同发展的业务运作模式具有良好的发展前景。

六、物流连锁经营模式

物流连锁经营是指特许者将自己所拥有的商标(包括服务商标)、商号、产品、专利和专有技术、经营方式等以特许经营合同的形式授予被特许者使用,被特许者按合同的规定,在特许者统一的业务模式下从事经营活动,并向特许者支付相应费用的物流经营形式。物流连锁经营借鉴了成功的商业模式,可以迅速地扩大企业规模,实现汇集资金、人才、客户资源的目标,同时在连锁企业内部,可以利用互联网技术建立信息化的管理系统,更大限度地整合物流资源,用以支持管理和业务操作,为客户提供全程的物流服务。

锦程国际物流集团从2000年开始物流连锁经营的尝试,将商业中加盟连锁的经营理念引入到物流业,创造出以现代网络技术为支持、以加盟连锁的形式进行物流网络扩张的经营模式,迅速汇集了资金、人才和客户资源,扩大了企业规模。

七、物流战略联盟模式

物流战略联盟模式是指物流企业为了达到比单独从事物流服务更好的效果,相互之间形成互相信任、共担风险、共享收益的物流伙伴关系的经营模式。国内物流企业,尤其是中小型民营企业自身力量薄弱,难以与大型跨国物流企业竞争,因此,中小型物流企业的发展方向是相互之间的横向或纵向联盟。这种自发的资源整合方式,经过有效的重组联合,依靠各自的优势,可以在短时间内形成一种合力和核心竞争力。同时在企业规模和信息化建设两个方面进行提高,形成规模优势和信息网络化,实现供应链全过程的有机结合,从而使企业在物流服务领域实现质的突破,形成一个高层次的、完善的物流网络体系。在战略联盟的实施过程中,可以将有限的资源集中在附加值高的功能上,而将附加值低的功能虚拟化。虚拟经营能够在组织上突破有形的界限,实现企业的精简高效,从而提高企业的竞争能力和生存能力。

广州海元物流公司就是中小型物流企业战略联盟的成功典范,它是由31家优秀的专线运输公司资产重组后建立的现代化物流企业,在全国拥有376个分公司,并且建立了海元物流信息系统,推出了京广物流带、广沪物流带、广渝物流带等服务区域。"海元模式"是中小型企业向现代物流企业发展过程中创造的一种新的模式。

八、物流管理输出模式

物流管理输出模式是指物流企业在拓展国内企业市场时,强调自己为客户企业提供物流管理与运作的技术指导,由物流企业接管客户企业的物流设施或者成立合资公司承担物流具体运作任务的服务模式。采用管理输出模式,可有效减少客户企业内部物流运作与管理人员的抵制,使双方更好地开展合作。采用物流管理输出模式,可以利用客户企业原有设备、网络和人员,大幅减少投资,并迅速获取运作能力,加快相应市场需求的速度。

招商局物流集团与青岛啤酒股份有限公司(以下简称青啤)的合作便是采用物流管理输出模式的一个成功案例,招商局物流集团通过对青啤发展现状和其他多方信息的分析,结合青啤自身拥有大量物流设施、设备与人员的实际情况,提出与青啤成立合资物流公司,购买或租赁青啤原有物流设施、设备,并接收青啤原有运作和管理人员。这种模式确保了招商局物流能够将其较为先进的现代物流理念、员工分配制度、操作流程的再造方法,渐进地、完整地灌输到合资公司的物流管理中。合资公司开始运作的三周内,青啤原有车辆利用率就提高了60%,每年仅公路运输就将为青啤节省物流成本近700万元。

九、第四方物流服务模式

第四方物流是1998年美国埃森哲咨询公司率先提出的,是专门为第一方物流、第二方物流和第三方物流提供物流规划、咨询、物流信息系统、供应链管理等活动的服务模式。第四方物流并不实际承担具体的物流运作活动。

1. 方案集成商模式

方案集成商模式是第四方物流为客户提供运作和管理整个供应链的解决方案。第四方物流将自己和第三方物流的资源、能力和技术进行综合管理,借助第三方物流为客户提供全面的、集成的供应链方案。第三方物流通过第四方物流的方案为客户提供服务,第四方物流作为一个枢纽,可以集成多个服务供应商的能力和客户的能力。

2. 行业创新模式

第四方物流为多个行业的客户开发和供应链管理提供解决方案,以整合整个供应链的职能为重点,第四方物流将第三方物流加以集成,为下游的客户提供解决方案。

3. 协同运作模式

协同运作模式即第四方物流和第三方物流共同开发市场,第四方物流向第三方物流提供一系列服务,包括技术、供应链策略、进入市场的能力和项目管理的能力。第四方物流在第三方物流内部工作,其思想和策略通过第三方物流这样一个具体实施者来实现,以达到为客户服务的目的。第四方物流和第三方物流一般会采用商业合同的方式或者战略联盟的方式合作。

第四方物流无论采取哪一种模式,都突破了单纯发展第三方物流的局限性,能真正做到低成本运作,实现最大范围的资源整合。

相关知识扩展

战胜疫情:物流企业要抱团发展

"要继续研究出台阶段性、有针对性的减税降费措施,缓解企业经营困难。要在确保做好防疫工作的前提下,分类指导,有序推动央企、国企等各类企业复工复产。"中共中央政治局常务委员会2020年2月12日召开会议,听取中央应对新型冠状病毒感染肺炎疫情工作领导小组汇报,分析当前新冠肺炎疫情形势,研究加强疫情防控工作。国务院多部委也提出了支持企业复工复产的优惠扶持政策措施。

其实,自疫情阻击战开始以来,全国众多物流企业克服重重困难,一刻也未停工,或千方百计输送物资,或慷慨捐款捐物,可歌可泣。然而,受疫情影响,一些中小微物流企业也和其他企业一样,或无法顺利复工,或面临用工紧张、成本上升、资金不足等问题。

因此，疫情当前，各地政府和职能部门要把企业复工政策措施抓紧落实，物流企业更要自身努力，抱团发展。

从政府和职能部门的角度讲，要把企业复工优惠政策措施抓紧落实，细化和完善疫情防控期间的保障措施，继续增加对面临发展困难的物流企业的扶持力度，确保经济社会平稳运行，为防控工作提供强有力的支撑。

从物流企业的角度讲，要把自身疫情防控作为首要任务。要将疫情防控的措施落实到每个细节，决不能为了保障疫情之下的物资供应而不顾疫情防控。同时也要统筹兼顾，越是疫情防控期间，越要争取和用好、用足政府优惠政策措施，做好企业保障工作。

更重要的是，疫情当下，物流企业应抱团发展，互相学习借鉴，结对帮扶，共渡难关。顺丰、圆通、中通、百世、苏宁物流等物流网点目前正有序复工。苏宁所有末端配送开始推动安心卡的使用，上面会记录配送快递员的体温，保证用户和快递员的安全，并在此期间对每一单的配送进行升格激励；为解决物流中"单兵作战"的难题，阿里菜鸟联合海内外物流企业，紧急开辟驰援武汉救援物资免费运输绿色通道；传化集团旗下的传化智联则帮助物流生态"抱团发展"……

总之，物流企业用好政府优惠政策措施，共创生态圈，将会走向光辉的明天。

（资料来源：https://www.360kuai.com/pc/940ab5a7c8dc46360，有改动）

实例分析

畅通农村快递"微循环"，"小快递"撬动农村电商大市场

长期以来，快递进村难一直是困扰农村发展电商经济的一个突出问题。近年来，中国邮政集团有限公司黑龙江省分公司利用自身邮政服务网络和覆盖面优势，进一步探索推进邮政与民营快递公司合作，加快布局农村电商寄递网络，助推打通农村投递的"最后一公里"，实现惠民惠村、互利共赢。

蜂蜜价比不过白糖

"一份邮上海，一份邮南昌。"在黑龙江省双鸭山市饶河县五林洞镇关门村外的山林旁，养蜂户李淑英把新鲜的蜂蜜递给中国邮政集团有限公司黑龙江省饶河县分公司投递员刘超。"在几年前，这想都不敢想。"李淑英说。

地处深山中的关门村，号称"饶河东北黑蜂第一村"，盛产黑蜂蜂蜜。但因距离五林洞镇50多公里，距离饶河县城20多公里，快递配送至县城、镇后不再进村，一直是影响关门村村民奔小康的"堵点"。

关门村村民宁代英一度对网购提不起兴趣，原因很简单："以往网上买东西，包裹只能送到五林洞镇，去镇里打车光单程就要100多元钱。如果坐客车，一天一趟，还需要在镇上过夜，花费也不小。"

蜂农发货也面临着同样的难题。因物流闭塞，村民的蜂蜜经常"贱卖"，价格最低时甚至比白糖还便宜。关门村党支部书记魏全和说，当时也想过网上销售，但是物流不通村，有的客户急着要货，却不敢答应人家，有的客户买几斤蜂蜜，还不够蜂农往返镇里的路费。眼瞅着好东西卖不上好价钱，大伙干着急也没办法。

在我国农村地区，快递难以直达村屯的情况具有普遍性。饶河县副县长谷庆华说，路程远、件数少、配送成本高等问题让很多快递企业望而却步，快递进村难成了农村地区的"痛点"，亟待

打通"最后一公里"。

近年来,中国邮政集团有限公司黑龙江省分公司加快推动快递进村工程,并于2019年4月正式建立了首批试点。

过去经常低价"贱卖"的蜂蜜现在成了抢手货,李淑英家的蜂蜜不再批量卖给县内加工厂或小贩,她家蜂蜜在网上最高卖到了每斤80多元。"我现在足不出户,在家就能当老板。"62岁的饶河镇昌盛村村民刘艳侠说,随着快递下乡进村,一些保质期较短的生鲜农产品她也敢向外卖了。

畅通农村快递"微循环"

2020年4月,国家邮政局印发了《快递进村三年行动方案(2020—2022年)》,目标是2020年年底全国建制村快递通达率达到60%,2021年底达到80%,2022年底达到95%以上,符合条件的建制村基本实现"村村通快递"。

如何让快递真正下得了乡、进得了村、入得了户?中国邮政集团有限公司黑龙江省分公司党委书记、总经理刘斌说,黑龙江邮政充分发挥资金流、实物流、商贸流三流合一的优势,积极助力地方经济发展,特别是乡村振兴战略的实施,着力打造农村共同物流配送体系。

近日,可以在中国邮政集团有限公司黑龙江省饶河县分公司的邮件分拣中心看到,早晨还不到6点,邮递员们就已经开始忙碌起来,他们熟练地把包含民营快递公司在内的邮件包裹分拣装车,然后送往全县每一个乡村。

2019年11月,中国邮政集团有限公司黑龙江省分公司与韵达、中通、圆通、申通、百世、顺丰、天天、京东这8家快递企业省级总部签订协议,深入推动"邮快合作"业务。根据协议约定,将以邮政公司的普遍服务网络为基础,利用邮政公司现有农村服务平台和各村邮政服务站点,为民营快递企业办理快件进村收投业务,快递企业相应支付给邮政公司一定费用。

"民营企业的快件到达乡镇一级后,将由邮政公司继续送至各村屯的邮政服务站。"中国邮政集团有限公司双鸭山市分公司总经理谢瑛华说,邮政与民营快递企业抱团发展,从竞争变为合作,这一模式既能最大限度地发挥邮政网络的价值,又利于民营快递企业补齐农村地区基础设施短板,使农村也能够享受到与城市同样的寄递服务。

一方面,资源整合在提速;另一方面,各级邮政公司同步加快推动基础设施水平和服务能力"提档升级"。

在黑龙江省,目前已有55个县(市)分公司实施或制订农村配送网络优化计划。截至目前,已完成优化907条,完成率94.4%,实现车辆配备428台,2020年以来,累计为民营快递企业投递快件达70余万件。

据中国邮政集团有限公司黑龙江省饶河县分公司总经理刘信波介绍,饶河县分公司启动试点以来,通过重组农村投递网络,升级改造车辆,将自行车投递段道全部调整为机动车段道;投递里程从原来的780公里延长至1363公里;邮路由19条整合为6个段道;乡邮从每周两三班调整为每周五班。

"小快递"撬动农村电商大市场

深耕农村电商市场,成为政府部门、企业和行业的共同发力点之一。

中国邮政集团有限公司黑龙江省分公司市场部总经理汤丽丽说,推进快递进村是一项系统工程,关键之一是"邮快合作",即通过与民营快递共享邮政网络资源,协同发展,最终促成多方共赢。

城乡物流网双向贯通、农产品进城、工业品下乡……眼下，快递进村让农民的生活内容和方式正在发生改变。

"现在真是太方便了，在村里的邮政服务站就把包裹取了。"饶河镇昌盛村村民王冬梅说。目前，邮政公司在饶河县所有行政村设立了邮政服务站，村民取件不用花一分钱。五林洞镇关门村邮政服务站管理员李艳杰说，与过去比起来，村民网购的热情提高了，吃的用的玩的都在网上买，服务站最多时一天收三四十件包裹。而每接收一份快递，她还会拿到相应的提成，干劲十足。

外面的包裹"送进来"了，山里的蜂蜜、山野菜等农产品也"运出去"了，农民生活便利化的同时，还带动了富农增收。

在关门村邮政服务站，李艳杰帮着村民把几十件蜂蜜产品装上邮政公司的货车。从饶河县寄往哈尔滨的邮件、山特产品和农产品可实现次日到达，寄往其他省市的，时限缩短一天以上。

"'要想富，先修路'，这路不只是现实的路，还包括农村物流网络。"谷庆华说，加快畅通农村物流网络，将有利于抢占乡村振兴的先机。饶河县围绕快递进村下乡，把惠农工作、扶贫工作与之紧密结合，推动了电商、供应、产业、运输等链条继续完善和快速发展。

截至目前，中国邮政集团有限公司黑龙江省分公司累计投入1000余万元推进快递进村工程，黑龙江省13个地市有67个县（市）分公司开展了"邮快合作"业务，建设邮政服务站5761处，乡镇以下建制村覆盖率达82.3%。

（资料来源：经济参考报，有改动）

项目小结

物流市场是一个新兴的服务业市场，是一种复合型产业。现代物流产业的发展要求物流资源都进入市场，通过物流市场来优化资源配置、实现规模经济、提高物流效率、降低物流成本。物流市场由市场主体、市场客体、市场载体和市场中介组织构成。物流企业可采用资源、联盟、服务、创新、品牌等发展战略。物流企业具有购买商品、流通加工、储存商品、包装商品、销售商品、运送物质实体、装卸搬运商品、信息流通等职能，有物流延伸服务、物流项目服务、物流行业服务、物流定制服务、物流咨询服务、物流连锁经营、物流管理输出、物流战略联盟、第四方物流服务等发展模式。

同步训练题

（1）简述物流市场的含义及特征。
（2）论述物流市场的构成与运行模式。
（3）论述物流市场管理的方法与内容。
（4）简述物流企业的含义与类型。
（5）论述物流企业的职能。
（6）论述物流企业的经营模式。

实训项目

实训题 1

1. 实训目的

实训目的为使学生了解物流市场的运行和管理情况。

2. 实训方式

实训方式为实地调研。

3. 实训内容

(1) 考察当地物流市场运行情况。

(2) 考察当地物流市场准入条件。

(3) 考察当地物流市场监管情况。

(4) 考察当地物流业制造业融合创新发展的情况。

(5) 写出考察物流市场调研报告。

实训题 2

1. 实训目的

实训目的为使学生了解物流企业的运营情况。

2. 实训方式

实训方式为到物流企业进行参观学习。

3. 实训内容

(1) 了解物流企业的主要业务。

(2) 掌握物流企业的成本管理。

(3) 物流企业应如何服务客户。

(4) 写出参观物流企业的体会。

项目三
物流中心与物流园区

WULIU
GUANLI
JICHU

(1) 理解物流中心、物流园区的概念。
(2) 了解不同类型的物流中心、物流园区。
(3) 掌握物流中心、物流园区的功能。
(4) 了解我国物流中心、物流园区的发展情况。
(5) 能够根据实际情况做出物流中心、物流园区的规划方案。

现代物流网络中的物流节点是整个物流网络的灵魂,它不仅执行一般的物流职能,而且越来越多地执行指挥调度、信息传递、综合管理等职能。完整的物流系统一般包括三个层次的物流节点,即物流园区、物流中心、配送中心。物流园区是由多家专业从事物流服务、拥有多种物流设施的不同类型物流企业在空间上相对集中分布而形成的场所,其服务领域广泛,物流辐射范围(涵盖城市范围、区域范围、国际范围)广阔,能够提供规模化、集约化的大规模物流服务和综合服务功能,具有两种或两种以上的交通运输方式(公路、铁路、水路、航空)。

一、物流中心介绍

国家标准物流术语将物流中心定义为"从事物流活动的场所或组织,应基本符合以下要求:主要面向社会服务;物流功能健全;完善的信息网络;辐射范围大;少品种、大批量;存储吞吐能力强;物流业务统一经营管理"。

二、物流中心的类型

按照不同的分类标准,我们可以把物流中心分成以下几类。

(一) 按功能分类

物流中心的主要功能有集散、周转、保管、分拣和流通加工等,根据其侧重点不同,大致可分为如下几种。

1. 储存型物流中心

储存型物流中心拥有较大规模的仓储设施,具有很强的储存功能,能把下游的批发商、零售商的商品储存时间及空间降至最低程度,实现有效的库存调度。

2. 流通型物流中心

一般情况下,流通型物流中心主要以随进随出方式进行分拣、配货和送货,其典型方式是"整进零出",商品在物流中心仅做短暂停滞。近年来,在我国一些大中城市中建立或正在建立的商品流通中心多属于这种类型的流通中心。

3. 加工型物流中心

加工型物流中心的主要功能是对产品进行再生产或再加工,以强化服务为主要目的,提高服务质量和服务水平,为消费者提供更多的便利。如食品或农副产品的深加工,木材或平板玻璃的再加工、水泥、混凝土及预制件的加工等。我国上海地区6家造船厂共同组建的钢板配送中心就属于这种类型的物流中心。

4. 多功能物流中心

多功能物流中心集储存、流通加工、分拣、配送、采购等多种功能于一体。从现代物流发展的实践来看,为了加速商品运动,提高流通效率,更好地顺应市场需求,目前发达国家多功能物流中心所占的比例比其他类型的物流中心要高。

(二)按商品分类

1. 综合型物流中心

综合型物流中心是指那些储存、加工、分拣与配送多种商品的物流中心,这类物流中心的加工和配送品种多、规模大,适合不同用户的不同服务需求,应变能力较强。

2. 专业型物流中心

专业型物流中心是指专门服务于某些特定用户或专门从事某大类商品服务的物流中心。例如煤炭、钢材、建材、食品冷藏等。

(三)按服务范围与服务对象分类

1. 区域型物流中心

区域型物流中心是指以较强的辐射能力和库存商品,向省际、全国甚至国际范围的用户服务的物流中心。其物流设施齐全、库存规模较大、用户较多、配送量也较大,往往是配送给下一级的城市物流中心,也配送给批发商和大企业用户。

2. 城市型物流中心

城市型物流中心是指以所在城市区域为配送范围的物流中心,由于配送范围一般处于汽车运输的经济里程之内,因此,这种物流中心都采用机动性强、调度灵活的汽车进行运输,且直接配送到最终用户,实现"门到门"式的配送活动。如北京的食品配送中心、无锡的物资配送中心都属于城市型物流中心。

三、物流中心的功能

物流中心是企业优化分销渠道、完善分销网络的结果,也是第三方物流理论得到应用的产物。物流中心具有较强的功能性,可以分为一般性功能和增值性功能。

(一)物流中心的一般性功能

1. 运输功能

物流中心需要自己拥有或租赁一定规模的运输工具,具有竞争优势的物流中心不是一个点,而是一个覆盖全国的网络。满足客户需要的运输方式,然后具体组织网络内部的运输作业,在规定的时间内将客户的商品运抵目的地。

2. 储存功能

物流中心需要有仓储设施,但客户需要的不是在物流中心储存商品,而是要通过仓储环节保证市场分销活动的开展,同时尽可能降低库存占压的资金,减少储存成本。因此,公共型物流中心需要配备高效率的分拣、传送、储存、拣选设备。

3. 装卸搬运功能

这是为了加快商品在物流中心的流通速度必须具备的功能。公共型物流中心应该配备专业化的装载、卸载、提升、运送、码垛等装卸搬运机械,以提高装卸搬运作业效率,减少作业对商品造成的损毁。

4. 包装功能

物流中心包装作业的目的不是要改变商品的销售包装,而是通过对销售包装进行组合、拼配、加固,形成适用于物流配送的组合包装单元。

5. 流通加工功能

为了方便生产或销售,公共物流中心常常与固定的制造商或分销商进行长期合作,为制造商或分销商完成一定的加工作业。物流中心必须具备的基本加工职能有贴标签、制作并粘贴条形码等。

6. 物流信息处理功能

由于物流中心现在已经离不开计算机,因此可以对各个物流环节的各种物流作业中产生的物流信息进行实时采集、分析、传递,并向货主提供各种作业明细信息及咨询信息,这对现代物流中心来说是相当重要的。

(二)物流中心的增值性功能

物流中心的增值性功能包括结算功能、需求预测功能、物流系统设计咨询功能、物流教育与培训功能。

任务一 物流中心的选址方案

小明所在 A 公司是目前国内最大的体育用品分销与零售企业,在全国有 2000 多家分店。从配送中心(以下简称 DC)相关实体及业务看,目前拥有 23 个代工(即 OEM)生产厂,2 个配送中心(北京 DC 和广州 DC)。各生产厂的成品运送到 DC 进行存储保管。在销售领域,全国的销售市场被划分为 8 个大区,包含 30 个省(直辖市)。

由各 DC 负责成品从 DC 到各大区的分公司及经销商的运输。随着业务的发展,公司考虑在上海兴建第三大配送中心,集中应对华东、华中市场不断扩大的需求。由此出现了物流中心的选址问题,公司要求小明考察在上海兴建配送中心的可行性。

任务分析

物流网络选址问题,就是要确定所要分配设施的数量、位置及具体相关的网络分配方案。就大的层面而言,这些设施涵盖了物流系统中的节点,如制造商、供应商、仓库、配送中心、零售商网点等。

对于单个企业来说,整个物流系统及其他层次的结构可以说都是由网络规划所决定的。反过来,物流系统其他层次如库存、运输等的规划也会影响到选址决策。因此,选址与库存、运输成本之间存在着密切的联系。

就库存方面而言,假设一个物流系统中的设施数量在增加,则库存本身及由此而产生的库存成本会增加。所以,对于物流经理人员来说,要降低库存成本,一个可供考虑的重要措施就是合并或减少设施的数量,扩大设施的规模。这种情况也部分说明了人们为什么大量修建物流园区、物流中心,实现大规模的配送。

就运输方面而言,随着设施(如配送中心)数量的增加,可以减少运输距离,降低运输成本。但是当设施数量增加到一定量的时候,由于单个订单的数量过小,增加了运输的频次,就会造成运输成本的增加。因此,确定合理的设施数量,也是选址规划的主要任务之一。

相关知识扩展

在整个物流系统中,物流中心发挥着巨大的作用,而物流中心的选址又对中心运转功效的发挥非常重要,影响着供应商和客户的长远利益。物流中心选址,是指在一个具有若干供应点及若干需求点的经济区域内,选择一个或多个地址设置物流中心的规划过程。

一、影响物流中心选址决策的外部因素分析

(一)宏观经济环境

宏观经济政策主要包括税收政策、关税、汇率等。关税政策引起的市场壁垒也是影响企业选址的一个重要因素。如果一个国家的关税较高,要么企业会放弃这个市场,要么企业会选择在别处建厂以躲避高额的关税。总体来说,企业总是会根据自身的认识寻求最宽松的经济环境。

(二)基础设施状况

在一个运转良好的物流系统中,物流和信息流同时起着作用。要想保证物流系统的高效运转,就必须运用各种方法保障物流和信息流的通畅快捷。这其中的关键就是要建立一个良好的基础设施体系。基础设施包括交通设施、通信设施等。交通设施是对物流的保障;通信设施是对信息流的保障。

基础设施的质量和成本在很大程度上决定了物流活动的质量和成本。单一的企业要专门建立符合自身需要的基础设施体系显然是不现实的。因此,基础设施的重要性就更为集中地体现在选址决策中。选址就是要趋利避害,就是要选择在基础设施能够最大限度保障物流和信息流畅通的地点建立自身的设施。

(三)竞争对手

正所谓"知己知彼,百战不殆",在物流中心选址这一重要的战略决策过程中,考虑竞争对手的布局情况也是十分重要的。当然,究竟是该靠近还是该远离竞争对手,需要根据企业产品或服务的自身特征来决定。

二、影响物流中心选址决策的内部因素分析

内部因素是决定事物存在发展的根本,对于企业也是这样。在物流中心选址决策涉及的诸多内部因素中,保证决策正确的首要因素是要与企业的发展战略相适应。

例如,作为制造业的企业,是发展劳动力密集型的产品还是发展高技术类型的产品,这是企

业综合内外形势分析所得到的企业发展战略。如果选择前者,就必然要选择生产成本低的地区作为选址的依据;选择后者则必然要选择劳动力素质高的地区,而相伴而来的问题是这些地方的成本往往较高。

从商业和服务业来说,选择连锁便利店还是超市的发展战略,会有不同的企业网络设计。选择前者,则必须选择一些人口密集区域,成本较高,面积需求较小;选择超市,则要选择人口不是非常密集,可以提供较大营业面积的场所。

三、物流中心选址的原则及定性分析

物流中心选址决策对企业是如此的重要,所涉及的考虑因素又是如此的庞杂,这就在实践中对企业的管理人员提出了相当高的要求。当面对动态复杂的环境时,必须保持理性的头脑,抽象出企业所需要的变量、条件,选择企业认为适当的方法,在尽可能具体的层面上先做出正确的战略决策,以推动后续的定量研究。

物流中心选址的原则包括以下内容。

1. 费用原则

企业首先是经济实体,无论何时何地,经济利益对于企业都是重要的。曾经风靡一时的网络经济热潮一度忽视了对经济利益的强调,最终就陷入了困境。就物流中心选址来说,这里需要考虑的内容包括建设初期的固定费用、投入运行后的变动费用及产品出售以后的年收入等。

2. 集聚人才原则

人才是企业最宝贵的资源,企业地址选得合适有利于吸引人才。反之,就可能因企业搬迁造成员工生活不便,导致员工流失——这样的事其实常有发生。

3. 接近用户原则

一方面,对于服务业,几乎无一例外都需要遵循这条原则,如选址应靠近银行储蓄所、邮电局、电影院、医院、学校、零售业的所有商店等。另一方面,许多制造企业也把工厂建到消费市场附近,以降低运费和损耗。

4. 长远发展原则

企业选址是一项带有战略性的经营管理活动,因此战略意识必不可少。选址工作要考虑到企业生产力的合理布局,还要考虑市场的开拓前景,同时要有利于获得新技术和新思想。在当前世界经济越来越趋于一体化的时代背景下,还要考虑如何更有利于参与国际竞争。

物流中心选址方案的设计分为五个步骤:步骤1为分析影响物流中心选址的外部因素;步骤2为分析影响物流中心选址的内部因素;步骤3为对选址工作界定基本的原则进行分析;步骤4为确定物流中心选址的关键要素;步骤5为对关键要素进行分析,得出最终结论。

相关知识扩展

在物流中心选址时还要考虑公司的整体战略目标,要能对公司整体战略目标的实现起到促

进作用,使公司快速地占领市场、扩大市场份额、增加销售收入,同时提升企业物流系统的运作效率,最终增强公司的整体竞争力。

实例分析

1. 分析影响物流中心选址的外部因素

在 A 公司的分析中,最终考虑将物流配送中心建在上海,考虑了上海地区基础设施建设到位的因素。由于是国内同行业中的龙头企业,所以在竞争对手这方面的考虑可以适当放宽,但是就一般情形而言,北京、广州、上海三地联合配送的格局,与业内传统上所认为的合理模式相符。

2. 分析影响物流中心选址的内部因素

由于体育用品的科技含量有限,因此生产工厂的布局多在劳动力成本较低的地区;而在销售方面所采用的在全国各地建立分销店的策略,决定了最终的需求地处于人口密度大、成本较高的区域,而上海符合这样的要求。

3. 对选址工作界定基本的原则进行分析

本案例分析关键要素之一就是成本问题,最终证明这一决策符合成本原则。A 公司虽然在全国各地都建立了营销网络,但公司布局的重心仍位于我国东部,中上层的精英、骨干力量基本都部署在上海、北京、广州等大城市,这就从选址的角度顺应了大多数高质量人才的心理考量,保证了员工团队的向心力。在上海建立配送中心,是能充分满足华中、华东地区用户需求的决策。

4. 确定物流中心选址的关键要素

通常情况下,对于物流网络而言,整个物流系统的运行费用以及服务于公司战略发展目标的客户服务水平是决定物流网络设施布局合理与否的重要因素。对于 A 公司而言,由于公司的发展战略已经明确要加强华东地区的物流网络设施,提高该区域的服务水平,所以,在公司发展战略一定的情况下,本案例的研究重点应该是 A 公司物流系统的运行费用。

5. 对关键要素进行分析,得出最终结论

通过对 A 公司不同物流系统模型的运行费用进行计算分析可知,在增加了上海物流中心后,优化了物流中心与生产地、销售市场的网络布局,可见,增加上海物流中心可以促进华东地区物流服务水平的提升,所以方案是可行的。

一、物流园区介绍

目前,物流园区在国内和国外还没有统一通用的定义,不同国家对其称谓也不一样。

物流园区最早出现在日本东京,又称物流团地。在欧洲,物流园区被称为货运村(freight village)。在 2006 年新修订的《中华人民共和国国家标准物流术语》(GB/T 18354—2006)中,对物流园区的概念做了较全面的解释:物流园区是指为了实现物流设施集约化和物流运作共同化,或者出于城市物流设施空间布局合理化的目的而在城市周边等各区域,集中建设的物流设施群与众多物流业者在地域上的物理集结地。

二、物流园区的功能

按照对物流园区所下的定义,现代物流园区主要具有两大功能,即物流组织与管理功能和依托物流服务的经济开发功能。

(一)物流园区的物流组织与管理功能

物流园区的物流组织与管理功能一般包括货物运输、分拣包装、储存保管、集疏中转、市场信息、货物配载、业务受理等,而且多数情况下是通过不同节点将这些功能进行有机结合和集成而体现的,从而在园区形成了一个社会化的高效物流服务系统。

物流园区是物流组织活动相对集中的区域,在外在形态上不同园区有一定的相似之处,但是,物流的组织功能因园区的地理位置、服务地区的经济和产业结构及企业的物流组织内容和形式、区位交通运输地位及条件等的不同存在较大差异,因此,物流园区的功能不应有统一的界定。

(二)物流园区的经济开发功能

物流园区概念的提出,不是由于其在物流发展和运作中的作用,而在于其经济开发功能。

1. 物流基础设施项目的经济开发功能

1) 新建设施的开发功能

物流园区一般从区域经济发展和城市物流功能区的角度出发进行建设,具有较大的规模,国内目前较大的物流园区一般占地均在千亩之上,经济发达国家更有占地在数平方公里之多的物流园区。因此,物流园区的开发和建设,将因在局部地区的大量基本建设投入,而带动所在地区的经济增长。

2) 既有设施及资源的整合功能

开发和建设物流园区,将因物流园区的物流组织规模较大和管理水平较高等因素而对既有物流设施在功能上产生替代效应。在既有设施已客观存在局部过剩的情况下,物流园区并非简单地重复建设,而是通过在功能设计和布局上适应当前及未来物流组织的管理,并通过规模化和组织化经营,从而实现对既有设施的合理整合。

2. 完善的物流服务支持经济开发功能

从定义的角度出发,物流园区除具有自身的经济开发功能外,还具有支持产业经济开发的功能,主要原因是物流园区在物流基础设施方面比较完善,物流服务功能较为齐全,从而确保了经济发展所需要的物流运作效率和物流营运水平,这正是经济进一步发展的重要基础。

三、物流园区的类型

物流园区是多家专业从事物流服务的企业和物流密集型工商企业在空间上集中布局的场所,是具有一定规模和综合服务功能的物流节点。它依托于经济发达地区的中心城市,位于大型交通枢纽附近,一般与两种或两种以上的交通运输方式相结合。物流园区是基础设施的一种。它在社会属性上既有别于企业自用型的物流中心,又有别于公路、铁路、港口等非竞争性基础设施,是具有经济开发性质的物流功能区域,与科技园区、工业园区有相似之处。

表 3-1 为现代物流园区的一般类型。

表 3-1 现代物流园区的一般类型

物流园区类型	依托条件	主要功能	案　　例
港口物流园区	港口	国际、国内物流分拨配送	上海外高桥物流园区
空港物流园区	航空港	航空快运物流	上海浦东空港物流园区
公铁联运物流园区	公路铁路运输枢纽	多式联运、分拨配送	天津南疆散货物流园区
工业物流园区	经济开发区、工业园区、高新技术开发区	为生产提供物流服务	苏州中新工业园区物流园区
保税物流园区	保税区	进出口产品保税加工物流	大连保税物流园区
城市配送性物流园区	靠近城区的原有仓储基地	城市配送物流	大连老港区市域物流园区
综合物流园区	区位、交通、市场等综合优势条件	城市或区域综合物流服务	上海西北综合物流园区

实例分析

智慧物流园区——中国未来物流的革命！

中国作为全球第二大经济体,电子商务和零售业的发展让物流业也有了很大的发展。随着"互联网+""协同融合""共享经济"这些新理念的提出,以及大数据的应用,一个全新的领域——智慧物流,引起了大家的关注。

随着整个物流信息技术和物联网技术的发展,以及"中国制造2025"和工业4.0概念的深化,生产、装备和物流行业正面临一次全面升级,作为工业4.0三大核心之一的智慧物流也得到了越来越多的关注,智慧物流在我国不断发展。

全新一代智能物流技术正为物流园区的发展提供新的发展方向。智能物流园区是现代物流的有效载体,是以信息化、智能化、自动化、透明化、系统化的运作模式运营的物流园区。利用"物流+互联网+大数据"的一体化生态运作体系,通过整合有形资源和无形资源,提供增值服务,实现模式创新。

从初创到规模专业再到开放共享,2016年,物流业开始真正迈向全面开放、物流智能化。智慧型物流园区以"网上交易、业务管理、商务协同"为核心,面向物流产业链,整合上游货运厂商、下游物流公司客户,以全程电子商务平台为载体,融入电子商务交易、大屏幕货运信息交易、园区物业管理系统、园区公共服务管理系统、智能停车场、智能一卡通等子业务模块,有效提供物流产业链的全程服务,全面提升园区价值及竞争力。智慧物流园区依托全程物流电子商务平台,实现园区与平台双向协调,园区与园区信息共享,以"平台构造节点化、园区管理智能化、业务服务全程化、行业效益长远化"特色为核心,建设为有物流处理能力的高效智慧节点,是云物流的强力保障。

智慧型物流园区可有效解决当下各物流园区存在的信息孤岛、资源浪费等问题,同时帮助园区解决在车源、交易、零担、创造商机、仓储配送、后勤保障、行政服务、物业管理等方面面临的种种难题和困惑,全面提升物流园区的管理质量和核心竞争力。

智慧物流园区有四个特点。

第一个特点是整体运营管理智能化。

运营管理的智能化又分两个层面:一是园区管理智能化,拥有车辆智能道闸系统、月台等物联网信息采集设备,使园区操作与仓库运营一体化,实现园区导航、自动打单、自动计量等;二是仓库运营管理智能化,仓库内装卸、分拣、包装等尽量采用自动化设备,降低人力输出,提高运作效率。

第二个特点是货物管理智能化。

仓库内构建 WMS 系统,打通客户端,实现动销数据实时共享,建立库存策略,实施安全库存与循环补货等存货管理方案,把整个物流系统和产销系统进行有效的连接,做到真正的物流一体化管理,降低库存,提高服务品质。

第三个特点是共享服务平台化。

物流园区作为有效的集合点,需要服务平台和服务窗口,如何建立协调多方资源的共享智能服务平台,如运力整合、设备共享等,能够通过有效的平台化的运作去解决客户的服务、信息、金融需求,是园区智能化管理有效的很重要的标准。

第四个特点是信息采集、物流大数据服务系统化。

我国的智慧物流处于初步阶段,以后还需要利用现有的资源和最新的技术,把物流园区打造成高精尖的智慧物流园。

未来,智慧物流园将有很大的发展前景。

摩方开发智慧物流芯和供应链智慧平台,以标准化托盘为单元,构建连接载具供应商、托盘服务商、物流企业、产品制造企业的智慧物流新生态,建立智能便捷的"物联网+"云服务平台,构建智慧物流新模式,显现智慧物流新价值。

任务二　物流园区的规划分析

山东盖世国际物流集团成立于 1998 年,经过 22 年的超常规发展,已经成为占地 7000 余亩,拥有济南、齐河、济阳三个大型物流基地的综合性物流园区。通过商贸物流叠加发展,培育了以家电、日化、医药、五金机电、农产品等为核心的综合市场群,打造了以大数据、智能物流技术为支撑的城市干支结合部"干转配"智慧物流综合服务平台,吸纳 3000 余家企业、商户入驻平台,推进集群发展,形成规模效应,逐渐成为济南市颇具影响力的商贸物流园区。

目前该集团已发展成为涉足物流、商贸、房地产三大业态的大型综合性企业集团,为山东省唯一一家集中国 5A 级物流企业、中国物流示范基地、中国物流百强企业和中国物流产学研基地四项殊荣于一身的物流企业。2016 年获评"国家级示范物流园区",2017 年获得中国物流业大奖"金飞马"奖——"中国物流十大创新园区奖"。

物流园区规划是指国家、地区或行业组织按照国民经济和社会发展的要求,根据国家发展规划和产业政策,在分析外部环境和内部条件现状及其变化趋势的基础上,为物流园区长期生存与发展做出的在未来一定时期内的方向性、整体性、全局性的定位,以及发展目标和相应的服务功能、物流设施与配套设施布局和具体实施方案。物流园区规划主要可以分为三个级别,即国家级物流规划、省市区域级物流规划、行业及公司专项物流规划,规划的内容和侧重点各有不同。本案例属于公司物流专项规划。

相关知识扩展

一、市场分析

为了深入了解区域物流园区周边地区的经济发展状况、市场需求、基础设施、服务竞争等情况,必须对物流园区辐射地区的宏观经济、产业和微观环境情况进行全面的调查和研究,根据长期和近期的物流量,确定物流园区长期和近期的建设规模。

物流市场和竞争策略研究内容有以下几个方面。

(1) 分析中国物流行业概况(政策、资本、运作、购并)。

(2) 分析所规划的物流园区在所在地第三方物流市场中可能占有的容量及各细分市场的容量和成长率。

(3) 分析所规划的物流园区的经营网络、所在地及相关地区的现实和潜在的物流客户群状况。

(4) 结合具体情况,分析和确定所规划的物流园区在有效的物流半径内所提供的服务和产品的类型及其发展方向和潜力。

(5) 分析和确定所规划的物流园区的客户能力、运作成本及对进驻企业的整合价值。

(6) 结合所规划的物流园区的优势和物流市场竞争情况,分析并确定所规划的物流园区未来可能的业务目标。

(7) 评估所规划的物流园区潜在的商业风险(包括业务风险、技术风险、财务风险和资源风险)及其相应对策。

二、现代物流园区规划的基本原则

物流园区的规划建设既要按市场经济的原则运作,又要坚持政府的政策引导,在规划建设物流园区的进程中,应该坚持以下几点原则。

(一) 科学选址原则

位于城市中心区的边缘地区,一般在城市道路网的外环线附近;位于内外交通枢纽中心地带,至少有两种以上交通运输方式相连接,特别是铁路和公路;位于土地资源开发较好的地区,用地充足,成本较低;位于城市物流的节点附近,现有物流资源基础条件较好,一般有较大的物流量产生,且可利用和整合现有的物流资源;有利于整个地区物流网络的优化和信息资源利用;兼顾规划的超前性和实施的可行性,按统一规划、远近结合、新旧兼容、分期实施的原则,合理利用资源；考虑绿化、生态、环保等因素，考虑降低对城市居民生活的干扰、改善城市交通物资的流通等因素。

（二）统一规划原则

物流园区功能的发挥，需要政府的指导和政策的支持，物流园区的相关职能都必须由政府出面积极推动并实施。政府在物流园区的规划建设中应当扮演好基础条件创造者和运作秩序维护者的角色。

（三）市场化运作原则

规划建设物流园区，既要由政府统一规划和指导协调，又要坚持市场化运作的原则。应该按照"政府搭台、企业唱戏、统一规划、分步实施、配套完善、搞好服务、市场运作"的企业主导型市场化运作模式进行规划，政府要按照市场经济要求转变职能、强化服务，逐步建立起与国际接轨的物流服务与管理体系。

（四）高起点现代化原则

现代物流园区是一个具有关联性、整合性、集聚性和规模性的整体，其规划应该是一个高起点、高质量的中长期规划，并且具有先进性和综合性。因此，规划现代物流园区必须瞄准世界物流发展的先进水平，以现代化物流技术为指导，坚持高起点现代化原则。

（五）柔性化原则

在目前现代物流产业发展还不够完善，人们的思想观念还不够深入的情况下，现代物流园区的规划应采取柔性化原则，在规划中持续改进机制，确定规划的阶段性目标，建立规划实施过程中的阶段性评估检查制度，以保证规划的最终实现。

（六）人才优先原则

物流园区的规划建设是非常复杂和庞大的系统工程，涉及的专业领域较多，必须有众多各种专业的专家型人才参与才能完成。在项目进行的不同阶段，应该让不同类型的专家发挥作用。在决策阶段，可以更多发挥进行宏观研究的经济学家的作用；在规划设计阶段，可以发挥技术专家的作用；在施工阶段，则应该由工程专家发挥作用。

三、物流园区的战略定位

一个成功的物流园区，必须建立以清晰、明确的远景目标为基础，同时突出自身特点与优势，并有效锁定目标市场和吸引目标客户的战略目标。

在战略选择过程中，需要先确定战略方向，目前主要有两个方向可供选择，即"驱动者"和"操作者"。"驱动者"指的是基础设施提供者，他们建立世界一流的基础设施，兴建仓库、道路、围栏、安全设施及以项目为依托的信息平台，向承运人、货代公司及物流公司提供服务。主要收入包括租金、保安服务费、信息和电信费用、设施管理费，以及其他运营费用，比如起降费用和货物地面操作费用。与此对应，"操作者"指的是运输及物流服务的提供商，他们直接面向最终用户，管理并参与运输及物流服务。他们的收入主要来自运输、仓储、增值服务、第三方物流、"一站式"整合服务等。

规划者还必须对物流园区整体优势、劣势、机会、威胁进行分析（即 SWOT 分析）。这些分析的主要作用是帮助园区的高层经营决策者明晰内外部环境，提出发展物流园区的使命、远景目标和制胜策略,从而进行准确的战略定位,帮助其实现战略目标。这里的制胜策略,是指击败现有及潜在竞争者的计划,包括一系列举措以提高物流服务的水平,物流园区战略选择的"价值方案"及其实施步骤。这些策略应该严格限制在内部使用。

四、物流园区的选址决策

物流园区是物流系统重要的基础设施,它不仅承担着多种物流功能,而且越来越多地承担指挥调度、信息处理等神经中枢的职能,它的建立,直接影响整个物流系统。所以,物流园区的选址研究也成为管理学的前沿问题。合理的物流园区选址可以提高物流效率、降低物流成本,对整个物流系统的建设和运行具有十分重要的现实意义。

物流园区选址主要应遵循以下几点原则。

1. 动态性原则

物流园区选址时,不能将环境条件和影响因素绝对化,而要从动态出发,将物流园区选址建立在对现状做出详细分析及对未来变化做出合理预测的基础上。

2. 竞争性原则

物流活动是服务性活动,用户的选择必将引起物流服务的竞争。若不考虑这种竞争性机制,而单从成本最低、线路最短、速度最快等角度出发,就会剥夺用户的选择权利,导致垄断,从而阻碍物流服务质量的提高。

3. 经济性原则

物流园区的选址不同,其未来物流活动辅助设施的建设规模、建设费用及运费等也不同,应以费用最低作为重要选址原则。

4. 交通便利性原则

布局物流园区时,要考虑现有交通条件,同时预测和规划未来交通,保证物流园区投入使用后交通便利。

5. 统筹性原则

物流园区的布局与生产力布局、消费布局密切相关,在规划物流园区时,必须统筹兼顾,从微观与宏观上综合考虑。

6. 战略性原则

选址要有前瞻性,制订长远发展规划。

五、现代物流园区运营管理模式分析

根据物流园区开发建设、经营管理主体及入驻企业之间存在的各种联系,总结归纳出以下几种适合现代物流园区开发建设与经营管理的模式。

1. 物流园区开发经营的政府主导模式

物流园区开发经营的政府主导模式即由政府负责物流园区的主要投资和建成后的经营管理。

2. 物流园区开发经营的租赁-开发-经营模式

物流园区开发经营的租赁-开发-经营模式是政府将土地或现有设施设备以租赁或出让的形式给企业或企业联合体,而后由主导企业或者企业联合体进行物流园区的开发建设,再由主

导企业或者企业联合体进行物流园区的管理组织。

3. 物流园区开发经营的建设-经营-转让模式

建设-经营-转让模式相对于传统意义上的运营管理模式有所不同,可以视为一种变形,就是政府或主导企业及联合投资者负责物流园区的物流相关基础设施的投资建设,然后委托给一个或多个物流设施管理能力较强的企业,由其在政府制定的较为优惠的使用政策框架下进行经营管理,并以一定比例提成的变形操作方式经营。

物流园区规划方案的设计分为五个步骤:步骤1为物流园区所处市场分析;步骤2为物流园区的战略定位;步骤3为物流园区的功能定位;步骤4为物流园区的选址决策;步骤5为现代物流园区运行模式分析。

相关知识扩展

现代物流业发展的一个鲜明特点是以通信技术、信息技术等为代表的高新技术的应用。物流园区要通过物流信息整合已有的资源,构筑物流信息平台,为物流业的发展提供支撑,使园区发挥最大的整体效益。物流信息平台最重要的作用就是能整合如企业、货主、公路、铁路、港口、银行、海关、工商税务等多个信息子系统的信息资源,完成各子系统之间的数据交换,实现信息共享;满足不同客户的信息需求,提高物流系统的效率。

实例分析

物流园区一体化综合管理平台——山东盖世国际物流集团

一、项目背景

现代物流是世界经济全球化深度发展和现代科学技术高度进步的产物,其发展水平是衡量一个国家或地区综合竞争力的重要标志,推动物流管理水平提高、物流技术应用、物流科技进步以及现代物流业发展,已经成为新经济时代的重要内容。在我国,物流信息化可划分为三个层次,最底层是具备一些标准的编码、协议、网络等基础的设施建设;第二层是具有信息服务平台的要求,包括运营的平台、开发的平台、服务的平台;第三个层次是定制化的服务要求。调查显示,71.3%的物流企业不同程度地应用了信息化系统,但在进入物流信息化行列的所有企业中,约67%的企业依然处于基础信息化的阶段。目前,盖世集团拥有仓储面积150万平方米,拥有济南总部、盖世济北(济阳县)、盖世冠威(德州市齐河县)三个大型物流基地,目前整个园区入驻客户3000余家,培育孵化物流企业556家,集中济南市50%以上的物流企业。集团入驻了中远、中海、宝供、天地华宇、统一、海尔、海信、国美、苏宁、格力等近千家国内外知名企业,开通了济南至全国各大中城市货运专线1600多条,基本实现全国各省市无盲点覆盖,是山东省规模最大、开通线路最多的公路主枢纽货运场站,整个园区日均人流量超过6万,车流量超过1.2万辆,货流量超过5万吨,为济南及周边地区提供了一个现代化物流综合服务平台。其主要业务包括四个方面——普仓、云仓、冷链和农产品仓储,还涉及相关的配送物流专线业务,主要营业收入来自普仓,但随着目前市场对冷链和农产品的需求加大,盖世在冷链和农产品仓储方面的营业收入逐年提高。

物流信息化是在物流的各个环节广泛应用信息技术,使信息流快速、准确地贯穿于物流过程的始终,对提高物流效率、降低物流成本、保障物流安全、提升物流服务品质、增强物流企业竞争力,都具有特殊的支撑和保障作用。从国际物流业的发展历程和我国物流行业的实践看,物流产业正在呈现"物流系统集成化、物流管理网络化、物流标准统一化、物流配送精细化、物流园区便利化、物流运输现代化"的特征,信息技术已成为我国物流行业发展的关键支撑技术与手段。同时,由于现代物流业是融合运输、仓储、装卸、搬运、包装、流通加工、配送、货代和信息等行业并与社会化大生产紧密结合的新型服务业,物流行业的信息化建设,对于"两化"融合和提升整个社会的信息化水平,又具备极强的带动和辐射作用,对加快产业结构调整、转变经济发展方式和增强国民经济竞争力具有重要意义。

然而伴随盖世物流园区规模的发展和国内物流、电商行业的发展,盖世走过了资源优化的过程,整体业务发展缓慢,出现了困境,在可用时间内可调配资源成为业务发展的瓶颈,集团发展面临转型升级,而以技术驱动业务发展实现转型升级成为业界共识。依托大数据、物联网、移动互联等新一代信息技术,构建物流园区一体化综合管理服务平台,在满足自身业务发展的同时,面向社会为大量的中小型物流公司提供物流解决方案,盖世集团实现由重资产发展向轻资产发展的模式转变,同时将盖世在山东新旧动能转换综合试验区和济南新旧动能转换先行区内打造成为全国重要的区域性物流中心,在助推集团转型升级方面具有很强的现实意义。

二、项目建设意义及解决问题

提高物流效率,面向市场,整合优化资源,提高利润,增强盖世集团企业竞争力需求。突破业务短板,进行数字化升级,满足自身业务的发展,拓展业务发展的需要。目前园区信息化程度比较低,针对合同、资产、财务等业务建立了信息系统,信息孤岛现象明显,缺乏有效的数据一体化来进行业务的互联互通,整体未构建盖世集团信息化服务管理体系。待解决问题主要有以下几个方面。

1. 资产繁杂,维护困难,管理混乱,缺少信息化手段

随着盖世物流集团的发展和现代化程度的提高,各类设备资产的品牌、种类、型号、数量越来越多,管理也就有了很大的难度,再加上新建园区的增加、拆分、合并以及网络规模的扩大和管理需求的变化,设备类资产的管理出现了诸多问题。因此资产管理已成为园区管理的重要内容,需要一种资产管理系统,它既能由财务部门使用,完成资产核算工作,又能由资产管理部门使用,完成对资产的管理工作。简言之,面对资产管理混乱问题,盖世集团缺少必要的信息化管理手段,迫切需要提高资产信息化管理水平,做到针对资产进行全生命周期的跟踪、维护管理。

2. 客户众多,客户关系管理水平低,服务水平有待提高

通过一段时间的运作和积累,目前盖世集团已拥有了庞大的客户群,包括中远、华宇、联邦快递、统一、海尔、海信、国美、苏宁等知名企业。但是在客户关系管理方面,盖世集团目前面临严峻形势。盖世集团现有园区分布较为分散,客户信息资源众多但不能在各园区间进行客户信息资源的共享;客户关系管理水平十分低,与客户沟通交流困难,信息不流畅;组织客户进行交谈,所需成本巨大。同时,在现代物流服务业高速发展的今天,盖世集团的园区服务水平有待提高。综上,可以发现,目前盖世集团迫切需要建设客户关系管理系统,以深度挖掘盖世集团客户的内在关系,为客户提供更加优质的服务。

3. 人力资源管理手段落后,信息维护与查询相当困难

随着盖世集团规模的不断扩大与集团业务的不断扩张,集团内部人力资源数量繁多,人力

资源的管理变得日益重要。人力资源的工种、类型以及所属部门各异,管理内容非常庞杂,不利于集团人力资源管理的长期发展,因此人力资源管理也是园区管理的重要内容。

4. 合同跨部门审批,手工操作,缺少信息化支撑

盖世集团业务繁多,业务量非常大,与客户签署了很多合同。尤其是在一期项目建设过程中实现合同管理的电子化之后,信息化建设带来的便利极大地引发了盖世集团对合同审批过程的信息化管理的兴趣。目前,盖世的合同审批未实现信息化管理,并且许多合同审批需要多部门进行协作,往往是合同管理人员疲于奔波,信息沟通严重不畅,造成合同管理的不及时、不规范。

5. 仓储管理业务量大,客户众多,信息化管理水平低

目前,盖世集团仓储中心已按照国家标准《通用仓库等级》(GB/T 21072—2007)的要求,通过了最高标准五星级仓库的审核,并按国家标准《仓储服务质量要求》通过验收。该项业务是盖世物流最大的业务,占盖世集团业务份额的60%以上。

仓储业务作为盖世物流最大的业务,其信息化建设的重要性毋庸置疑。但是,目前盖世集团仓储业务信息化管理水平较低,仓储管理简易系统只是实现了类似excel统计的功能,远达不到盖世集团仓储管理业务的发展需求。因此,迫切需要通过信息化手段,实现仓储管理的物流作业自动化,同时逐步丰富数据采集方式与手段,达成与仓储客户以及与物流上下游相关企业的数据交换与信息共享。

6. 园区业务对外扩张迅速,新、老园区客户信息共享困难

盖世集团以"内强、外扩"的园区发展战略目标为导向,近些年实现了集团业务的迅速扩张,新建了齐河物流园区、济阳物流园区以及聊城物流园区等。面临巨大的、迅速扩张的业务实体,如何更好地聚集各类优势资源,尤其是实现新、老园区客户资源的信息共享成为盖世集团面临的一大难题。

7. 园区信息平台缺少必要的运营支撑手段

盖世集团数字物流园区一期项目建设的与省公共物流信息平台对接的园区公共信息平台,目前已建设完成。为更好地进行平台的运营,为盖世集团打造一种新颖的商业模式,增加盖世集团的效益收入,需要构建起完备的运营支撑手段。从目前盖世集团的实际情况看,盖世集团缺少必要的信息支撑手段,如呼叫中心、短信平台、wap手机网站等。

三、建设内容总体规划

1. 加强内部综合管理,提高管理敏感度,辅助集团决策

盖世物流园区经营管理体系的建立,主要是运用先进的现代物流技术、计算机网络技术和现代通信技术,实现园区内部由手工分散管理模式转化为电子信息一体化管理模式,更好地为园区内入驻物流企业、流动的车辆、司机、货主、货代等提供内部综合管理服务。加强盖世内部综合管理,建设物流园区一体化综合管理平台,打通园区信息高速公路,提高盖世集团经营管理的敏感度,辅助支撑集团的决策分析。

2. 打造物流作业管理,提升物流作业自动化,实现业务扩张

随着物流管理越来越受到重视,物流作业管理也成为现代物流管理的重要组成部分。企业利用得到的信息,在作业分析的基础上,对物流作业流程进行改善,实行有效的作业管理,从而实现物流总成本最低和作业流程最优的目标。打造物流作业管理,实现业务流程再造,提升物流作业管理的自动化,实现业务迅速对外扩张。

3. 基于大数据平台，实现客户精准服务，实现平台快速成长

基于大数据平台，进行大数据挖掘和应用分析，支撑园区业务和管理分析的可视化展现，支撑客户画像、企业画像以及精准营销，从而实现平台的快速运营，辅助信息平台又好又快发展，实现平台的快速成长。

四、当前项目建设进展

本平台建设规模大且较为复杂，建设遵循"总体规划、分步实施"的大原则（总—分—总原则），按照盖世业务需求紧急程度以及信息化规划体系，逐步实现各应用系统，最终完成整个信息化集成工程的建设。

统筹规划，分步实施，基础先行，应用主导。项目建设按照"统筹规划，分步实施，基础先行，应用主导"的指导方针进行，循序渐进地完成信息化建设任务，保证信息化建设目标的实现。

统筹兼顾，分期建设，应用并行，综合考虑。项目建设必须统筹兼顾，将近期与远期、基础与应用、现实与扩展、局部与全局综合考虑，保证既能满足当前业务的需要，又能满足整体未来发展的需要；既能实现服务平台急迫的应用需求，又能为未来信息化建设打好基础；既要注意继承前期信息化建设成果，又能体现当前信息化建设的特点，力求保证未来投资与已有投资的高效整合。整个项目共分两期进行建设：

一期：重点完成集团一体化平台建设，打造基础数据支撑环境和平台，完成数据的采集、存储和加工利用，实现跨园区的一体化综合管理平台。

二期：重点基于大数据平台，进行大数据挖掘和应用分析，支撑园区业务分析和可视化展现，支撑客户画像、企业画像以及精准营销。

目前，一期项目已经建设完成，系统已进入试运行阶段，近期系统将正式上线运行，主要包括以下内容。

1. 一体化应用支撑平台

一体化应用支撑平台位于盖世公共物流信息平台的底层，以开发模块或者独立组件的形式为盖世物流园区一体化综合管理平台提供各种应用服务，包括提供企业服务总线、应用服务器、工作流、报表、企业门户以及统一认证授权、数据交换平台、电子支付平台、短信平台等。这些开发模块和独立组件有些嵌入到盖世物流园区一体化综合管理平台各个系统中，有些则以服务的形式提供，以构建出一个高内聚、低耦合的重用性良好的应用支撑平台。一体化应用支撑平台主要解决：

（1）统一的信息访问渠道：通过将内部和外部各种相对分散、独立的信息组成一个统一的整体，使用户能够从统一的渠道访问其所需的信息，从而实现优化企业运作和提高生产力的目的。

（2）不间断的服务：通过网络和安全可靠的机制使用户在任何时间、任何地点都可以访问企业的信息和应用，保证企业的业务运转永不停顿，将网络经营的优势发挥到极致。

（3）强大的内容管理能力：对企业各种类型信息的处理能力支持几乎各种结构化和非结构化的数据，能识别多种关系型和非结构化的数据，并可以搜索和处理各种格式的文档。

（4）个性化的应用服务：信息门户的数据和应用可以根据每一个人的要求来设置和提供，定制出个性化的应用门户，提高了门户适用对象的工作效率。

（5）与现有系统的集成：能将企业现有的数据和应用无缝地集成到一起，无须重新开发，保护了原有的投资。

(6) 高度的可扩展性：能适应人员的变动和部门的调整，满足业务调整和扩展的要求，解决企业与 IT 部门短时间内无法解决的技术问题。

2. 物流园区一体化综合管理应用平台

盖世物流园区一体化综合管理应用平台建设目标为：打造园区内部管理一体化平台，对原有的办公 OA、财务管理、合同管理、物业管理、资产管理等应用系统进行统一管理，统一入口和基础数据，方便信息的梳理和大数据分析，为将来集团的决策提供信息依据。另外，进一步完善集团所需的园区公共物流平台、物流云园区综合管理、客户关系、人力资源管理，运输管理系统、仓储管理系统、车辆管理系统、物流云仓系统、天天优菜等的业务系统建设，充实盖世集团内部综合管理平台、园区物流作业管理平台以及信息平台运营配套管理系统。

目前物流园区一体化综合管理应用平台已在盖世三个园区全面使用，打通了三个园区内部管理和业务的全部数据，建立了园区内部的高速信息通道，提高了园区内部管理和物流整体的运作效率，提高了园区的信息管理能力和园区信息服务水平。

五、项目建设效果和效益分析

盖世物流园区一体化综合管理平台项目建设完全符合盖世信息化发展规划，将提升盖世集团信息化总体水平，可大大提升盖世集团的内部管理水平，降低物流成本，具有明显的社会和经济效益，主要包括以下几方面：

(1) 促进园区标准化建设。以信息化建设为契机，实现业务流程标准化、数据展示标准化以及信息存储的标准化。

(2) 促使物流成本减少。实施项目后，提升了大家自觉运用先进技术的能力，实现物流管理和决策作业与活动的最优化、智能化，合理利用有限的资源，以最小的消耗，取得最大的经济效益。

(3) 促使园区提高竞争力。通过信息化建设，注重资源整合，提高物流整体的运作效率，提高园区的信息管理能力和信息技术水平，达到对市场的快速反应，为客户提供高效率、高水平的服务。

项目建设完成后可逐步推进盖世数字物流园区的信息化进程，为形成盖世物流园区智能化建设模板，支撑山东盖世国际物流集团有限公司"内强、外扩"的业务发展战略做好相应的辅助支持；同时为其他数字化物流园区的信息化项目建设提供依据，对打造生态、绿色物流体系及推动区域经济发展做出积极的贡献。

（资料来源：中国物流与采购网，有改动）

项目小结

本项目涉及知识点包括物流中心与物流园区的概念、类型、功能等，学生在掌握以上知识点的前提下，可以参考本节实例分析，对物流中心、物流园区进行分析，设计初步的规划方案。

通过本项目的学习，使学生对物流中心与物流园区有整体的感性认识，为以后物流知识的学习打下基础。

同步训练题

(1) 简述物流中心的概念及其类型。

(2) 物流中心有哪些功能？

(3) 现代物流园区规划的基本原则是什么?
(4) 如何对物流园区的选址进行决策?

实训项目

实训题 1

1. 实训目的
使学生了解物流中心选址、运行和管理情况。
2. 实训方式
实训方式为实地调研。
3. 实训内容
(1) 考察当地物流中心的选址原因。
(2) 考察当地物流中心的准入条件。
(3) 考察当地物流中心的监管情况。
(4) 写出考察物流中心的调研报告。

实训题 2

1. 实训目的
使学生了解物流园区的运营情况。
2. 实训方式
实训方式为到当地物流园区参观学习。
3. 实训内容
(1) 了解当地物流园区的类型。
(2) 了解当地物流园区的依托条件。
(3) 了解当地物流园区的主要功能。
(4) 写出参观物流园区的体会。

项目四
采购与运输管理

WULIU
GUANLI
JICHU

(1) 掌握采购管理的要素、目标和原则。
(2) 熟悉采购管理的作业程序和注意事项。
(3) 了解运输功能、需求和供给。
(4) 能够制定运输合理化的措施。

一、采购管理的概念

采购是指企业在一定条件下从供应市场获取产品或服务作为企业资源,以保证企业生产及经营活动正常开展的一项企业经营活动。

采购管理是从计划下达、采购单生成、采购单执行、到货接收、检验入库、采购发票收集到采购结算的采购活动的全过程,对采购过程中物流运动的各个环节状态进行严密的跟踪、监督,实现对企业采购活动执行过程的科学管理。

二、采购管理的要素

1. 确定供应商的资格

因为供应商的稳定供货能力对企业的稳定生产具有关键性作用,因此企业一般有一个合格供应商名录,采购只能限于名录内的供应商,而且要由企业的技术和标准化部门来核定这个名录。

2. 确定采购价格

为了对采购价格进行有效管理,通常企业需要有一个价格小组来核定采购物品的价格上限,这个小组的成员应该由高层主管、财务和采购部门共同组成,从而防止采购业务人员与供应商合伙,以虚高价格谋取私利。

3. 确定付款方式

这关系到企业的实际利益,企业应尽最大的努力争取好的付款方式。

4. 进行数量核查

供应商货品到货后,应该由检验部门核查到货数量。

5. 进行质量核查

对于有质量要求的货品,需要质检部门进行检验。

三、运输的概念

运输是指用设备和工具,将物品从一地点向另一地点运送的物流活动。当产品从一个地方转移到另一个地方而价值增加时,运输就创造了空间价值。所谓运力,是指由运输设施、路线、设备、工具和人力组成的,具有从事运输活动能力的系统。关于人的运输称为客运,关于货物的运输称为货运。

四、运输的基本特征

（1）运输可以通过多种方式来实现，不同的运输方式与其技术特性相适应，决定了各自不同的运输服务成本和运输服务质量。

（2）运输业者不仅在各自的行业内开展竞争，还与运输方式相异的其他运输企业开展竞争。

任务一　采购管理

烟草企业设备的采购管理

设备采购管理要做好以下四个方面的工作。

一是制订科学的采购计划。烟草企业要结合企业实际生产需要，着眼企业长远发展进行采购，由于生产规模扩大、设备更新、工艺技术改进等原因，或者因环保节能、安全生产等方面的原因需要重新购置设备时，要严格按照申请、论证、批复等一系列程序，制订科学的设备采购计划，明确需要采购的设备类型及技术性能要求，制定采购预算，明确资金来源。

二是进行深入的市场调查。成立由企业领导、设备管理部门、专家和其他人员组成的设备采购领导小组，根据采购计划，结合实践经验和发展趋势，确定几家市场调研对象。组织有关人员深入厂家，调研生产情况；深入市场，调查行情；深入用户，了解设备运行情况，掌握真实可靠的市场调查资料。

三是实行公开的招标采购。严格按照招投标有关程序，组织公开招标采购，本着技术先进、经济合理、安全稳定、节能耐用的原则，综合平衡价格、技术、安全等因素，确定设备供应厂商，签订订货合同。

四是实行有效的监督管理。对于金额大的设备，企业还应有高层领导根据实际情况进行抽验，现场取样，到检测机关检测其质量是否达到当初选定的设备标准等级，并在设备运抵时仔细验货，确保设备质量。

一个企业有了好的采购人员和可行的采购管理流程，再加上有效的监督管理，就可以在很大程度上避免设备的不合格，从而大大减少企业的非正常开支。

加强设备采购管理要结合企业实际，制定科学、完善的规章制度和工作程序，明确人员职责，落实有关责任。烟草企业设备是企业固定资产的重要组成部分，设备技术是否先进、性能是否稳定高效、价格是否合理，在一定程度上取决于设备采购工作是否规范到位。

一、采购管理的重要性

采购在企业中占据着非常重要的地位，因为购进的零部件和辅助材料一般要占到最终产品销售价值的 40%~60%。这意味着,在物料成本方面所做的点滴节约对利润产生的影响,要大于企业销售领域内相同数量的节约给利润带来的影响。

二、采购管理的目标

1. 更低的成本

以旧换新,物尽其用,积极开发替代品,余料的再使用可以降低采购成本和储存成本,提高人员工作效率,合理处理呆滞废料。

2. 正确计划用料

配合销售目标与销售计划,预防呆滞废料的发生,加强用料支出的控制。

3. 强化采购管理

采购五原则:适价、适质、适量、适时、适地。充分了解并掌握市场行情,与供应商协调配合并保持良好关系。

4. 发挥盘点功效

消除料账差异,确保材料的准确性和存量合理。

5. 确保产品品质

加强进货验收的控制,增强材料的使用性。

6. 发挥储存运输功能

确保材料品质,安全维护仓库,合理地安排储存,正确地进行收发作业。

7. 适当存量管理

强化重点管理(如 ABC 物料法管理),提高存货周转率,适时、适量地供应物料,有计划地控制库存,提高库位的使用率。

三、采购管理的原则

(1) 对具体的供应商资格、评审程序、评审方法等都要做出明确的规定。
(2) 建立采购流程、价格审核流程、验收流程、付款结算流程。
(3) 规范样品确认制度,分散采购部的权力。
(4) 采取不定期监督,规范采购行为。
(5) 价格的评审应按照相应程序和规定,由相关负责人联名签署生效,杜绝暗箱操作。
(6) 加强开发能力,寻求廉价替代品。
(7) 建立奖励制度,下调价格后应对采购员进行奖励。
(8) 完善采购员培训制度,保证采购流程的有效实施。

任务实施

一、标准采购作业程序

采购作业程序是从收到请购申请开始进行分发采购的程序,由采购经办人员先核对请购内容,查阅厂商资料、采购记录及其他有关资料后,开始办理询价,报价后整理报价资料,拟订议价方式及各种有利条件,进行议价,办妥后,依照审核决策权限,呈核订购。

目前业内的采购管理平台的基本功能包括以下几个方面。

1. 采购商采购管理平台

（1）采购计划。采购计划由企业根据生产计划制订并按照不同的计划阶段导入必联采购网，支持多种格式的文件导入，导入后的生产计划可以进行查看、修改。系统提供了数据校验机制，通过将采购网中的采购目录与计划物料清单进行核对，自动将不合格数据筛选出来，有效保证了计划数据的准确性。

（2）采购定价。企业可根据业务需要选择多种采购模式（如招标、竞价、询价），充分发挥市场杠杆效应，降低采购品的材料成本和采购过程成本，提升采购工作效率，从而达到降低企业采购成本的目的。

（3）合同、协议管理。合同、协议管理是采购定价结果的体现，也是采购实施的依据，包括采购品的价格信息、交货条件、付款方式等主要信息。可以手工录入合同，也可以根据采购项目的中标结果直接生成合同。

（4）订单协同。企业需要一个完整的供应链管理体系，才能灵活、快速地响应客户需求。必联采购网提供了一整套订单协同的功能，包括订货、收货、退货等流程。

（5）采购统计。系统设定的采购统计查询方式分为按项目统计和按采购价格统计两种，可以对供应商报价的历史记录、订单响应、送货及时率、货物合格率、交易数据等进行自动统计，为采购决策提供强有力的支持。

（6）供应商管理及评估。供应商通过网上注册，申请成为供应商企业，必联采购网对供应商注册信息校对、验证后，供应商真正成为采购网供应商；采购商可对供应商进行认证，使其成为自己的潜在供应商；拥有供货资质的供应商称为正式供应商；采购商可对正式供应商进行评估，选出合格供应商。

（7）采购目录维护。采购目录是整个采购系统的基础和根本，它具有统一分类、统一编码的特点，各个采购商根据自身企业的特点和需要进行维护。

2. 供应商供应管理平台

（1）交易管理。查看和操作不同状态下的采购项目，全程管理采购交易。

（2）订单协同。必联采购网提供了一整套订单协同的功能，包括订货、收货、退货等流程。

（3）合同管理。合同是采购定价结果的体现，也是采购实施的依据，包括采购品的价格信息、交货条件、付款方式等主要信息。可以手工录入合同，也可以根据采购项目的中标结果直接在网上交互和确定合同。

（4）供货管理。建立供应商与客户之间的关联，确保供应商拥有供应产品的资质；同时，供应商与采购商可双向查看和管理协议内容。

二、采购管理中应该注意的问题及解决方法

对于任何生产企业而言，将正确的原材料和半成品以正确的价格、正确的质量在正确的时间送到正确的地点是至关重要的。

要把采购当成供应链的一部分进行管理，要想管理得当，需要注意以下三个方面的问题。

（1）确定采购的数量和批次，防止造成不必要的库存和增加运输成本。

（2）选择合适的供应商并确定他们的合作方式。

（3）制订采购计划，包括采购商品的价格、付款条件、质量、商品来源地、交货方式和运输方

式等。

> **相关知识扩展**

一、采购管理的误区

对于工程公司、商贸公司等企业,由于采购、外协的比重大,采购管理的意义就显得更加重大。然而,目前不少企业的采购都存在管理的误区。

1. 采购招标"一招就灵"

招标采购方式给人以客观、公平、透明的印象,很多管理者认为采取招标方式,可以引入竞争、降低成本,也就万事大吉了。但有时候招标也不是"一招就灵"。为什么要招标?什么情况下该招标?还有什么情况可以采用更合适的采购方式?这涉及采购方式的选择问题。目前,常用的采购方式有很多,主要有招标采购、竞争性谈判、询价采购、单一来源采购等。

合理运用多种采购方式,还可以实现对分包商队伍的动态管理和优化。比如,最初我们对采购内容的成本信息、技术信息不够了解,就可以通过招标来获得信息、扩大分包商备选范围。等到对成本、技术和分包商信息有了足够了解后,转用询价采购,不必再招标。再等到条件成熟后,就可以固定一两家长期合作厂家了。反过来,如果对长期合作厂家不满意,可以通过扩大询价范围或招标来调整、优化供应商或对合作厂家施加压力。

2. 采购要"货比三家"

很多企业的管理者通常都要求负责采购的工作人员在申报采购方案时提供至少3家供应商的报价,管理者审批时就看有没有3家比价,再从中选一个合适的(绝大多数时候是选价格最低的那一个)。其实,很多管理者可能会发现"货比三家"的方法经常失灵:这3家是怎样选出来的?中间的代理商算不算数?同样类别的采购,这次审批的3家和上次的3家是不是相同的?会不会有申报者通过操纵报价信息影响审批者决策的可能?为了防备这种可能性,管理者往往要求采购工程师只提供客观的报价而不能有任何主观评价,结果上边的问题依然存在,反而屏蔽了可能有用的决策支持信息,还免除了申报者的责任。

为什么"货比三家"还不管用?这并不是"询价采购"方式本身的问题。问题的根本原因是没有配套的合格供方管理机制。在这种情况下,采购管理者最终签字选择供应商,表面上拥有绝对的决策权,但采购人员由于可以自由询价,从而拥有实际的决策权。解决这个问题的关键是要给采购人员的询价活动圈定一个范围,这就是"合格供方评审"。"合格供方评审"本来是质量管理的概念,但从更广义和实用的角度,就是管理者按照质量、成本等方面的标准,划定一个范围。这个范围可以由企业高层管理者直接决定,也可以由一个委员会来决定。

3. 保存信息的前提是保存好采购档案

实际上,从保存完好的采购档案中,往往还是得不到充足的有用信息,甚至有很多必要的信息永远无法获得。这很大程度上是由于采购工作过程不够规范引起的。比如,规范的采购管理要求在询价时供应商应对不同规格型号的设备单独报价,但采购人员往往把不同规格型号的设备打包,有时甚至把不同类型的设备打包询价,每次打包的方法和数量都不一样。这样一来,历次询价信息无法落实到具体产品,无从比较,管理者决策时还是无法判断本次采购价格是高是低。

可见，采购工作过程管理的改进和采购信息的收集是相互影响的，要改进采购管理就要先保存好采购资料，若想把资料先保存下来，等有条件了再谈改进，往往是到了想起改进采购管理的时候，相关的信息已经缺失了。

二、采购管理成功的几个要素

企业一般都把降低采购成本作为节省企业运营成本的重要方法，要想大幅度地降低企业的采购成本不能仅停留在价格层面，而是要把采购的所有环节有效地管理起来，向管理要绩效。

1. 良好的信用记录

良好的供应商关系是通过诚信互利的合作达到的。良好的信用记录可以极大地提升采购方在谈判中的地位，采购员在向供应商要求更合理的采购条件时也不会难以启齿。同时，良好的供应商关系常常可以使买方在物料短缺时仍能以相对合理的价格及时得到供货，在供应充裕时又可以获得相当优惠的价格。

2. 厂家近地域采购

运输的时间和成本在物料采购中的作用不可低估。物料的交货期中大约有四分之一的时间被用在了运输上。特别是一些低价值产品，长途运输无疑将增加采购的成本，有时甚至可能超过物料本身的价值。实际上很多厂商都注意到了这点。例如，诺基亚在建设北京经济技术开发区的星网工业园工程时，也邀请了它的主板、电池、机壳等主要物料供应商在开发区建厂。

3. 选择综合性供应商

通过服务灵活的综合性供应商进行采购时，买方往往能够凭借庞大的采购批量获得特别的折扣，买方可以要求供应商储备一定数量的存货，从而将自己的库存量削减到最小。而当买方由于生产计划波动等原因取消某些物料的采购订单时，因为大部分库存放在供应商那里，这部分损失可以和供应商一起分担，而且供应商可以通过自己的销售渠道把这些多余的库存销售给其他客户。在供应商库存管理的支持下，企业生产在物料供应上也有了保障。不仅如此，供应商通过增加库存和提供额外服务等手段，也可以与客户结成相当紧密的伙伴关系。供应商通过大批量的商品进出，实现薄利多销的目的；而当客户有其他需求时，他们也往往会成为首选供应商。这实际上是一个双赢的局面。

4. 各类商品进行合并采购

买方的采购批量是买方在谈判中的最大优势，但具体如何合理运用这个优势，却取决于不同的采购战略。对于某些生产资料的采购，其采购批量上的优势是相当明显的。为了维持价格的竞争性，同时为了分散风险，常常要保持两到三个供应商。而对于另外一些物料的采购，尤其是品种繁多的低价值物品，单项商品的采购规模并不一定很大，如果仍然采取分散采购，则会削减自己的优势。在这种情况下，可以对同类商品甚至不同类商品进行合并采购，从而提升谈判的力量。

5. 运用采购管理系统

采购管理系统的应用无疑可以提高企业使用各种资源的效率。对于目前企业的情况来看，虽然没有完全实现电子化管理，但是已经初步实现了电脑信息化管理，部门内部通过局域网的信息和资源互通互享，可以提高运作速度，减少出错率，增强计划的准确性，从而带来采购成本的相应下降。

三、企业降低采购成本的七大标准方法

采购成本就是在采购流程中产生的各项支出和费用,很多企业虽然因为生产情况不一样,采购流程也有所区别,但大致都包含采购计划的制订、采购行为的发生以及采购过程的监督这三项基本内容。在整个过程中如何降低采购成本呢?下面就一起看看降低采购成本的方法和技巧。

1. 通过付款条款的选择降低采购成本

如果企业资金充裕,或者银行利率较低,可采用现金交易或货到付款的方式,这样往往能带来较大的价格折扣。此外,对于进口材料、外汇币种的选择和汇率走势也需格外注意。例如,某公司从荷兰进口生产线时考虑了欧元的弱势走势,于是选择了欧元为付款币种(该公司外币存款为美元),从而降低了设备成本。

2. 把握价格变动的时机

材料价格经常随着季节、市场供求情况的改变而变动,因此,采购人员应注意材料价格变动的规律,把握采购时机。例如,某公司的主要原材料聚碳酸酯(PC)塑料,上年年初的价格为 2.8 美元/千克,而到了八九月份,价格上升到 3.6 美元/千克。如果采购部门能把握好时机,确定恰当的采购数量,会给企业带来很大的经济效益。

3. 以竞争招标的方式来牵制供应商

对于大宗物料的采购,企业应采用竞争招标的方式,通过供应商的相互比价,最终得到价格底线。此外,对同一种材料,应多找几家供应商,通过对不同供应商的选择和比较使其互相牵制,从而使企业在谈判中处于有利地位。

4. 向制造商直接采购或结成同盟联合采购

向制造商直接采购,可以减少中间环节,降低采购成本,同时提升制造商的技术服务、售后服务质量。另外,有条件的同类企业可结成同盟联合采购,以避免单个厂家因订购数量小而得不到更多的优惠。

5. 选择信誉佳的供应商并与其签订长期合同

与诚实、讲信誉的供应商合作不仅能保证供货质量和及时交货,还可得到付款方式及价格的关照,特别是与其签订长期合同后,往往能得到更多的优惠。

6. 进行采购市场调查和信息收集

一个企业的采购管理要达到一定水平,就应注意对采购市场的调查和信息的收集、整理,只有这样,才能充分了解市场的状况和价格的走势,使自己处于有利地位。如有条件,企业可设专人从事这方面的工作,定期形成调研报告。

7. 产品标准化

产品标准化是降低采购成本的有效手段之一。简单地说,标准化就是尽可能减少专用制程,将专用材料用一般材料代替,并扩大标准件和通用部件的使用范围,增强其互换性、通用性。

标准化措施可以使生产作业项目减少,使每批次的采购量相对增加,因而可以节省采购手续费,降低物料采购的成本。为实现产品的标准化,务必做到以下几点:

(1) 设计人员要树立标准化设计的理念,在产品、配件和物料的选用上,尽可能使用标准件、通用件。

(2) 设计人员要有成本分析的观念。在选用某特定供应商的产品时,要多与采购部门沟通,尽可能减少使用特殊产品。即便确实需要使用某些特殊产品时,也应采用价格合理的供应商提供的设计资料。

(3) 标准化措施的实施需要管理、生产、技术、财务、营销、采购、仓储等部门的通力合作。

(4) 尽可能采购现成品及规格品。

(5) 充分利用供应商资料。

(资料来源:http://www.zrtg-group.com/show-50-335.html,有改动)

▶ 实例分析

中国东方电气集团有限公司集中采购管理平台

中国东方电气集团有限公司利用信息化手段推进采购招标业务的电子化进程,提升采购招标业务的工作效率,建立起集中、高效、透明的集中采购管理平台。平台包含供应商全生命周期管理及电子化招标采购管理两大功能模块,实现了供应商自主注册、在线招投标、在线询报价、在线评标、网上竞价、在线合同生成等功能,并通过门户首页对外发布采购需求、招标公告、竞价公告等信息。平台可实现集团公司及下属企业的设备类、工程类、物资类、服务类等采购项目的在线采购,采购项目分类可在门户首页"服务中心——文件下载"中查看。

(资料来源:https://srm.dongfang.com/plat_introduction.screen)

任务二 运输管理

河南聚力优化运输服务质量 多式联运"连天接地" 城乡运输集约一体

设置疫情防控卡点 2638 个,开辟"绿色通道"825 条,累计运输应急物资 470 万吨,完成返岗客运包车和定制公交 3.2 万趟次,运输返岗人员 66.3 万人次,免收车辆通行费 96.7 亿元……一组组数据晒出了河南省运输服务高质量发展的亮眼成绩。

从严防疫情通过交通运输工具扩散到应急运输服务,从保通保畅打通"大动脉"到复工复产畅通"微循环",河南省交通运输行业始终发挥"先行官"作用,聚力提升运输服务供给质量。在之前召开的河南省运输服务高质量发展座谈会上,政府部门有关负责人、交通物流行业专家、院校研究学者等深入研讨,就不断优化运输服务供给建言献策,助力构建河南省运输服务高质量发展新格局。

一、多线发力示范内陆型多式联运

"郑州机场开展多式联运,对我们企业来说,方便太多了。"郑州机场西货站营业大厅,正在办理业务的中外运空运发展股份有限公司河南分公司有关负责人说,"随着航线网络的完善,现在货物从国外直接运到郑州机场,抵达当天就能办理完所有手续。"

研制全国首辆航空货物整板运输专用车、中欧班列新型冷藏集装箱、拖拉机重型机械设备专用双层铁架、共享敞顶箱平台……河南多线发力,打出"组合拳",推进"铁海公机"无缝衔接,促进多式联运发展。

2019年10月,河南作为交通强国建设试点省份之一,把"内陆型多式联运"建设作为主攻方向,先后研究建立了河南省多式联运标准框架体系,参与两项行业标准研究,依托示范工程制定了10多项企业标准,开展了多式联运和运输结构调整专项调研。河南还实施了高速公路货车分时段差异化收费、国际标准集装箱运输车辆高速公路通行费优惠两项政策。截至2019年年底,累计优惠约15亿元,其中集装箱累计优惠931万元。

"连天接地"的多式联运,带来运输效率的稳步提高和物流成本的明显下降。加速延伸运输服务链条,则让河南"万村通客车提质工程"走在了全国前列。

目前,潢川、兰考、孟州等75个县(市、区)被评为"万村通客车提质工程"省级示范县,新增线路1102条、客车1818辆、站牌近1.5万个,拉动配套投资约9.6亿元。全省农村客运基础设施建设、信息化建设、车辆新增和更新、安全生产等水平显著提升,整体水平明显高于全国平均水平,全省4.6万余个建制村全部通客车。

二、整合资源实现城乡运输一体化

目前,河南运输服务发展仍然存在一些突出矛盾和问题,包括全省运输市场主体"多小散弱"特征明显、传统运输企业创新性不强、货运市场集中度低、运输组织效率低、综合客运枢纽换乘效率不高、城市轨道交通与铁路换乘重复安检等。

"运输服务高质量发展从本质上讲,就是不断满足人民群众运输服务需求的供给。"河南省交通运输厅相关负责人说,如今人们对个性化、多样化、高品质的客运需求和小批量、多批次、高附加值的货运需求持续增加,必须从运输服务新需求出发,实现运输服务多样化和差异化,推动运输发展方式从规模速度型粗放增长向质量效率型集约增长转变。

河南将持续加强道路运输安全生产工作、交通强国"内陆型多式联运"试点建设、城乡交通运输一体化、道路客运企业转型、货运物流效能提升、深化运输服务领域"放管服"改革等工作。

城乡交通运输一体化将呈现新亮点。河南将整合城市公交、农村客运、货运物流、农村公路、客货场站、电商行业等资源,依托城市和城乡客货运资源推进城乡交通运输一体化,联动农产品种植、手工产品制造、乡村旅游等特色产业,为乡村振兴提供运输保障。同时,探索政策措施,推动其他产业反哺农村客货运输,实现农村客货运输常态化经营。

(资料来源:中国交通新闻网,有改动)

一、运输的功能

1. 产品转移

运输的主要功能就是使产品在价值链中来回移动,即通过改变产品的地点与位置,消除产品的生产与消费之间在空间位置上的差异,或者将产品从效用价值低的地方转移到效用价值高的地方,创造出产品的空间效用。另外,运输的主要目的是以最少时间完成从原产地到规定地点的转移,使产品在需要的时间内到达目的地,创造出产品的时间效用。

2. 产品储存

如果转移中的产品需要储存,且在短时间内又将重新转移,而卸货和装货的成本费用也许会超过储存在运输工具中的费用,这时,可将运输工具作为暂时的储存场所。所以,运输也具有临时的储存功能。通常以下几种情况需要将运输工具作为临时储存场所:一是货物处于转移中,运输的目的地发生改变时,产品需要临时储存,这时,采取改道是产品短时储存的一种方法;二是起始地或目的地仓库储存能力有限的情况下,将货物装上运输工具,采用迂回线路运往目的地。诚然,用运输工具储存货物可能是昂贵的,但如果综合考虑各项因素,包括运输途中的装卸成本、储存能力的限制、装卸的损耗或时间的延长等,那么,选择运输工具做短时储存往往是合理的,有时甚至是必要的。

二、运输需求与运输供给

1. 运输需求的概念和特点

运输需求是指在一定时期内和一定的价格水平下,运输服务的购买者在人与货物空间位移方面所提出的具有支付能力的需要。运输需求必须具备两个条件,即具有实现位移的愿望和具有支付能力,缺少任一条件,都不能形成现实的运输需求。

运输需求与市场经济条件下的一般商品需求相比有其特殊性,主要表现在以下几个方面。

(1) 运输需求的派生性。
(2) 个别需求的异质性。
(3) 总体需求的规律性。

2. 运输供给的概念和特点

运输供给是指在一定时期内和一定的价格水平下,运输生产者愿意而且能够提供的运输服务的数量。运输供给必须具备两个条件,即运输生产者出售服务的愿望和生产运输服务的能力,缺少任一条件,都不能形成有效的运输供给。

运输业是一种特殊产业,其产品的供给具有不同于其他产业的特点,具体如下。

(1) 产品的非储存性。
(2) 供给的不平衡性。
(3) 部分可替代性。

三、运输市场的概念与特征

运输需求和运输供给构成了运输市场。狭义的运输市场是指运输劳务交换的场所,该场所为旅客、货主、运输业者、运输代理者提供交易的空间;广义的运输市场则指运输参与各方在交易中所产生的经济活动和经济关系的总和,即运输市场不仅是运输劳务交换的场所,还包括运输活动的参与者之间、运输部门与其他部门之间的经济关系。此外,运输市场作为整个市场体系中的一部分,同样包含资源配置手段这一深层含义。

运输市场是多层次、多要素的集合体,其参与者可以分为需求方、供给方、中介方和政府方四个方面。我国运输市场除具有社会主义市场经济的共同特点外,作为市场体系中的一个专业市场,还具有以下个性特征。

(1) 运输商品生产、消费的同步性。

(2) 运输市场的非固定性。

(3) 运输需求的多样性及波动性。

(4) 运输市场容易形成垄断。运输市场容易形成垄断的特征表现在两个方面:一方面,运输业发展到一定阶段,某种运输方式往往会在运输市场上形成较强的垄断势力,这主要是由于自然条件和一定生产力水平下某一运输方式具有技术上的明显优势等原因造成的;另一方面,运输业具有自然垄断的特性,这使得运输市场容易形成垄断。通常把因历史原因、政策原因和需要巨大初期投资原因等使其他竞争者不易进入市场而容易形成垄断的行业称为具有自然垄断特征的行业。

四、低碳交通运输的内涵和特征

低碳交通运输是一种以高能效、低能耗、低污染、低排放为特征的交通运输发展方式,其核心在于提高交通运输的能源效率、改善交通运输的用能结构、优化交通运输的发展方式,目的在于使交通基础设施和公共运输系统最终减少以传统化石能源为代表的高碳能源的高强度消耗。

低碳交通运输的基本特征如下。

1. 系统性

一是节能减排基础支撑系统,二是清洁能源优化利用系统,三是公众出行社会引导系统。由于运输工具必须依赖能耗,除非使用洁净能源(如太阳能等),否则交通运输难以实现无碳化,其发展只能是不断低碳化的过程。

2. 体系化

无论是交通运输系统的规划、建设、维护、运营、运输,还是交通工具的生产、使用、维护,乃至相关制度和技术保障措施,人们的出行方式或运输消费模式等,都需要用"低碳化"的理念予以改造和优化。

3. 综合性

一方面,低碳化的手段是多样的,既包含节能环保技术的应用,也包括通过优化网络结构、运力结构等提高能效,还包括市场准入与退出机制;另一方面,低碳化的途径既包括供给或生产方面的减碳,也包括需求或消费层面的减碳。

一、各种运输方式的技术经济特点

根据使用的运输工具的不同,可以分成多种运输方式。对于各种运输方式的技术经济特点可以从以下几个方面进行考察。

1. 运输速度

运输速度是指单位时间内的运输距离。影响各种运输方式下的运输速度的一个主要因素是各种运输载体能达到的最高技术速度。

2. 运输成本

物流运输成本是由多个项目构成的,而不同运输方式的构成比例不同。

3. 运输能力

由于技术及经济的原因,各种运输方式的运载工具都有其适当的容量范围,从而决定了运输线路的运输能力。

4. 运输灵活性

运输灵活性是指一种运输方式在任意给定两点间的服务能力。

5. 经济里程

经济里程是指单位运输距离所支付费用的多少。

二、影响运输成本的因素

1. 距离

距离是影响运输成本的主要因素,因为它直接对劳动、燃料和维修保养等变动成本发生作用。图 4-1 显示了距离和成本的一般关系,并说明了两个重点:第一,成本曲线不是从原点开始的,因为它存在着与距离无关但与货物的提取和交付活动所产生的固定费用有关的成本;第二,成本曲线的增长幅度随距离的增加而减少,这种特征被称作递减原则,即运输距离越长,城市间每公里运费越低。但市内配送是个例外,因市内配送通常会频繁地停车,要增加额外的装卸成本。

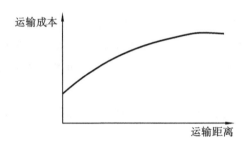

图 4-1 运输距离与运输成本之间的一般关系

2. 装载量

装载量之所以会影响运输成本,是因为运输活动与其他物流活动一样存在着规模经济,每单位质量的运输成本随装载量的增加而减少,如图 4-2 所示。

3. 产品密度

产品密度是把质量和空间方面的因素结合起来考虑的,如图 4-3 所示。

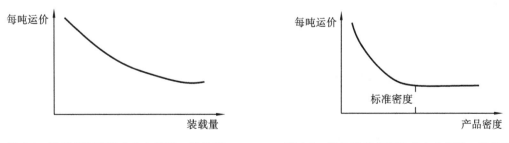

图 4-2 装载量与运输成本之间的一般关系　　图 4-3 产品密度与运输成本之间的一般关系

4. 配积载能力

配积载能力这一因素是指产品的具体尺寸及其对运输工具(铁路车、拖车或集装箱)的空间利用程度的影响。

5. 装卸搬运

在同一地域范围内(如车站范围、工厂范围、仓库内部等)以改变"物"的存放、支撑状态的活动称为装卸;以改变"物"的空间位置的活动称为搬运,两者合称装卸搬运。

6. 责任

责任主要关系到货物损坏风险而导致的索赔事故。

7. 市场因素

诸如运输通道流量和通道流量均衡等市场因素也会影响到运输成本。

三、运输合理化的措施

1. 合理选择运输方式

各种运输方式都有各自的适用范围和不同的技术经济特征,选择时应进行比较和综合分析。首先要考虑运输成本的高低和运行速度的快慢,还应考虑商品的性质、数量的大小、运距的远近及风险程度。

2. 合理选择运输工具

运输工具的经济性、迅速性、安全性和便利性之间存在着相互制约的关系。因此,在目前多种运输工具并存的情况下,必须注意根据不同货物的特点及对物流时效的要求,对运输工具所具有的特征进行综合评价,以便合理选择运输工具,并尽可能选择廉价的运输工具。

3. 正确选择运输路线

一般应尽量安排直达、快速运输,尽可能缩短运输时间;也可安排沿路或循环运输,以提高车辆的容积利用率和里程利用率。

4. 提高货物包装质量并改进配送中的包装方法

货物运输线路的长短、装卸操作次数的多少都会影响商品的完好,所以应合理选择包装物料,提高包装质量。另外,有些商品的运输线路较短,且要采取特殊的放置方法,则应该相应地改进包装。

5. 提高车辆的装载技术

一方面最大限度地利用车船载重吨位和装载容积,另一方面可以采用零担货物拼整车发运的办法。

▶ 相关知识扩展

一、不合理运输方式的主要形式

1. 返程或起程空驶

空车无货载行驶,可以说是最不合理的运输形式。

2. 对流运输

对流运输也称相向运输、交错运输,是指同一种货物,或彼此间可以互相代用而又不影响管理、技术及效益的货物,在同一线路或平行线路上做相对方向的运送,而与对方运程的全部或一部分发生重叠交错的运输。

3. 迂回运输

迂回运输是舍近求远的一种运输,可以选取短距离进行运输而不选,却选择路程较长的路线进行运输的一种不合理的运输形式。

4. 重复运输

重复运输是指本来可以直接将货物运到目的地,却在目的地之外的其他场所将货卸下,再重复装运送达目的地的一种运输形式。

5. 倒流运输

倒流运输是指货物从销地或中转地向产地或起运地回流的一种运输现象。

6. 过远运输

过远运输是指调运物资时舍近求远,近处有资源不调而从远处调,这就造成了可采取近程运输而未采取,拉长货物运距的浪费现象。

7. 运力选择不当

未利用各种运输工具的优势,不正确地选择运输工具而造成的不合理现象,常见的有:①弃水走陆;②铁路、大型船舶的过近运输;③运输工具承载能力选择不当。

8. 托运方式选择不当

对于货主而言,可以选择最好的托运方式而未选择,造成运力浪费及费用支出加大的一种不合理运输方式。

9. 无效运输

装运的物资中无使用价值的杂质(如煤炭中的矸石、原油中的水分、矿石中的泥土和沙石)含量过多或含量超过规定标准的运输。

二、影响运输方式选择的因素

1. 商品性能特征

这是影响企业选择运输工具的重要因素。一般来讲,粮食、煤炭等大宗货物适宜选择水路运输;水果、蔬菜、鲜花等鲜活商品,以及电子产品、宝石和节令性商品等适宜选择航空运输;石油、天然气、碎煤浆等适宜选择管道运输。

2. 运输速度和路程

运输速度的快慢、运输路程的远近决定了货物运送时间的长短。而在途运输货物犹如企业的库存商品,会形成资金占用。一般来讲,批量大、价值低、运距长的商品适宜选择水路或铁路运输;而批量小、价值高、运距长的商品适宜选择航空运输;批量小、距离近的商品适宜选择公路运输。

3. 运输的可得性

不同运输方式的运输可得性也有很大的差异,公路运输最可得,其次是铁路,水路运输与航空运输只有在港口城市与航空港所在地才可得。

4. 运输的一致性

运输的一致性是指在若干次装运中履行某一特定的运次所需的时间与原定时间或与前 n 次运输所花时间的一致性。它是运输可靠性的反映。近年来,托运方已把一致性看作高质量运输的最重要的特征。如果给定的一项运输服务第一次花费 2 天,第二次花费 6 天,这种意想不到的变化就会给生产企业带来严重的物流作业问题。厂商一般首先要寻求实现运输的一致性，再提高交付速度。如果运输缺乏一致性，就需要安全储备存货，以防预料不到的服务故障。运输一致性还会影响买卖双方承担的存货义务和有关风险。

5. 运输的可靠性

运输的可靠性涉及运输服务的质量属性。就质量来说，关键是要精确地衡量运输可得性和一致性，这样才有可能确定总的运输服务质量是否能达到期望的服务目标。运输企业如要持续不断地满足顾客的期望，最基本的是要不断地改善运输质量。运输质量来之不易，它是经仔细计划并经过培训、全面衡量和不断改善的产物。在顾客需求方面，必须意识到顾客的需求是有差异的，所提供的服务必须与之相匹配。对于没有能力满足的服务目标必须取缔，因为对无法实现的服务轻易地做出承诺会极大地损害企业信誉。

6. 运输费用

企业开展商品运输工作，必然要支出一定的财力、物力和人力，各种运输工具的使用都需要企业支出一定的费用。因此，企业进行运输决策时，要受经济实力以及运输费用的制约。例如企业经济实力弱，就不可能使用运费高的运输工具，如航空运输，也不能自设一套运输机构来进行商品运输工作。

7. 市场需求的缓急程度

在某些情况下，市场需求的缓急程度也决定着企业应当选择何种运输工具。如市场急需的商品须选择速度快的运输工具，如航空或汽车直达运输，以免贻误时机；反之可选择成本较低而速度较慢的运输工具。

实例分析

长春一汽富晟物流有限公司：一汽富晟运输管理项目

一、长春一汽富晟物流有限公司简介

长春一汽富晟物流有限公司成立于2000年，隶属于长春一汽富晟集团有限公司，是一家合资企业，总部位于吉林省长春市。富晟物流是国家AAAA级物流企业、中国物流采购联合会理事单位、中国汽车采购联合会会员。现拥有东北、华北、华东、西南、华南五大物流基地，仓储面积近60万平方米，运输线路550条，员工1100人，服务经销商1000余家。

富晟物流业务覆盖汽车备件售后物流供应链各环节，目前为一汽-大众旗下奥迪品牌、大众品牌和一汽红旗品牌提供售后备件全供应链服务，服务内容涵盖进口备件/国产备件调达（国产）、入库接收、储存管理、出库分拨、运输服务、物流包装、物流咨询、物流装备、信息服务等一体化专业服务。

当前中国物流行业正蓬勃发展，富晟物流将抓住这个千载难逢的发展机遇，乘势而上，着力实施富晟物流"2020战略"，为实现"国际知名汽车物流专家"的企业目标而不懈努力。

富晟物流秉承"专注、专心、专业"的企业精神，竭诚为客户提供更加优质的物流服务。

二、企业存在的问题

立项前富晟物流缺乏专业的物流信息系统，信息化依赖客户，不利于公司业务拓展。公司业务核心数据积累不足，信息化无法满足公司未来发展的需要。急需一套完全适配富晟物流运输管理作业的系统，有效管控各业务节点，增强客户黏度，体系化管理承运商，有效分析企业经营数据,为公司决策提供大数据支撑,提升核心竞争力。立项前技术状态如下。

(1) 运输信息无记录:无系统和文档记录发货出库后订单的运输信息,如发货出库后车辆、司机、运单、位置等信息。

(2) 纸质单操作:库内拣货、装箱、验收、平台交接操作信息传递主要依赖纸质单据,信息传递无法做到及时、有效。

(3) 库内业务系统与承运商运输作业系统信息断层:库内销售出库业务数据与承运商运输作业数据无接口直接传递,未实现上游客户和下游运输状态信息对接跟踪,业务数据传递耗费大量人力,数据传递可靠性、及时性差。

(4) 业务追溯困难:未实现同一系统内销售、出库、运输、签收业务管理闭环,各节点操作信息追溯难度大。

(5) 报表无法支撑决策:由于调度分配、行车管理、GPS车辆定位系统、车辆管理等功能欠缺,没有足够的报表为业务分析提供直接依据。

三、信息化实施过程

富晟运输管理系统采用oTMS模式设计开发,oTMS是运输管理领域的最新成果。oTMS开创性地采用了"SaaS平台+移动App"的模式连接运输,将货运环节中的货主、第三方物流公司、运输公司、司机和收货方集成在一个平台上,打造一个基于核心流程的、透明且开放的生态系统。从全球运输管理信息化的发展看,互联网的发展促进了SaaS软件的应用,oTMS社区型运输协同平台解决了传统运输管理系统无法跨越运输链条的弊端,成为运输管理的发展方向。

富晟运输管理项目OMS系统管控现有销售出库业务操作,TMS系统管控下游承运商运输作业操作,实现上游客户和下游运输状态信息对接跟踪。系统部署在阿里云平台,使用仓库内移动app和司机移动app方便库内和司机操作。实施中主要困难、问题与解决措施如下。

1. 基础数据薄弱

建立企业的基础数据是提高管理水平的重要措施,完善的基础数据是新系统实施的重要前提,基础数据梳理往往伴随着业务流程梳理,大多数项目人员对基础数据认识不够。通常上线后出现的问题都是基础数据不完整引起的,而现场操作人员往往将其归结于系统功能问题,对系统产生误判,排斥使用新系统。

以长春库为例,基础数据分布在不同部门和班组,并且同一班组各人分工不同。如经销商数据,经常出现新增经销商而系统没有维护的情况,经销商数据缺失导致销售单据导入oTMS系统时报错。经销商的路线和其他基本信息分别在客服班不同人员的手中。由于仓库内人员只了解自己的工作,因此基础数据整理工作应排除以往乙方收集数据,甲方提供数据,再由项目组人员导入系统的单一形式,要注重基础数据创建流程的梳理,强化数据规范意识,并在上线培训阶段进行考核。因此在上线前的数据准备阶段,需要完成以下工作:

(1) 收集oTMS基础数据和每项基础数据对应的操作员,按照oTMS需要的格式整合基础数据。

(2) 梳理基础数据创建流程,明确各节点对应的操作员,并形成操作手册下发到具体人员,作为上线培训考试的内容严格执行。

2. 操作方式多样

各库之间由于业务量的不同，工作方式各异，造成同一工作的实现方式不同。例如长春库出库量大，采取按时间节点分大波次集中拣货的方式，拣货后必须按经销商分箱；其他库业务量小，则按经销商分小波次拣货，无须再分箱。所以长春库的验收操作在平台验收班完成，其他库的验收操作在拣货班直接完成。由于同一操作的完成班组不同，流程设计与功能设计上的需求就不一样。长春库平台验收班要操作合单验收与交接，因此功能上要求操作方便，无须反复切换。由此引发的待决策项如下：

（1）统一操作流程，验收操作长春库与其他库保持一致，在拣货班完成。

（2）如无法实现（1），长春库平台验收操作位置在装箱区和出库平台之间选择。

针对上诉困难，在处理时采取以目标为导向，取代以往只关注具体问题的解决方法，着眼于统一管理、统一流程、标准化操作的目标。首先讨论决策项：第一，统一操作流程的可行性，在经过相关部门、班组决策后根据当前情况无法实现，进一步讨论决策项；第二，平台验收选在哪个工作区，经现场多次测试，考虑到验收员操作方便性、平台发货现场货箱堆积情况，选择装箱区验收。

项目实施推进过程如下：

在项目推进过程中由于新的管理方式必定会触犯一部分人的既得利益，所以充分争取了一把手的支持。信息化过程实际上是引进先进管理手段的过程，因此将管理和业务骨干设置为项目的主要成员，其次是IT技术人员。主要考虑管理适用性，其次是技术适用性。

需求调研和流程梳理阶段，杜绝照搬现有流程和强硬客制化开发，各里程碑汇报过程由管理和业务骨干主导。摒弃无效率地开大会，采取相关部门小范围上会，对于无法决策项，逐层升级，提交至更高层领导决策。严控项目成本，对项目风险紧密跟踪。

在系统开发阶段，充分发挥甲方IT人员的专业能力，以开发方案的合理性、兼容性、可扩展性作为评审标准，而不是简单的功能交付。

系统上线部署阶段注重基础数据，规范基础数据。

项目验收阶段重视系统日常运维监控相关内容的交付。

四、信息化主要效益分析与评估

1. 信息化实施前后的效益指标对比、分析

系统使用后，摒弃纸质单据而改用手持设备，避免了纸张浪费，同时信息传递更及时。平台与司机使用app交接，运单信息从仓库OMS系统实时传递至TMS系统，信息传递及时。先进的管理理念将从人员、设备以及管理等多个方面减少公司成本，创造更大的利润空间和竞争优势。

GPS定位运单位置，系统保存运单轨迹信息，可实时查询。信息传递更准确、及时、有效，从订单开始，以运单贯彻始终，以派车单整合数据，至回单结束，形成完整的业务管理闭环，各节点操作信息可追溯。

权责明确减少矛盾，作业人员拥有更加明确的作业指示和绩效目标。批次出库作业时间安排更合理，出库相关拣货、复核、装箱作业更加有序紧凑。

整体物流效率提高，精确库存，精准调度，强大的订单跟踪能力，确保每个环节准确无误地、实时地反馈作业信息，减少人工经验判断。标准作业流程让公司得到实质性的质量提升，提高了公司管理水平。精确储运让公司迅速提升服务质量，大幅提升品牌形象。

2. 信息化实施对企业业务流程改造与创新模式的影响

企业管理软件的实施不仅仅是对用户进行软件操作培训,更重要的是对企业进行业务流程重组,理顺和规范企业管理,这是企业管理软件实施的一个重要步骤。ERP 软件系统的实施是改变和优化业务处理过程的催化剂。整个软件实施过程要求将业务流程的调整和重新设计与软件功能应用紧密结合在一起,同步进行。而信息系统的实施又促使企业规范业务流程。

3. 信息化实施对提高企业竞争力的作用

系统上线后更能保证信息传递的准确性、及时性、有效性,从订单开始,以运单贯彻始终,以派车单整合数据,至回单结束,形成完整的业务管理闭环,各节点操作信息可追溯。标准作业流程让公司得到实质性的质量提升,提高了企业管理水平。GPS 定位运单位置,系统保存运单轨迹信息,可实时查询。可视化报表为业务分析提供直接依据。有效管控各业务节点,增强客户黏度,体系化管理承运商,有效分析企业经营数据,为公司决策提供大数据支撑,提升核心竞争力。有利于公司业务的拓展。公司不断积累核心数据以满足未来发展的需要。精确储运让公司迅速提升服务质量,大幅提升品牌形象。

五、经验总结

ERP 软件系统的实施不仅是软件的投入,还伴随着组织机构的调整、各部门职责的重新界定、每个人工作职责及工作方式的改变等。这些变化更有利于公司商业目标的实现,同时是对每个员工包括所有管理人员和业务人员的挑战。企业决策层能否理解和接受这种理念对于软件的成功实施至关重要。

项目小组成员应以相关的管理人员和业务人员为主,其次是 IT 技术人员,主要考虑管理适用性,其次是技术适用性。整个软件实施过程要求将业务流程的调整和重新设计与软件功能应用紧密结合在一起,同步进行。越成熟的 ERP 软件其自身标准功能越完善,应充分发挥其优势。客制化开发不应无节制地大刀阔斧,蓝图流程不应是现有流程的复制。

实施过程中应跳出聚焦具体问题的工作方法,大多数的信息化项目调研和蓝图阶段耗费太多人力、时间,导致系统开发时间被大大压缩,系统小问题不断,用户体验差,究其原因大多是紧抓特殊业务流程不放,紧抓小问题不放,想通过系统一次满足所有业务场景,最终的结果往往是系统规定太多,束缚也太多。应聚焦于项目总体目标,抓大放小,采取主要流程优先上线,运行稳定后再逐步调整的方式。

应充分重视基础数据的作用。建立企业的基础数据是提高管理水平的重要措施,新系统的实施是建立在完善的基础数据之上的。在目前情况下,建立这样的数据体系也是 ERP 实施的一部分。

(资料来源:中国物流与采购网,有改动)

项目小结

采购在企业中占据着非常重要的地位,因为购进的零部件和辅助材料一般要占到最终产品销售价值的 40%~60%。采购管理的目标包括提供不间断的物料流和物资流,从而保障组织运作等。采购管理的原则包括对具体的供应商资格、评审程序、评审方法等都要做出明确的规定等。采购管理平台的基本功能包括采购商采购管理平台和供应商供应管理平台。运输的主要功能就是将产品从效用价值低的地方转移到效用价值高的地方,创造出产品的空间效用。运输需求是指在一定时期内和一定的价格水平下,运输服务的购买者在货物与旅客空间位移方面所提出的具有支付能力的需求。运输供给是指在一定时期内和一定的价格水平下,运输生产者愿意而且能够提供的运输服务的数量。运输市场是多层次、多要素的集合体,其参与者可以分为需求方、供给方、中介方和政府方四个方面。运输合理化的措施包括:合理选择运输方式、合理选择运输工具、正确选择运输路线、提高货物包装质量并改进配送中的包装方法、提高车辆的装载技术。

同步训练题

(1) 简述采购管理的目标和原则。
(2) 论述采购管理的标准作业程序。
(3) 论述采购管理成功的5大要素。
(4) 简述运输的功能及运输市场的特征。
(5) 论述运输合理化的措施。
(6) 简述不合理运输方式的主要形式。
(7) 简述企业降低采购成本的标准方法。

实训项目

实训题 1

1. 实训目的
实训目的是使学生了解采购的程序、内容及注意事项。
2. 实训方式
实训方式为观看招标采购过程。
3. 实训内容
(1) 考察企业如何进行投标准备。
(2) 到招标现场观看采购的程序和内容。
(3) 总结采购过程中的注意事项。
(4) 写出调研报告。

实训题 2

1. 实训目的
实训目的是使学生了解运输企业的运营情况。
2. 实训方式
实训方式为到运输企业进行参观学习。
3. 实训内容
(1) 掌握运输业务和运输环节。
(2) 如何进行运输成本管理?
(3) 如何重视运输安全问题?
(4) 写出调研报告。

项目五
仓储与配送管理

WULIU
GUANLI
JICHU

(1) 掌握仓储管理的原则和任务。
(2) 熟悉仓储管理的内容和业务程序。
(3) 了解配送的基本形式和构成要素。
(4) 能够掌握配送管理的操作流程。

一、仓储管理的概念

"仓"也称为仓库,即存放物品的建筑物和场地,可以为房屋建筑、大型容器、洞穴或特定的场地等,具有存放和保护物品的功能;"储"表示收存以备使用,具有收存、保管、待交付使用的意思,当适用有形物品时也称为储存。"仓储"则为利用仓库存放、储存未即时使用的物品的行为。简言之,仓储就是在特定的场所储存物品的行为。

仓储管理就是对仓库及仓库内的物资进行管理,是仓储机构为了充分利用所具有的仓储资源而提供的高效的仓储服务,也就是对仓库及仓库内的物资进行计划、组织、控制和协调的过程。

具体来说,仓储管理包括仓储资源的获得、仓储商务管理、仓储流程管理、仓储作业管理、保管管理、安全管理等多种管理工作及相关的操作。简言之,仓储管理是指通过仓库对商品进行储存和保管。

二、仓储管理的发展趋势

在没有实现计算机化管理的商业企业中,大量的业务操作和管理活动由人工来完成。在管理层中,由于大量必要的信息不能及时被采集、加工、整理和使用,造成了极大的资金浪费和货物积压。因而在当今激烈的市场环境中,管理者和经营者迫切需要借助现代化的管理工具和手段来加强企业内部的管理,加快物流周转,提高资金利用率,准确掌握供销工作情况,及时处理滞销商品,降低库存和流通费用,提高企业现代化管理水平,使企业在市场中立于不败之地。

三、配送的概念

配送是"配"与"送"的有机结合。所谓"合理地配",是指在送货之前必须依据顾客需求进行合理的组织与计划。只有"有组织、有计划"地"配"才能实现现代物流管理中所谓的"低成本、快速度"地"送",进而有效满足顾客的需求。

配送是指在经济合理区域范围内,根据用户要求,对物品进行拣选、加工、包装、分割、组配等作业,并按时送至指定地点的物流活动。这里可以从两个方面理解配送的概念。

第一是从经济学资源配置的角度,对配送在社会再生产过程中的位置和配送的本质予以表述,即配送是以现代送货形式实现资源的最终配置的经济活动。

第二是从配送的实施形态角度,表述为按用户的订货要求,在配送中心或其他物流节点进行货物配备,并以最合理的方式送交用户。

配送是物流中一种特殊的综合活动形式,既包含了商流活动和物流活动,是商流与物流的紧密结合,也包含了物流活动中若干功能要素。

四、配送管理发展趋势

(1) 现代配送的产地直送化趋势。
(2) 现代配送的区域化趋势。
(3) 现代配送的多种配送方式组合最优化趋势。
(4) 现代配送的集约化、共同化趋势。
(5) 现代配送的信息化趋势。
(6) 现代配送的自动化、机械化、条码化、数字化以及组合化趋势。

任务一 仓 储 管 理

中远海运物流有限公司:云仓储管理平台

一、应用企业简介

中远海运物流有限公司隶属于中国远洋海运集团有限公司,由中国远洋物流有限公司、中海集团物流有限公司、中海船务代理有限公司和中国外轮理货总公司重组整合而成。

中远海运物流是居中国市场领先地位的国际化物流企业,在项目物流、工程物流、综合货运、仓储物流、船舶代理、供应链管理、理货检验等业务领域为国内外客户提供全程物流解决方案。

中远海运物流在中国的30个省、区、市及海外17个国家和地区设立了分支机构,在全球范围内拥有500多个销售和服务网点,形成了遍及中国、辐射全球的服务网络系统。

目前,随着消费升级尤其是跨境消费政策红利的释放,仓储业务市场规模将继续扩大,仓储系统的发展将在现阶段的基础上继续深化,成为未来行业升级发展的主要方向之一。

二、主要问题

对于目前很多大型企业的仓储管理方式而言,仍然采用人工记账进行日常作业的传统方式,包括下订单、出入库、盘点、运输、配载。随着仓储业务的运作日益频繁,手工管理工作量大、烦琐、耗时长,人工操作导致仓库作业数据不准确,而且传统的工作模式无法实现作业数据的实时传输、共享,导致管理难度加大。公司部分下属仓储(仓配)公司研发了各自的仓储系统,但因为家电、化工、生鲜、冷库、大宗、外贸、工程物流等业务各不相同,系统功能、数据规范均存在较大的差异,造成管理方面的诸多问题。

1. 企业管理难题

(1) 库内管理制度不断改进却无法落到实处；
(2) 企业对员工依赖度高且人员流动影响较大；
(3) 业务部门与仓储部门无法有效联动；
(4) 财务库存与实际库存存在较大差异；
(5) 缺少各类专业报表支撑管理层决策。

2. 现场管理难题

(1) 效率提升困难，导致人员越来越多；
(2) 作业准确率低下，产生了大量附加成本；
(3) 大量的库存差异使库存信息形同虚设；
(4) 仓库主管无法随时掌握库内实时运作动态；
(5) 实时作业中出现的瓶颈无法快速解决；
(6) 车辆无法有效管理，无法合理排车。

如何利用信息化手段来解决面临的问题成为公司仓储管理目前亟须解决的问题。

三、系统实施

中远海运物流作为中国物流行业的龙头企业，已在上海、广州、青岛、宁波等地拥有仓储资源，并开展物流业务。因此，搭建一体化的综合型仓储物流服务平台，整合资源，有效控制物流成本，加强仓储的精细化管理，为客户提供存储、拆零、分拣、配货、包装、贴标、流通加工、检验检疫的一体化服务，减少周转时间，为客户提供安全、优质、高效的物流服务，是中远海运物流能否在仓储业务迅速拔尖、占领行业制高点的关键。

(一) 建设原则

1. 需求主导，整合资源

以仓储业务需求为主导，突出重点，充分利用公司业务经验及行业先进理念，强化梳理，最大限度地满足实际业务需求，同时促进互联互通、信息共享以及原有系统的平稳过渡。

2. 先进实用，开放扩展

以"记录一生、服务一生、管理一生、受益一生"的思想，使用先进的技术、翔实的数据记录手段，为仓储平台业务提供全面的信息服务，并为未来业务拓展提供一个标准平台。

3. 统一标准，保障安全

综合考虑进度、质量、规范、安全等各项要求，在平衡成本和效益的基础上，采用统一的标准、规则，确保系统的规范、可靠和安全。基于现有网络基础，在系统本身的设计和实现中进一步确保系统安全、数据安全，实现在数据库存储、检索、提取、入库、发布、管理等各个层面和角度都具有相应的安全机制。

4. 多方论证，综合比选

综合考虑实际需求，从订单、仓储、运输、商务和决策等各个方面入手，多方论证，确保系统的合理性和科学性。

5. 高效仓储，简单易用

仓储的效率体现在仓容利用率、货物周转率、进出库时间、装卸车时间等指标上，表现为"快进、快出、多储存、保管好"的高效率仓储。系统界面设计更适合用户的操作习惯,根据用户实际需要,尽可能地减少用户的操作,提高操作效率。

(二) 设计思路

系统采用新型的设计思路来规划系统框架,并定义交互契约和规范。明确整个平台的终极目标,将基础平台的构建作为最核心的建设部分。基础平台作为系统运行及扩展的根基,具备系统层级的管理、整合及监控。

基础平台所包含的内容相对于业务是完全独立的,绝对不掺杂业务元素。平台主要提供快速开发插件的功能及标准,规范开发过程,减少开发周期及开发成本。

系统层级的管理包括性能指标、稳定性指标及安全性指标。提供开放的公共组件及公共方法(也是系统层级的,主要是为了形成业务链和监控控制),供相关插件访问及调用。构建基于企业级的服务总线,根据当前规模只需提供轻量级的服务总线即可。支持主流的 webservice、ftp 等消息转换,此部分主要体现在多系统访问交互及分布式部署时的消息路由及信息转换。

总体架构按照高内聚低耦合的原则,从垂直维度划分为多个业务应用系统,包括订单调度系统、仓储管理系统、运输管理系统、商务管理系统、统计分析系统以及基础管理系统等,将来还可以陆续加入其他物流相关系统。

各业务应用的数据在逻辑上相互独立,各系统之间不可以直接调用,都要通过 EDI 数据平台进行数据交换。采用公司现有的 EDI 平台架构,既可与外部系统进行数据交换,也可进行内部数据交换。内部各业务系统的数据格式统一,基本不用进行格式转换

若需要实现快速、高效的操作功能,则单独建立一个物流现场操作系统,支持 PC、车载和手持等各种操作;并根据现场特点和需求进行设计开发,提高现场操作的效率。本系统考虑到现场操作速度,可以在操作现场部署。

根据物流平台项目多、系统分布式协同的特点,新建立一个分布式基础服务平台,针对多个业务系统和分布多地的操作系统进行协同和分布式管理,提供多个业务应用系统的统一入口、单点登录、基础数据共享等服务。

(三) 功能概述

仓库的一个最基本的功能就是存储物资,并对存储的物资实施保管和控制。但随着人们对仓库概念的深入理解,仓库也担负着物资处理、流通加工、物流管理和信息服务等功能,其含义远远超出了单一的存储功能。

中远海运物流有限公司云仓储管理平台由订单调度系统(OMS)、仓储管理系统(WMS)、运输管理系统(TMS)、商务管理系统(FMS)、统计分析系统、基础管理系统以及现场实操的 PDA 系统构成。

平台 OMS 主要实现各类客户订单的管理,主要包括订单的维护、订单状态的跟踪、订单异常回退等功能。

平台 WMS 是系统的主体,主要实现货物的入库、出库以及库内日常的盘点、监控等功能。WMS 采用智能化的上架、拣货等各类策略来实现高效的货物管控能力。

平台 TMS 实现系统货物的配载以及运输过程中的监控功能。

平台 FMS 采用商务前置方式,改变以往月底集中录入费用数据的模式,于业务操作过程中生成费用数据,以达到日清月结的效果,提升对费用数据的监控能力。

系统通过应用智能终端扫描条码技术解决了工作量大导致工作效率不高,以及数据实时传输等问题,该技术主要应用于仓库出入库、移库、盘点以及客户签收确认管理。扫描条码可实现数据实时传输,从而确保货物流转信息被精确采集,降低人工操作的差错率,具有灵活的业务数据处理机制。

(四) 困难及解决方法

系统在实施过程中遇到了各类问题,通过现场试验以及专家研讨等各种方式予以解决。

1. 吞吐的物品种类越来越多,仓储面积越来越大

由于各公司货物种类繁杂、仓储面积大等原因,货物的存放、拣取越加复杂,易造成效率低下等问题。针对此类问题,平台采用智能化策略优化货物存放及拣取方式。

收货策略:部分收货(一单收多次)、合单收货(一人收多单)、并行收货(多人收一单)。

上架策略:系统采用分区存储、近发货口优先、ABC规则优先、货品属性优先(性、重、体)等上架策略。

出库策略:先进先出(按入库自然时间)、保质期优先、库内动线优先、批次优先或指定批次出库。

订单汇总及波次策略:按订单接收及拣选(摘果式)、组合后先拣后分(摘果+播种)、一单一货/一单多货集中拣选。

2. 提供的服务越来越广,业务流程越来越复杂

各公司实际业务、人员结构千差万别,业务流程各不相同,存在业务节点合并、拆分等各种情况。针对此类问题,平台采用可视化的流程配置工具,实现业务流程的自定义功能。

流程自定义:平台提供流程自定义功能,可以根据各公司、业务中心、仓库的实际情况配置满足各自需要的工作流程。

业务自定义:平台提供各类型仓储的支持能力,可以根据项目类型的不同,支持普通仓库、冷冻仓库中地堆、货架等各种形态的业务需求。

四、效益分析及评估

(一) 效益指标对比、分析

1. 降低人员成本

通过系统的使用,提升业务操作效率,各岗位人员数量相应减少,降低了人员使用成本。

2. 降低人员依赖性

通过智能化系统设计,将积累的业务经验转化为系统能力,降低对人员的依赖性,避免人员离职等原因造成的新人培养成本。

3. 降低能耗成本

通过智能化的上架、拣货等策略,降低货物出入库的运输距离,提高拣货效率,进而降低库内运输能耗,降低成本。

4. 提升存储能力

通过智能化的上架策略,优化货物存储结构,提升仓库空间利用率,降低空仓率。

5. 提升客户竞争力

先进的系统支撑能够体现公司仓储管理的能力,在客户群体中树立良好的印象,进而提升

在同类公司中的竞争力。

(二) 信息化实施对业务流程的影响

1. 精细化管理

系统采用逐号管理方式,管理到每一个库位、每一个货物,平台根据上架、拣货等智能策略,精确提供存放、提取货物的最佳方案,提升工作效率。

2. 批次管控

系统通过批次管控,结合先进先出、保质期优先等不同策略,提升货物的周转效率,提高仓储管理水平。

3. PDA 设备应用

系统通过使用 PDA 设备,简化操作流程,提升操作效率和操作准确率,降低错误率。

4. 业务流程

系统通过自动流程管理,可以根据业务的发展需要,动态调整系统业务流程,满足不同客户的需要。

(三) 信息化实施对提升企业竞争力的作用

1. 精准查询

公司、客户可以随时查看库存货物信息,了解仓库状态,精准进行补货以及货物出库操作,可以给客户更好的使用体验。

2. 业务规范化

通过系统的使用,建立统一的标准规范,提供专业的服务体系,有利于客户快速了解系统支撑能力,获取客户的好感。

3. 业务监控

客户可以对仓库数据进行监控,也可以对货物运输情况进行实时监控,掌握货物的位置、状态等信息。

五、信息化实施过程中的主要体会、经验教训

1. 紧密合作

系统建设需要公司与研发方紧密配合,将公司的业务经验及研发方的技术经验结合到一起,才能最快、最优、最全地满足公司的业务需求。

2. 考虑实际业务部门需求

系统建设要充分考虑底层业务部门的实际操作需求,要减少实际用户的工作量,避免用户产生抵触情绪,这样才能促使用户去使用系统。

3. 全面的培训

系统使用培训是信息系统推广中一个很重要的工作,不做好培训,会出现很多问题。例如,操作错误导致流程混乱,工作效率降低。这样实际使用者会产生抵制情绪,影响系统推广。所以需要提前做好培训准备,细致、全面地做好培训工作。

六、推广意义

1. 信息化

公司运用现代信息技术对物流过程中产生的全部或部分信息进行采集、分类、传递、汇总、识别、跟踪和查询等操作,以实现对货物流动过程的控制,从而降低成本、提高效益。供应商、批发商和零售商通过网络实现信息共享,并将条码技术、数据库技术、电子订货系统和电子数据交换等信息技术应用于现代仓储业务,有力地促进了信息流和仓储业务的结合,从而实现仓储业务的高度信息化与集成化。

2. 规模化

随着社会分工的细化和专业化,规模化经营会提高经营效率、降低经营成本、实现经营集约化和产生规模效益。规模化经营是仓储产业现代化的必由之路。统一进货、统一配货、统一管理的规模化经营,可以降低仓储、运输费用和社会交易成本,取得规模效益,提高公司的核心竞争力。

3. 标准化

标准化的直接推动来自市场的需求。企业之间网络系统的建立和货物的高效存储、配送,要求相关企业在编码、通信程序、数据交换格式和包装等方面实行标准化,以消除不同企业之间的信息沟通障碍,为仓储、配送信息系统的建设创造良好的环境。

4. 提升效益

完善的仓储管理不仅可以提高公司仓储资产的利用率,减少库存和降低存货管理成本,而且可以缩短商品的交付时间,提高对顾客的快速反应能力和公司的经营利润。

中远海运物流有限公司的云仓储管理平台改进方案、设想及对物流信息化的建议:系统未来发展的方向是降低人工干预、提升智能化水平,可以充分使用 AI、区块链等先进技术并结合现代仓储管理理念,提升系统自动化水平。

首先,要加大现代技术设备硬件的投入和软件开发的力度,以提高货物供应时效和降低仓储运营成本为目标,积极利用网络和信息技术,加速公司仓储业务信息化进程。

其次,大力培养和引进高素质仓储管理人才。作为现代仓储业务发展的关键因素,大力培养和引进高素质仓储业务管理人才,尤其是熟悉现代化仓储业务和技术的专业人员,会使公司仓储业务尽快与国际接轨,提高公司的管理水平和设备应用的专业化,促进仓储业务的健康发展。

最后,独立的仓储系统已经不能满足完整供应链条以及全球化发展趋势,加强仓储业务与物流供应链一体化体系建设,是未来公司仓储业务发展的方向和必然趋势。

(资料来源:中国物流与采购网,有改动)

一、现代仓储的内涵

(1)仓储不是生产,也不是交易,而是为生产与交易服务的物流活动中的一项。这表明仓储只是物流活动之一,物流还有其他活动,仓储应该融于整个物流系统之中,应该与其他物流活动相联系、相配合。这一点与过去的"仓库管理"是有重大区别的。

（2）仓储的目的是满足供应链上下游的需求。这与过去仅仅满足"客户"的需求在深度与广度方面都有重大区别。谁委托，谁提出需求，谁就是客户；客户可能是上游的生产者，可能是下游的零售业者，也可能来自企业内部。但仓储不能仅满足直接客户的需求，也应满足间接客户即客户的客户的需求。

（3）仓储的方法与水平体现在有效的计划、执行和控制等方面。计划、执行和控制是现代管理的基本内涵，科学、合理、精细的仓储当然离不开有效的计划、执行和控制。

（4）仓储的条件是特定的有形或无形的场所与现代技术。说特定，是因为各个企业的供应链是特定的，仓储的场所当然也是特定的；有形的场所当然是指仓库、货场或储罐等；现代经济背景下，仓储也可以在虚拟的空间进行，这就需要现代技术的支撑，离开了现代仓储设施设备及信息化技术，也就没有了现代仓储。

（5）仓储的基本功能包括物品的进出、库存、分拣、包装、配送及信息处理六个方面。

二、现代仓储管理的基本原则

1. 高效率的原则

高效率意味着单位劳动产出大，劳动要素利用率高，高效率是现代生产的基本要求。仓储效率体现在仓容利用率、货物周转率、进出库时间、装卸车时间等指标上，仓储高效率的表现为"快进、快出、多存储、保管好"。

高效率是仓储其他管理的基础，没有生产效率，就不会有经营效益，就无法开展优质服务。仓储生产管理的核心就是效率管理，实现最少的劳动量投入，获得最大的产品产出。投入的劳动量包括生产工具、劳动力的数量以及作业时间和使用时间。

高效率还需要有效管理的保证，包括现场的组织、督促，标准化操作管理制度的建立，质量责任制的严格约束。如果现场作业混乱、操作随意、作业质量差，甚至出现作业事故，显然不可能有效率。

高效率的实现是管理艺术的体现，通过准确的核算，科学的组织，妥善的场所和空间安排，机械设备与人员的合理配合，部门与部门、人员与人员、设备与设备、人员与设备之间的默契配合，使生产作业过程有条不紊地进行。

2. 优质服务的原则

服务是贯穿在仓储中的一条主线，仓储的定位、仓储的具体操作、对储存货物的控制都围绕着服务进行。仓储管理就需要围绕服务来定位，围绕如何提供服务、改善服务，以及提高服务质量开展管理活动，包括直接的服务管理和以服务为原则的生产管理等。

仓储活动本身就是向社会提供服务产品。仓储的服务水平与仓储经营成本有着密切的相关性，服务好，成本高，收费则高。仓储服务管理就是在降低成本和提高（保持）服务水平之间保持平衡。

3. 利润最大化原则

厂商生产经营的目的是获得利润，实现利润最大化则需要做到经营收入最大化和经营成本最小化，计算公式为

$$利润＝经营收入－经营成本－税金$$

国有企业的经营也不能排除追求利润最大化的动机,作为市场经济活动主体之一的仓储业,也围绕着获得最大经济效益的目的进行组织和经营。当然,企业也需要承担一部分社会责任,履行保护环境、维护社会安定的义务,满足社会不断增长的需要,实现社会效益和经济效益的统一。

三、仓储管理的任务

(1) 合理规划仓储设施网络。
(2) 合理选择仓储设施设备。
(3) 以高效率为原则组织管理机构。
(4) 以不断满足社会需要为原则开展商务活动。
(5) 严格控制商品进出质量,认真保管在库商品。
(6) 以高效率、低成本为原则组织仓储运作。
(7) 以优质服务、诚实守信为原则树立企业形象。
(8) 通过制度化、科学化的先进手段不断提高管理水平。
(9) 从技术到精神领域提高员工素质。
(10) 确保仓储运行安全。

一、仓储管理的内容

合理和准确的仓储活动会减少商品的换装、流动,减少作业次数,采取机械化和自动化的仓储作业,有利于降低仓储作业成本。优良的仓储管理,能对商品实施有效的保管和养护,并进行准确的数量控制,从而大大减少仓储的风险。

仓储管理的内容应该包括三个部分:仓储系统的布局、库存的最优控制、仓储作业的操作。这是三个层面的问题,彼此又有联系。

仓储系统的布局是顶层设计,也是供应链设计的核心,就是要把一个复杂纷乱的物流系统通过枢纽的布局设计改造成为"干线运输+区域配送"的模式。枢纽就是以仓库为基地的配送中心。

库存的最优控制是确定仓库的商业模式,即根据上一层设计的要求,确定本仓库的控制目标和管理模式。如果是供应链上的一个执行环节,是成本中心,则多以服务质量、运营成本为控制目标,追求合理库存甚至零库存。

仓储作业的操作是最基础的部分,不仅要根据上一层确定的控制目标和管理模式落实操作流程,还要与众多的专用仓储设备自动控制系统相衔接,所以是技术上最复杂的部分。

产品在仓储中的组合、妥善配载和流通包装、成组等活动就是为了提高装卸效率,充分利用运输工具,从而降低运输成本。

二、仓储管理的业务程序

仓储管理的业务程序如下:
(1) 签订仓储合同;

(2) 验收货物；
(3) 办理入库手续；
(4) 货物保管；
(5) 备货作业；
(6) 货物出库。

三、仓库管理作业应注意的问题

(1) 仓库要注意门禁管理，不得随便入内。

(2) 库存商品实行定位管理，即不同的商品按照分类、分区管理的原则来存放，并放置在货架上。

(3) 区位确定后应制作一张商品配置图，贴在仓库入口处，便于查看。

(4) 仓库内应设有防水、防火、防盗等设施，以保证商品的安全。

(5) 商品储存货架应设置存货卡，商品进出要注意遵循先进先出的原则。

(6) 仓库管理人员要与订货人员及时进行沟通，以便到货的存放。

(7) 仓库存货取货原则上应随到随存、随需随取，但考虑到效率与安全，有必要制定作业时间规定。

(8) 商品进出库要做好登记工作，以明确储存责任。

(9) 要注意仓储区的温度和湿度，保持通风良好、干燥、不潮湿。

相关知识扩展

仓储管理软件简介

随着仓储管理软件在企业仓储活动中越来越普及，它的功能与意义也越来越受到各软件企业的关注，仓储管理软件的品种也随之丰富起来。如何选择一个适合自己的仓储管理软件系统，成为很多企业关心的问题，这里建议企业根据自身情况开发应用软件。

仓储管理软件协助企业进行公共仓库和合同仓库的管理，支持装运整合、配送等仓储延伸作业。可履行多仓共管、虚拟库存管理等供应链职能，细分仓库配置。系统内建结算功能，能协助物流业者为客户提供从仓储、装卸、集装箱场装、配送到结算的集成作业环境。

仓储管理软件主要包括进货管理、出货管理、配送指令控制、配送分拨调度、库存管理、月度处理、资源优化、基本数据维护、系统管理等功能模块。学生可通过使用该类软件，模拟现实的专业仓储企业的各职能部门、角色。通过企业的单据录入，模仿企业的运营流程操作，达到企业仿真运作的目的。

实例分析

上海华迅众联物流有限公司：大型 CFS 仓库数字化探索

一、应用企业简介

上海华迅众联物流有限公司隶属于全球捷运物流集团，是集团在仓储事业板块的重点企业。全球捷运物流集团创立于 2008 年，是中国领先的综合物流服务提供商，民营货代企业前三强。本着"先做资源整合,再做产业整合"的发展战略,全球捷运物流以独特的经营理念和不懈的创新精神,在国内主要口岸城市、内陆城市及海外设有60家分支及海外代理,与国内外数十家大型船公司、港口建立了长期战略合作关系,形成了覆盖全球的物流服务网络。2018年,全球捷运物流集团再次入选中国物流与采购联合会发布的中国物流企业50强名单。集团高度重视物流数字化,拥有50多名专业的IT研发人员,形成了一系列拥有自主知识产权的专业化产品,包括订舱平台、场站系统、仓库系统、运输平台等,是集团在物流领域战略投资的重要科技手段。

上海华迅众联物流有限公司坐落于上海市浦东新区普洛斯物流园区内,是一个拥有现代化操作设备和专业操作团队的公共性物流仓储平台,致力于为国际物流公司和当地货代企业提供专业、精细、独特的服务模式,成为对客户要求和承诺强有力的执行者。仓库的业务操作类型主要有:集运货物操作、拼箱业务操作、分拣、扫描、代替客户验货操作、检针检品操作、蛇形装箱操作、挂衣操作及其他的业务操作。可根据客户的特殊要求,提供多种特殊的操作模式。上海华迅众联的主要客户有全球性综合物流服务商和大型货主企业,包括DHL、CEVA、美集物流(APLL)、Primark、Gap、Century、丹马士(Damco)、迪士尼、特斯拉、百威、飞利浦、福特、上海泛成、OEC、中航运、安吉智行、宁泽物流等。

企业应用信息化的部分,主要是针对海运的CFS(container freight station)仓储业务,拥有公共仓储平台:根据不同客户的需求,不断完善为进口、出口配套的保税仓库、非保税仓库及其他专业仓库的建设和管理,总计仓储面积达16万平方米,并与世界一流的仓储物流服务提供商普洛斯合资打造了基于"互联网+物流实体"的智能化、现代化、规模化运营的集装箱调运平台。

二、CFS仓库管控现状

(一)CFS仓库市场现状分析

仓储作为物流各环节的重要接合部,涉及入库、分拣、在库、盘点、出库等各方面,包含的信息量也非常丰富,包括物品种类、数量用途、库存状况等。近些年来,随着科技的高速发展,传统仓库向数字化仓库转型的需求越来越强烈,利用信息技术提高操作效率、提升服务质量已成为仓库管理的趋势。国内外很多仓库,特别是电商、烟草、医药、服装、汽配、食品等仓库已经实现高度自动化,现代化仓库已经成为大量物联网智能设备的应用场所。然而,目前大多数CFS仓库仍然停留在传统的纸面作业模式,主要原因有以下几项:

(1)CFS仓库的整体利润率偏低。特别是在这几年国际货代行业不景气的大环境下,很多CFS仓库的生存现状不容乐观,仓库运营商很难拿出大量的资金进行数字化改造。

(2)CFS仓库的操作相对简单。相较于电商、服装、医药、汽配等行业的库内操作,CFS仓库多为整进整出,很少涉及复杂的上架策略、波次策略和拣货策略。仓库运营商进行数字化改造的原动力不足。

(3)CFS仓库系统供应商缺乏。由于CFS仓库和普通类型的仓库差异较大,库内作业相对简单,但是相配合的堆场、车队、港口和海关联系紧密,造成很多大型WMS系统服务商并没有专属于CFS仓库的定制化系统。

随着这两年的企业并购潮,国际航运和物流企业日趋集中化和大型化。CFS仓库领域也出现了很多单体超5万平方米的大型仓库供应商。随着规模的不断扩大,如何通过信息技术推进现有操作标准化、优化操作效率慢慢提上了企业日程,上海华迅便是其中之一。

（二）CFS 仓库作业模式存在的问题

作为超大型的 CFS 仓库供应商，上海华迅原有作业模式中主要存在如下问题。

1. 信息共享程度低

主要体现在以下方面：①由于工厂生产的时效性和运输时效都无法及时反馈到仓库，因而 CFS 仓库无法准确得知司机送货量计划和进仓时间，导致司机到达仓库后长时间等待以及仓库收货作业峰值不平均的情况出现；②在出、入库过程中出现异常时，现场需要拍照并将异常照片先提供给客服，然后由客服提供给客户，客户不能第一时间得知异常信息，导致操作效率降低，且异常信息没有及时共享至其他业务相关方，造成信息壁垒；③缺少全程可视化跟踪功能，货物的动态信息均是客服通过邮件等形式，在线下将相关信息推送至客户，这样不仅导致客户获得的信息不连贯和滞后，而且增加了人力成本，造成不必要的资源浪费。

2. 信息集成程度较低

经调研发现，仓库现场的操作人员仍存在手工在纸质单据上输入有关信息的现象。例如，针对客户未提供 CLP(container load plan)的出库任务（客户以现场装货的信息为最终的实际装箱信息），需要现场人员在纸质单据上手工填写 PO、款号等信息，然后将纸质单据反馈给客服，客服再将该信息手工录入至系统中。类似于这种需要靠人工方式交流和录入的信息，涉及的环节越多，出错的概率越大。

3. 智能化程度低

在 CFS 仓库拼箱出口业务中，根据不同船期要求，需要将优先装箱货物进行移库等作业，若货物堆存或移库操作不合理，则会严重影响仓库的出库效率。另外，针对客户未提供 CLP 信息的出库任务，由于货代客户对实际货物的属性不清楚，以及存在较多不规则的货物等情况，所以需要客服人员进行配箱操作，然后将配箱结果反馈给客户。而目前的配箱操作完全依赖于人工经验，在配箱的过程中需要人工不断调整货物与货物之间的搭配关系，包括货物件数、体积、重量，客户的特殊要求，航线等因素，该操作不仅导致配箱的结果存在不合理现象，也严重影响了客服的工作效率。

以上情况也是大多数 CFS 同行企业共同面对的问题，这些问题的存在不仅严重影响业务操作的效率及准确性，增加了企业成本，还在一定程度上影响了客户对各企业的满意度。因此解决以上问题是提高各企业竞争力的关键因素。

（三）CFS 仓库数字化的提升方向

基于 CFS 仓库作业模式存在的问题，其数字化提升的主要方向有以下几点。

1. 提供标准的服务体系

为了提高与客户及供应商之间的信息共享程度，上海华迅提供了一套标准化的对外服务体系，所有办理出入库业务的车辆都可以提前通过微信、官网、EDI 接口等方式进行预约，将进仓数据量和时间提前告知仓库端，从而有效解决仓库收货作业量不平均的问题，同时节约司机排队等待时间。司机按照预约时间到达仓库之后，可在自助换单设备上自行换单，换单完成后排队等待现场操作人员叫号进入。

此外，为使客户能够实时了解货物的出入库情况，上海华迅利用信息技术建立了一套"订单全流程跟踪"系统，客户可在线实时查看仓库履约时效、作业量等相关信息，从而为客户提供更优质的服务。

2. 全面推进无纸化操作

为避免单据管理混乱,数据传输不完整、不准确等现象,提高各操作人员的工作效率,上海华迅全面推进无纸化操作。CFS仓库现场作业全部使用车载设备和RF手持设备进行收货入库、库内盘点、移库、拣货出库等作业,完整地记录所有业务流程的数据,可以实时了解现场作业进度,提高数据的实时性和准确性,同时提高信息的集成化程度,避免信息重复录入,提高工作效率。

3. 建立智能操作系统

为提高操作人员的工作效率,节约人力成本,上海华迅通过先进的技术手段实现了智能配箱、入库上架货位推荐、捡货任务规划等操作,通过系统指导作业人员进行操作,降低对人工经验的依赖。例如,仓储部门收集各子公司不同的业务规则并将这些业务规则应用在信息系统中,在收货入库时根据系统上架规则合理推荐货位,在出库时根据库存分配规则选择最优的拣货出库路径,以解决库内搬倒率较高的问题。此外,经过长时间的经验总结和需求收集,通过信息化技术,针对配箱问题分别实现了整箱配箱和拼箱配箱两种解决方案,极大地减少了客服人员的工作量,提升了配箱的整体效率。

(四)CFS仓库数字化解决方案

根据上海华迅众联物流有限公司的业务需求及物流行业的发展趋势,规划了如下产品方案来帮助企业实现CFS仓库数字化。目前整个产品规划的核心模块主要分为三个模块:订单管理(OMS)、仓储管理(WMS)、结算中心(BMS)。作为客户方,可通过线上、线下等各种方式进行下单,同时可在线上实时了解订单在不同阶段的执行状态,实现订单的全流程透明化。

OMS:主要处理多种渠道集成的订单,根据不同订单类型进行不同流程的处理,集中管理订单的分配与执行,实现订单全生命周期的管理。其中核心功能是实现订单流程自动化、订单全局可视化、供应商协同等,以提高订单的处理效率与准确性,降低订单处理成本,提升客户满意度。

WMS:该模块的规划覆盖了入库、出库、库内操作等多种流程,并集成预约、劳动力、计费等扩展应用,通过各种硬件设备(RF、平板、车载等)的使用以及对仓库库位、作业单元、作业单据和指令的无纸化管理,实现信息的高度集成,使实物流、单据流、数据流同步统一,实现库存更准确,物品可跟踪。并通过先进的技术手段实现智能化配箱、入库、捡货等操作,提升仓库库存准确率及作业效率,节省大量的人力物力。

BMS:主要提供完善、标准的结算流程,将所有费用进行统一管理,同时实现自动对账、多渠道支付以及多维度报表的统计,提高工作人员的作业效率,节约成本。

三、CFS仓库数字化主要效益分析与评估

上海华迅众联物流有限公司经过整整四年的积累和沉淀,对系统进行了不断完善,在CFS仓库行业形成了体系化的标准作业模式,产生了非常明显的效益,促进了竞争力的提升。

(一)CFS仓库数字化实施前后的效益指标对比

CFS仓库数字化实施前后的效益指标对比如表5-1所示。

表 5-1　CFS 仓库数字化实施前后的效益指标对比

流程	应用前	应用后	成本节省
自主换单	单证人员现场录入单据	自助换单机换单	4人
	填写进仓单、PO、SKU、件数、体积、重量	系统自动带出填写信息	
排队进仓	园区门口、月台口拥堵	叫号系统有序通知车辆进仓,并且通过短信平台、LED、语音播报通知司机	4人
无纸化作业	出入库、库内作业均是打印纸质单据	作业指令系统推送至现场 RF	90万元/年
	单据管理混乱,数据对接不及时,人工核对成本较高	统一系统查阅数据,信息及时展示	10人
库内货物搬倒率低	整理货物、移库、合并、拆分货物	通过系统指导人工操作	8人
预约送货	司机直接送货到仓,无法得知进仓时间和作业量	通过微信、官网平台、EDI对接预约送货	30万元/年
订单全流程跟踪	线下电话联系客服,询问作业进度	通过可视化平台实时了解作业情况	5人
散货配箱	线下 excel 调整配箱数据	系统自动测算配箱结果	5人

(二) CFS 仓库数字化实施对企业业务流程改造与创新模式的影响

自主换单,改进了现有的换单作业模式,可以不需要单证人员在系统中维护数据,由司机在自助换单机上完成。

排队进仓,通过系统建立了一套标准的作业规范,获得了客户的高度评价。

无纸化作业,改变了以往依赖于纸质单据的操作模式,也改变了业务人员的作业习惯。企业在降低操作和人员成本的同时,也打通了实时的信息流和数据流。

库内货物搬倒率低,极大地提高了仓库内部叉车人员的作业效率,节约了人力成本和设备操作成本。

预约送货,仓库管理人员根据计划合理安排作业人员,避免了作业量分布不平均的问题,同时打通了工厂、客户、仓库之间的信息互通,避免形成信息孤岛。

订单全流程跟踪,避免了客服人员在线下花费大量时间整理数据,可跟踪现场作业进度,使客户能够实时掌握订单的作业情况和异常状态。

散货配箱,有效提升了配箱的作业效率和合理性,节约了人工成本,提高了集装箱的利用率。

(三) CFS仓库数字化实施对提高企业管理水平的作用

通过数字化的实施，企业的管理水平有了较大的提升。具体表现为货物管理精细化、数据信息完整化、流程管控标准化，更高地提升了客户满意度。

通过数字化方式实现了 SO、PO、托盘、ITEM、SKU 等多维度的管理，可以通过任一维度来定位仓库的货位情况。

通过大数据分析平台，可以实时抓取仓库各个作业环节的操作数据，全面监控作业过程，采集重要数据。

在系统指导下进行操作，减少人为差错因素，人员在系统预设的标准步骤中作业，以此达到标准化作业的目标。

建立数字化平台，帮助客户及时掌握货物在途情况、到仓时间、装箱时间、进港时间。

客户的建议和意见也可以通过系统传达到应用企业，并且关联到具体的订单，实现信息互通，使得客户满意度得到很大程度的提高。

四、实施体会及总结

(一) CFS仓库数字化的建立需具有全局观

与企业及整个行业的发展战略保持一致：由于CFS仓库的特殊性，标准化的建立优先于单体仓库的提效，仓库以外全流程的打通优先于单体仓库内的操作。只有明确了发展方向，才能确保整体项目的成功实施。

解决行业通病，满足大多数企业的需求：上海华迅众联在实施之初，就针对每一个操作环节，详细分析了不同客户的差异性，从而总结出一套针对CFS仓库的产品线，并针对不同的产品线，合理优化流程，总结KPI指标，从而达到降本增效的目的。

具有较强的可操作性和便捷性：大多数CFS仓库目前的操作比较简单，操作人员对信息化的掌握程度不高，整体数字化投入的资金有限，CFS仓库数字化平台的实施需要有很强的便捷性和可操作性，采用实际的方式达成信息一体化的目标。

(二) CFS仓库数字化的应用需提高认识、强化领导

提高员工的数字化意识：采取培训、实际操作等多种形式，宣传CFS仓库数字化的重要意义，提高员工素质，使员工熟悉和适应数字化信息时代的管理理念和方式，提高员工参与的积极性。

强化领导的数字化决策：以企业领导和企业各部门的"一把手"为核心，充分发挥其领导和决策能力，形成强有力的组织保障，使各部门的员工能积极参与，各部门之间能相互配合，以保障实施的顺利推进。

(三) CFS仓库数字化的推广需制定规划、分步实施

推进重点，带动一般：各企业的发展存在不平衡现象，通过推进基础条件比较好的重点企业完成数字化，产生经济效益，来带动其他相关企业数字化的建设。继上海华迅众联之后，此数字化方案也扩展到了全球捷运集团项下的其他仓库企业。

应用驱动，重点突破：CFS仓库数字化是一个长期的过程，它将贯穿于整个企业发展的始终，因此CFS仓库数字化的推广应做好长期规划，根据实际应用的需要滚动实施，边建设，边应用，边发挥效益。

一个标准的CFS仓库数字化流程还需要建立一个长效机制来对其进行维护，一个流程制定出来并经过一段时间的运作后，往往会因为环境的变化而遇到运行的问题或者说是瓶颈，那

么就必须及时加以修正。可通过整个体系中的每个成员的积极反馈提出修改建议,以及与产品规划人员的实时交流,在允许的范围内及时加以变更。通过对流程的持续改进来保障其可操作性。

（资料来源：中国物流与采购网,有改动）

任务二 配送管理

武汉小码大众科技有限公司——您的专属冷链小管家

武汉小码大众科技有限公司成立于2015年10月,成立之初便得到了成功投资了美团、E代驾等的英诺基金的青睐,进行了第一轮天使投资。其后,在2017年初和2018年初,由全球物流地产巨头普洛斯和永辉创始股东拓峰资本进行了第二轮和第三轮投资。

小码大众定位于分布式共仓共配新冷链物流第一品牌,秉承"让食品服务更容易"的企业使命和"客户第一、伙伴成长、追求卓越、结果导向"的企业价值观。

小码大众成立之初的定位为互联网平台型物流公司,线下以城市网格冷链公交车形式为基础,线上以互联网和信息化为手段,在长尾订单中创造规则及建设服务标准,提供城市和区域的冷链配送交付服务,以产品型物流的特色在行业内独树一帜。

2016年,仅用半年时间,码尚配平台为8000多家客户提供了冷链公交车的服务,但是对于客户来说,单纯的运输远远满足不了他们的需求,他们渴望小码大众可以提供仓配一体化解决方案。

小码大众秉承着这样的光荣使命,2017年初开始从互联网平台型物流公司向第三方冷链物流服务商转型,由"轻"到"重","让食品服务更容易"的初心始终未改。

截至2019年10月,小码大众服务于华东、华南和华北区域近8000位B2B客户,计划在未来三年里通过直营和生态加盟的模式覆盖全国的每一座城市,实现中国冷链物流智能服务网络,支持客户一箱货冷链覆盖全中国。

（资料来源：中国物流与采购网,有改动）

一、配送管理的基本形式

1. 按配送商品的种类和数量分类

（1）少品种或单品种、大批量配送。

（2）多品种、少批量、多批次配送。

（3）设备成套、配套配送。

2. 按配送时间和数量分类

（1）定量配送:每次按固定的数量(包括商品的品种)在指定的时间内进行配送。

(2) 定时配送：按规定的间隔时间进行配送。

(3) 定时定量配送：按规定时间和规定的商品品种及数量进行配送。

(4) 定时定量定点配送：按照确定的周期、规定的商品品种和数量、确定的客户进行配送。

(5) 定时定线配送：在规定的运行路线上制定到达时间表，按时间表进行配送，客户可按规定路线及规定时间接货。

(6) 即时配送：随要随送，按照客户提出的时间和商品品种、数量的要求，随时进行配送。

3. 按配送组织者分类

(1) 商店配送：配送组织者是商业零售网点。

(2) 配送中心配送：配送组织者是专职从事配送的配送中心。

(3) 仓库配送：仓库配送是以一般仓库为节点进行配送的形式。

(4) 生产企业配送：这种配送的组织者是生产企业，尤其是进行多品种生产的生产企业，直接由企业进行配送，而无须将产品发运到配送中心再进行配送。

4. 按经营形式分类

(1) 销售配送：配送企业是销售型企业，或者销售企业进行的促销型配送。

(2) 供应配送：企业为了自己的供应需要所采取的配送形式，往往由企业或企业集团组建配送节点，集中组织大批量进货，然后向本企业配送或向本企业集团的若干企业配送。

(3) 销售-供应一体化配送：对于基本固定的客户和基本确定的配送产品，销售企业在自己销售的同时，为客户提供有计划的供应服务，它既是销售者又是客户的供应代理人。

(4) 代存代供配送：客户将属于自己的货物委托给配送企业代存、代供，有时还委托代订，然后由配送企业组织配送。

5. 按配送专业化程度分类

(1) 综合配送：配送商品种类较多，在一个配送节点中组织不同专业领域的产品向客户配送。

(2) 专业配送：按产品性状不同适当划分专业领域的配送方式。

(3) 共同配送：由多个企业联合组织实施的配送活动。

二、配送管理的构成要素

1. 集货

集货是将分散的或小批量的货物集中起来，以便进行运输、配送的作业。

2. 分拣

分拣是将货物按品种、出入库先后顺序分门别类地堆放的作业。

3. 配货

配货是使用各种拣选设备和传输装置，将存放的货物，按客户要求分拣出来，配备齐全并送到指定收货地点。

4. 配装

配装是集中不同客户的配送货物，进行搭配装载，以充分利用运能、运力的作业。

5. 配送运输

配送运输是较短距离、较小规模、频度较高的运输形式，一般以汽车作为运输工具。配送运输的路线选择问题是其技术难点。

6. 送达服务

送达服务需圆满地实现运到货物的移交,并有效、方便地办理相关手续和完成结算,讲究卸货地点、卸货方式等。

7. 配送加工

配送加工是按照配送客户的要求所进行的流通加工。

一、配送管理的操作流程

(一) 货物入库

(1) 物流配送中心根据客户的入库指令视仓储情况做相应的入库受理。

(2) 按所签的合同进行货物受理,并根据货物分配的库区库位打印入库单。

(3) 在货物正式入库前进行货物验收,主要是对要入库的货物进行核对处理,并对入库货物进行统一编号(包括合同号、批号、入库日期等)。

(4) 进行库位分配,主要是对事先没有分配的货物进行库位的自动或人工安排处理,并产生货物库位清单。

(5) 库存管理主要是对货物在仓库中的一些动态信息的统计、查询工作等。

(6) 对仓库中的货物,物流公司还将进行批号管理、盘存处理、内驳处理和库存优化等工作,实现有效的仓库管理。

(二) 运输配送

(1) 物流配送中心根据客户的发货指令视库存情况做相应的配送处理。

(2) 系统将自动根据配送计划进行车辆、人员安排,做相应的出库处理。

(3) 根据选好的因素由专人负责货物的调配处理,可分为自动配货和人工配货,目的是更高效地利用物流公司手头的资源。

(4) 根据系统的安排结果,按实际情况进行人工调整。

(5) 安排好之后,系统将根据货物所放地点(库位)情况,按物流公司自己设定的优化原则打印拣货清单。

(6) 承运人凭拣货清单到仓库提货,仓库做相应的出库处理。

(7) 装车完毕后,根据所送客户数打印相应的送货单。

(8) 车辆运输途中可通过 GPS 车辆定位系统随时监控,并做到信息及时沟通。

(9) 在货物到达目的地后,经收货方确认后,凭回单向物流配送中心确认。

(10) 产生所有需要的统计分析数据和进行财务结算,并产生应收款数据与应付款数据。

二、配送合理化的措施

1. 推行一定综合程度的专业化配送

通过采用专业设备、设施及操作程序,取得较好的配送效果并降低配送综合化的复杂程度及难度,从而追求配送合理化。

2. 推行加工配送

将加工和配送相结合，充分利用本来应有的中转，而不增加新的中转，从而求得配送合理化。同时，加工借助于配送，使得加工目的更明确，和用户联系更紧密，从而有效地避免了盲目性。

3. 推行共同配送

通过共同配送，可以以最近的路程、最低的配送成本完成配送，从而达到配送合理化。

4. 实行送取结合

配送企业与用户建立稳定、密切的协作关系。配送企业不仅成了用户的供应代理人，也是用户的储存据点，甚至成为产品代销人。在配送时，将用户所需的物资送到，再将该用户生产的产品用同一车辆运回，而这种产品也成了配送中心的配送产品之一，或者由配送中心代存代储，免去了生产企业的库存包袱。这种送取结合，使运力得到充分利用，也使配送企业的功能有了更大的发挥，从而追求配送合理化。

5. 推行准时配送系统

准时配送是配送合理化的重要内容。只有做到了准时配送，用户才有资源把握，才可以放心地实施低库存或零库存，才可以有效地安排接货的人力、物力，以追求最高效率的工作。另外，供应能力的保证，也取决于准时供应。从国外的经验看，准时配送系统是现在许多配送企业追求配送合理化的重要手段。

6. 推行即时配送

即时配送是最终解决用户担心断供之忧，大幅度提高供应保证能力的重要手段。即时配送是配送企业快速反应能力的具体化，是配送企业能力的体现。

相关知识扩展

配送中心是接受并处理末端用户的订货信息，对上游运来的多品种货物进行分拣，根据用户的订货要求进行拣选、加工、组配等作业，并进行送货的设施和机构。

一、配送中心的分类

1. 按配送货物种类分类

根据配送货物的种类，可以分为食品配送中心、日用品配送中心、医药品配送中心、化妆品配送中心、家用电器配送中心、电子产品配送中心、书籍配送中心、服饰产品配送中心、汽车零件配送中心及生鲜处理中心等。

2. 按照配送中心的内部特性分类

1）储存型配送中心

有很强储存功能的配送中心。一般来讲，在买方市场下，企业成品销售需要有较大库存作为支持，其配送中心可能有较强的储存功能；在卖方市场下，企业原材料、零部件供应需要有较大库存支持，其供应配送中心也有较强的储存功能。大范围配送的配送中心需要有较大库存，也属于储存型配送中心。

2）流通型配送中心

基本上没有长期储存功能，仅以暂存或随进随出的方式进行配货、送货的配送中心。这种配送中心的典型运作方式:大量货物整批购进并按一定批量零出,采用大型分货机,进货时直接进入分货机传送带,分送到各用户货位或直接分送到配送汽车上,货物在配送中心里仅做少许停滞。

3) 加工配送中心

配送中心具有加工职能,根据用户的需要或者市场竞争的需要,对配送物进行加工之后进行配送的配送中心。在这种配送中心内,有分装、包装、初级加工、集中下料、组装产品等加工活动。

3. 按照配送中心承担的流通职能分类

1) 供应型配送中心

配送中心执行供应的职能,专门为某个或某些用户(如连锁店、联合公司)组织供应的配送中心。例如,为大型连锁超级市场组织供应的配送中心;代替零件加工厂送货的零件配送中心,使零件加工厂对装配厂的供应合理化。供应型配送中心的主要特点是配送的用户有限并且稳定,用户要求的配送范围也比较确定,属于企业型用户。因此,配送中心集中库存的品种比较固定,进货渠道也比较稳固,同时可以采用效率比较高的分货式工艺。

2) 销售型配送中心

配送中心执行销售的职能,以销售经营为目的,以配送为手段。销售型配送中心大体有两种类型:一种是生产企业为本身产品直接销售给消费者所建立的配送中心,在国外,这种类型的配送中心很多;另一种是流通企业作为本身经营的一种方式,为扩大销售而建立的配送中心,我国目前拟建的配送中心大多属于这种类型。

4. 按配送区域的范围分类

1) 城市配送中心

以城市区域范围为配送范围的配送中心。由于城市范围一般处于汽车运输的经济里程之内,所以这种配送中心宜采用汽车进行配送,可直接配送到最终用户。城市配送中心往往和零售经营相结合,由于运距短,反应能力强,因而从事多品种、少批量、多用户的配送较有优势。例如,《物流手册》中介绍的"仙台批发商共同配送中心"便是属于这种类型,我国已经建立的"北京食品配送中心"也属于这种类型。

2) 区域配送中心

以较强的辐射能力和库存准备,向省际、全国乃至国际范围的用户进行配送的配送中心。这种配送中心的配送规模较大,一般而言,配送批量也较大,往往是配送给下一级的城市配送中心,也配送给营业所、商店、批发商和企业用户。虽然区域配送中心也从事零星的配送,但不是主体形式。这种类型的配送中心在国外十分普遍,《国外物资管理》杂志介绍过的阪神配送中心、美国马特公司的配送中心、蒙克斯帕配送中心等都属于这种类型的配送中心。

二、配送中心的地位

无论从现代物流学科建设方面还是从经济发展的要求方面来讲,都需要对配送中心这种经济形态有一个明确的界定。

1. 层次定位

配送中心在整个物流系统中的层次定位如下:流通中心定位于商流、物流、信息流、资金流的综合汇集地,具有非常完善的功能;物流中心定位于物流、信息流、资金流的综合设施,其涵盖面较流通中心低,属于第二个层次的中心;配送中心如果具有商流职能,则属于流通中心的一种类型,如果只有物流职能则属于物流中心的一个类型,可以被流通中心或物流中心所覆盖,属于第三个层次的中心。

2. 功能定位

配送中心的功能是通过配货和送货完成资源的最终配置。配送中心的主要功能是围绕配货和送货而确定的,而有关的信息活动、交易活动、结算活动等虽然也是配送中心不可缺少的功能,但是它们必然服务和服从于配货和送货这两项主要的功能。

3. 系统定位

在整个物流系统中,配送中心的定位是提高整个系统的运行水平。尤其是现代物流出现了集装方式,在很多领域中实现了"门到门"的配送,可以利用集装方式提高整个物流系统的效率,对物流对象做了很大的分流,剩下的主要是多品种、小批量、多批次的货物,这种类型的货物是传统物流系统难以提高物流效率的对象。在包含配送中心的物流系统中,配送中心对整个系统效率的提高起着决定性的作用。所以,在包含了配送系统的物流系统中,配送中心处于重要的位置。

4. 横向定位

从横向来看,和配送中心的作用大体相当的物流设施有仓库、货栈、货运站等。这些设施都处于末端物流的位置,实现资源的最终配置。不同的是,配送中心是实行配送的专门设施,而其他设施可以实行取货、一般送货,不是按照配送要求而建的有完善组织和设备的专业化流通设施。

5. 纵向定位

如果将物流过程按纵向顺序划分为物流准备过程、首端物流过程、干线物流过程、末端物流过程,那么配送中心处于末端物流过程的起点。配送中心所处的位置是直接面向用户的位置,因此,它不仅承担直接对用户服务的功能,还根据用户的要求,起着指导物流全过程的作用。

因此,配送中心是一种末端物流的节点设施,通过有效地组织配货和送货,使资源的最终配置得以完成。

三、配送中心的功能

1. 采购功能

配送中心首先需要采购所要配送的商品,才能及时且准确无误地为其用户即生产企业或商业企业供应物资。配送中心应根据市场的供求变化情况,制订并及时调整统一的、周全的采购计划,并由专门的人员与部门组织实施。

2. 存储功能

配送中心的服务对象是为数众多的生产企业和商业网点(比如连锁店和超级市场),配送中心需要按照用户要求,及时将各种配装好的货物送交到用户手中,满足用户的生产和消费需要。为顺利有序地完成向用户配送商品的任务,也为了更好地发挥保障生产和消费需要的作用,配送中心通常要兴建现代化的仓库并配备一定数量的仓储设备,存储一定数量的商品。某些大型的区域性配送中心和开展代理交货配送业务的配送中心,不但要在配送货物的过程中存储货物,而且所存储的货物数量更大,品种更多。配送中心所拥有的存储货物的能力使得存储功能成为仅次于组配功能和分送功能的配送中心的一个重要功能。

3. 配组功能

由于每个用户对商品的品种、规格、型号、数量、质量、送达时间和地点等要求不同,配送中心就必须按用户的要求对商品进行分拣和配组。具有配组功能是配送中心区别于传统仓储企业的明显特征之一,也是配送中心最重要的一项特征,可以说,没有配组功能,就无法称为配送中心。

4. 分拣功能

作为物流节点的配送中心拥有为数众多的客户,不同客户之间有很大的差异,不仅各自的性质不同,而且经营规模大相径庭。因此,在订货或进货时,不同的用户对货物的种类、规格、数量会提出不同的要求。针对这种情况,为了有效地进行配送,也就是为了同时向不同的用户配送多种货物,配送中心必须采取适当的方式对货物进行拣选,并且在此基础上,按照配送计划分装和配装货物。这样,在商品流通实践中,配送中心又增加了分拣货物的功能,发挥着分拣中心的作用。

5. 分装功能

从配送中心的角度来看,它往往希望采用大批量的进货来降低进货价格,减少进货费用;但是用户企业为了降低库存,加快资金周转,减少资金占用,往往采用小批量进货的方法。为了满足用户的要求,即用户的小批量、多批次进货,配送中心就必须进行分装。

6. 集散功能

凭借特殊的地位及拥有的各种先进的设施和设备,配送中心能够将分散在各个生产企业的产品集中到一起,经过分拣、配装后向多家用户发运。

实例分析

更换沃尔玛华南生鲜配送中心正式营运

2019年3月27日,沃尔玛华南生鲜配送中心(下文简称"配送中心")在东莞沙田镇正式开业,随着"发车"命令开出,两辆载着生鲜货品的配送车从配送中心发出,为市内门店提供配送服务。而随着配送中心的逐步启用,2019年下半年将为沃尔玛在广东和广西等地的100多家门店提供商品配送服务,其设计能力可覆盖约200家门店。

开业现场,配送中心对到场嘉宾进行短暂的开放,其仓库分为两侧,每一侧39个门,一侧入货,另一侧负责出货。中心占地约95 000 m^2,库区建筑面积约33 700 m^2,库区面积较沃尔玛广州生鲜配送中心和深圳生鲜配送中心总和大5倍以上,可同时处理超过4000种需冷藏、冷冻或恒温存储的商品,日处理能力165 000箱,将为沃尔玛中国生鲜业务赢得可持续竞争优势提供强有力的支持。

沃尔玛华南生鲜配送中心投资超过7亿元人民币,是沃尔玛进入中国23年以来最大金额的单笔投资。值得注意的是,该配送中心是沃尔玛在中国首个定制化设计建造的生鲜配送中心,引进了沃尔玛全球供应链领先的设计理念。沃尔玛目前在国内拥有8家干仓配送中心和11家鲜食配送中心,未来10~20年沃尔玛将新建或改建10余家定制化配送中心。

(资料来源:南方都市报,有改动)

项目小结

仓储不是生产,也不是交易,而是为生产与交易服务的物流活动中的一项。仓储的目的是满足供应链上下游的需求。仓储管理应该遵循效率、服务和利润最大化的原则。仓储管理的内容:仓储系统的布局、库存的最优控制、仓储作业的操作。仓储管理的业务程序:签订仓储合同、验收货物、办理入库手续、货物保管、货物出库。配送管理可以按配送商品的种类和数量、配送时间和数量、配送组织者、经营形式、配送专业化程度进行分类。配送管理的构成要素主要包括集货、分拣、配货、配装、配送运输、送达服务、配送加工。配送管理的操作流程主要包括货物入库和运输配送。配送合理化的措施主要包括推行一定综合程度的专业化配送、推行加工配送、推行共同配送、实行送取结合、推行准时配送系统、推行即时配送。

同步训练题

(1) 简述仓储管理的基本原则和任务。
(2) 论述仓储管理的内容和业务程序。
(3) 论述仓库管理作业应注意的问题。
(4) 简述配送管理的基本形式和构成要素。
(5) 论述配送管理操作流程。
(6) 论述沃尔玛华南生鲜配送中心的特点。

实训项目

实训题 1

1. 实训目的
实训目的是使学生了解仓储企业的运营情况。
2. 实训方式
实训方式为到仓储企业实地调研。
3. 实训内容
(1) 了解仓储企业的主要业务。
(2) 了解有哪些保管商品的方法。
(3) 了解仓储企业是如何保管商品的。
(4) 写出调研报告。

实训题 2

1. 实训目的
实训目的是使学生了解配送企业的运营情况。
2. 实训方式
实训方式为到配送企业进行参观学习。

3. 实训内容

(1) 配送企业的业务有哪些？

(2) 配送企业如何服务于客户？

(3) 配送企业与运输企业有哪些不同？

(4) 写出调研报告。

项目六
包装与流通加工管理

WULIU
GUANLI
JICHU

(1) 掌握包装的分类、包装器材的选择和包装标识的作用。
(2) 熟悉包装的合理化与标准化原则。
(3) 了解流通加工的方法和技术。
(4) 掌握流通加工的合理化原则。

一、包装的概念

中国国家标准《包装术语 基础》(GB/T 4122.1—1996)中对包装的定义："为在流通过程中保护产品、方便储运、促进销售,按一定技术方法而采用的容器、材料及辅助物等的总体名称。也指为了达到上述目的而采用容器、材料和辅助物的过程中施加一定技术方法等的操作活动。"其他国家或组织对包装的含义有不同的表述和理解,但基本意思是一致的,都以包装功能和作用为其核心内容,一般有以下两重含义。

(1) 关于盛装商品的容器、材料及辅助物品,即包装物。
(2) 关于实施盛装和封缄、包扎等的技术活动。

二、包装的功能

第一,保护商品。商品包装的一个重要功能就是保护包装内的商品不受损伤、免受日晒、风吹、雨淋、灰尘沾染等自然因素的侵袭,防止挥发、渗漏、融化、沾污、碰撞、挤压、散失以及盗窃等带来的损失。在商品运输、储存过程中,一个好的包装能够抵挡各种不良因素的侵袭。

第二,提高物流各环节的效率。给流通环节的贮、运、调、销带来方便,如装卸、盘点、码垛、发货、收货、转运、销售计数等。随着信息技术的发展,使用条形码技术可以极大地提高流通环节的整体效率。

第三,促进商品的销售。一般来讲,为适应商品运输的种种要求,商品的外包装必须具有保护商品的最基础的功能。而作为直接面对消费者的商品内包装,需要设计得美观大方,直接起到广告作用,促进商品的销售,进而提高企业的市场形象。

第四,方便顾客消费,提高客户服务水平。使顾客通过包装就能了解产品的性能及使用方法,方便顾客的使用,提升顾客的满意度。

三、流通加工的概念

流通加工(distribution processing)是在产品流通中对产品实施的一种补充加工形式,是满足客户多样化需求的重要环节。中华人民共和国国家标准《物流术语》(GB/T 18354—2006)中对流通加工的定义："物品在从生产地到使用地的过程中,根据需要施加包装、分割、计量、分拣、刷标志、拴标签、组装等简单作业的总称。"

商品流通是以货币为媒介的,是生产及消费的桥梁和纽带,通过商品流通可以完成商品所有权的转移。流通加工则有所不同。总的来讲,流通加工存在于流通环节中,通过较简单的辅助性加工完成产品价值在流通环节中的大幅提升。

流通加工在加工方法、加工组织、生产管理方面与生产环节中的加工有很多相似之处,但在加工对象、加工程度方面存在本质的差别。

任务一 包 装

包装越来越聪明

科技进步促进了商品的日新月异,从而带动了商品包装的蓬勃发展。随着人们环保和健康意识的不断增强,要求商品(尤其是食品)包装不但要外观精美,而且整体结构要合理,更要有良好的保质和防伪功能。因此,研发人员一直在研制开发包装技术和包装材料,而智能包装是包装领域里的一朵奇葩。目前,智能包装技术主要包括以下几个方面。

1. 自适应包装

自适应包装技术就是模拟食品所需的环境参数,自动根据食品在储藏与转移中的环境变化进行调节,使包装中的环境能最大限度地实现食品的储藏与保质。在自适应包装中,所要调节或适应的食品环境参数主要包括温度、湿度、压力、气体组成成分等。自适应包装技术是一种智能包装技术,这种技术包含材料与工艺两部分,有的环境参数要靠化学调节,有的要靠生物调节,有的要靠物理调节。因此,目前这种技术是最完善的包装技术,也是最难实现和控制的技术。

2. 显窃启包装

显窃启包装是指为防止开启、偷换、撕破、恶作剧等行为而对物品采取的某些特别的技术措施,通过这种措施可以判断物品在外包装开启前的安全性。为确保物品的安全性,需要在制造程序、零售环节、显窃启结构设计三方面采取相应的措施。显窃启包装技术因包装材料、销售方法、容器结构、内容物的不同而具有多样化特点,归纳起来,主要有以下几种类型。

(1) 薄膜裹包。裹包形式有全面融合裹包、收缩裹包、拉伸裹包和贴体裹包几种。

(2) 泡罩包装。适用于高级食品、药品和工艺品等,有泡眼包装、浅盘包装和蛤壳包装等。

(3) 报警信号式包装。利用现代科技使窃启后的包装容易被识别出来,包装材料有可变色的塑料薄膜、新型的光纤封条以及含有某些化学物质的特殊材料。

(4) 可破坏盖。可破坏盖有断开式盖和真空盖两种形式。

(5) 瓶口封闭包装。通常分为内封式和软盖式。

(6) 收缩箍套。

(7) 全封闭容器。

(8) 胶带密封等。

3. 可跟踪性运输包装

可跟踪性运输包装是指在运输和流通过程中包装物品及容器被全程跟踪,以便管理者及时完成对其流通渠道和运输路径的优化调整的包装。这种包装技术是在容器或托盘上装有电子芯片,可以追踪记录各种信息,能够在任何时间和地点被读出。可跟踪性运输包装尤其适用于自动化运输管理和电子商务配送,因为电子交易要求配以即时生产法或精益生产法方式下的供货;同时,电子商务流通中心和地区配货中心希望以最短路径和混装货物满载化进行送货,从而达到降低成本的目的。由于这种包装形式具有一定的特殊性,从而极大地限制了它的应用范围。

包装技术充分体现了飞速发展的高新技术在包装领域应用的特点,它不仅能反映包装物的信息和商品流通信息,给物流管理和消费者带来了很多方便,还能监测包装物的质量,警示食品等包装产品的保质保鲜程度,从而保证消费者的食用安全。此外,它还具有更加优良的防伪效果,为优质商品保驾护航。

一、包装分类

包装在设计、选料、技法和形态等方面出现了多样化的趋势。既要适应各种物资在性质上的差异,又要满足不同运输工具的特定要求。

我国常用的包装分类方法主要有以下几种。

1. 按包装功能分类

按包装功能的不同,包装可分为商业包装和工业包装。

(1) 商业包装以吸引消费者、促进销售为主要目的。由于商品的商业包装是面向顾客的,因此在设计中要体现美观大方的特点,以吸引消费者,同时,包装上要有关于商品产地的详细说明,而包装的外形和大小要方便顾客携带以及满足商家柜台的摆设要求。

(2) 工业包装,也就是商品的外包装,强调包装的实用性和费用的低廉性。主要目的是使商品在运输、存储和装卸的过程中受到保护,避免货损。

2. 按包装层次分类

按照包装层次的不同,包装可分为单个包装、中包装、外包装。

(1) 单个包装是指以一个商品为一个销售单位的包装形式。单个包装起着直接保护、美化、宣传和促进商品销售的作用。单个包装与商品直接接触,在生产过程中与商品装配成一个整体,随商品一同销售给顾客。

(2) 中包装是介于单个包装和外包装之间的中间层次包装,是指若干个单体商品或包装组成的一个小的整体包装,属于商品的内层包装。由于中包装在销售过程中,一部分随同商品出售,另一部分则在销售过程中被消耗掉,因而被列为销售包装。在物流环节中,中包装不仅起着进一步储存、保护商品和促进销售的作用,而且有利于商品分拨和销售过程中的点数和计量,方便组合包装。

(3) 外包装在商品的流通过程中,起着保护商品以及方便运输、装卸搬运和储存的作用,通常是指商品最外层的包装。

3. 按使用次数分类

按照使用次数的不同,包装可分为一次用包装、多次用包装和周转用包装。

(1) 一次用包装是指只能用一次,不再回收重复使用的包装。

(2) 多次用包装主要是指商品的外包装和一部分中包装,这些包装回收后经加工整理仍可重复使用。

(3) 周转用包装是指不需任何加工整理就可多次重复使用的包装,用于商品在工厂或商店的固定周转活动。

4. 按包装材料质地分类

按照包装材料质地的不同,包装可分为硬包装、半硬包装和软包装。

(1) 硬包装是指材质坚硬或质地坚固的包装。

(2) 半硬包装是介于硬包装和软包装之间的包装。

(3) 软包装是指材质较软、形状不固定的包装。

5. 按使用范围分类

按照使用范围的不同,包装可分为专用包装和通用包装。

(1) 专用包装是指专供某种或某类商品使用的包装。一般这类包装都需针对所包装的产品进行专门的设计。

(2) 通用包装是指一种包装能包装多种商品,能被广泛使用的包装。这种包装一般不需进行专门的设计。

6. 包装的其他分类方法

(1) 按运输方式的不同,包装可分为铁路货物包装、卡车货物包装、船舶货物包装、航空货物包装和零担货物包装等。

(2) 按包装防护目的的不同,包装可分为防潮包装、防锈包装、防霉包装、防震包装、防水包装、遮光包装、防热包装、真空包装、危险品包装等。

(3) 按包装操作方法的不同,包装可分为罐装包装、捆扎包装、裹包包装、收缩包装、压缩包装等。

二、包装器材

1. 包装器材的发展趋势

复塑材料、复合材料和新型材料将是包装材料发展的大趋势。随着材料科学、工业技术和文化艺术的发展,新包装技术、新包装材料和新包装方法将使包装容器从形式到功能进一步科学化、系列化、适用化。尤其是组合包装方法的运用,将使包装容器在降低成本的同时,向着节省材料、节省空间、构造简单、大小适当、重视安全的方向发展。

2. 包装器材的选择

选择包装器材应遵循以下几个原则。

1) 包装器材与被包装物的特性相适应

根据被包装物的种类、物理化学性能、价格价值、形状形态、体积重量等,在实现包装功能的基础上,应以降低材料费、加工费和方便作业为目的选择包装器材。运输包装中,对于易碎、易破损的贵重物资,包装器材要相对坚实,用材应有保证;一般物资包装器材的选择应注意防止过分包装的倾向,只要有一定的防护功能,方便使用即可。

2) 包装器材与包装类别相协调

在包装器材的选择上,运输包装、销售包装要有所区别。运输包装器材的选择应着重注意保护商品、方便储运。销售包装器材的选择应着重注意商品信息的传递、开启的方便及促销功能。所以运输包装器材常用木箱、托盘、集装箱、大纸箱和铁皮等,而销售包装器材常用瓷瓶、纸袋、纸箱、纸盒、玻璃瓶和易拉罐。

3) 包装器材应与流通条件相适应

包装器材必须保证被包装的商品在经过流通和销售的各个环节之后,最终能数量正确、质量完好地到达消费者手中。因此,要求包装器材的物理性能良好,在运输、堆码、装卸搬运中,包装器材的强度、阻热隔热性、吸湿性不因气候变化而变化;还要求包装器材的化学性能稳定,在日光、空气、温湿度和酸碱盐作用下,不发生化学变化,有抗老化、抗腐蚀的能力。包装器材的选择还应有利于实施包装技法和实现包装作业。

4) 与企业的产品营销策略相适应

很多企业把产品卖点通过包装上的形象传达给消费者,像来自哥伦比亚的咖啡、来自法国的葡萄酒等,一般都会在包装设计中通过使用具有原产地风情的图形或特征将这个信息传递出来。有些产品中使用的特殊原材料、配方或新的加工工艺,一般也会作为包装设计的特点体现出来。营销策略往往会抓住消费者心理的变化来推陈出新。

3. 常用包装材料

常使用的包装材料主要有纸、塑料、木材、金属、玻璃等,其中使用最为广泛的是纸制品,其次是木材、塑料、玻璃和金属等。

1) 纸和纸板

目前,纸和纸板在包装材料中的应用十分广泛。纸属于软性薄片材料,它很难形成固定的形状,常用于制作裹包衬垫或袋式包装。而纸板基本可形成固定的形状,可作为刚性材料使用。常用的包装用纸有普通纸张、特种纸张、装潢用纸、二次加工纸。常用的包装用纸板有普通纸板、二次加工纸板等。

2) 塑料

由于塑料具有可塑性,可以说它几乎适用于任何形态的包装。塑料包装的主要优点在于塑料具有优良的物理机械性能,且化学稳定性好,加工成型技术比较简单。常用的塑料包装材料有聚乙烯(PE)、聚氯乙烯(PVC)、聚丙烯(PP)、聚苯乙烯(PS)、聚对苯二甲酸乙二醇酯(PET)等。

3) 木材及木制品

木材是一种优良的包装材料,很早就被用于各种工业包装之中。但由于环境保护方面的原因,木材包装材料正在被其他材料所取代。尽管如此,木材作为包装材料仍应用得相当广泛。包装用木材一般分为天然木材和人造板材两大类。

4) 金属材料

由于牢固、不易破碎、防潮以及良好的成型性,金属材料也被较广泛地用作包装材料。包装用的金属材料主要有钢材和铝材两种,其使用形态一般为薄板和金属箔、捆扎带、捆扎丝(绳)等。

5) 玻璃

玻璃既可用于工业包装也可用于销售包装。用于工业包装时,玻璃材料主要用来盛装化工产品,如强酸类物资,还可以被加工成玻璃纤维复合袋,用于盛装化工产品和矿物粉料。用于销售包装时,主要以玻璃瓶和玻璃罐的形式盛装酒、饮料、药品、化学试剂、化妆品和文化用品等。

6) 复合材料

复合材料是将两种或两种以上具有不同性能的材料,通过一定的方法复合在一起而形成的一种特殊材料。复合材料在包装领域的应用十分广泛,现在已经开发出来的复合材料达三四十种之多。目前应用较多的有塑料与玻璃复合材料、塑料与金属箔复合材料、塑料与塑料复合材料等。

三、包装的标识

包装的标识就是商品被包装时,在外部印刷、粘贴或书写的标识,其内容包括商品名称、牌号、规格、等级、计量单位、数量、重量、体积等;还包括收货单位,发货单位,指示装卸、搬运、存放注意事项,图案和特定的代号。

包装的标识是判别商品特征、组织商品流转和维护商品质量的依据,对保障商品储运安全、加速流转、防止差错有着重要作用。

包装的标识通常分为两种:一是包装的标记,二是包装的标志。

1. 包装的标记

包装的标记是指根据包装袋内商品的特征和商品收发事项,在外包装上用文字和阿拉伯数字标明的规定记号。它包括以下几项内容。

1) 商品标记

这是注明包装商品的特征的文字记号,反映的内容主要是商品名称、规格、型号、计量单位、数量。

2) 质量体积标记

这是注明整体包装的质量和体积的文字记号,反映的内容主要是毛重、净重、皮重和长、宽、高尺寸。

3) 收发货地点和单位标记

这是注明商品起运、到达地点和收发货单位的文字记号,反映的内容是收发货的具体地点和收发货单位的全称。例如,国外进口商品在外包装表面刷上标记,标明订货年度、进口单位和要货单位的代号、商品类别代号、合同号码、贸易国代号以及进口港的地名等。

2. 包装的标志

包装的标志用来指明包装内容物的性质,是为了运输、装卸、搬运、储存、堆码等的安全要求或理货分运的需要,在外包装上用图像或文字标明的规定记号。它包括指示标志、危险品标志两类。

1) 指示标志

这是为了保证商品安全,指示运输、装卸、保管的作业人员进行安全操作的图像、文字记号。它反映的内容主要是指示商品性质和商品的堆放、开启、吊运等的方法。

2) 危险品标志

这是用来表示该种危险品的物理、化学性质以及其危险程度的图像和文字记号。反映的主要内容有爆炸品、易燃品、有毒品、腐蚀品等。

一、包装的合理化

1. 影响包装的因素

在设计商品包装的时候，必须详细了解被包装物本身的一些性质以及商品流通运输过程中的一些情况，并针对这些情况，做出有针对性的设计。一般来说，影响商品包装的主要因素如下。

1）被包装商品的体积、质量及其物理和化学特性

商品的形态各异，商品本身的性质也各不相同。所以，在设计商品包装的时候，必须根据商品本身的特点和国际通用的标准，设计出适合商品自身特性的特有的包装。

2）商品包装的保护性

被包装的商品是否害怕冲击、震动，是否害怕虫害或者动物的危害，是否对气象环境、物理环境以及生物环境有特殊的要求。针对这些特点，在设计商品包装的时候，要做到有的放矢。

3）消费者的易用性

商品包装设计的主要目的是使消费者能够更好地使用商品。因此，只有设计的包装易于使用，才能从更深层次上吸引消费者，占领更广阔的市场。

4）商品包装的经济性

商品包装虽然从安全性方面来说是做得越完美越好，但是从商品整体的角度来说，不得不考虑其经济性，争取做到够用就好，以降低产品的成本。一般来说，商品的工业包装在设计的时候，应该更加注重保护商品的功能，不必太在意外在的美观。

2. 合理包装

商品包装的设计必须根据包装对象的具体内容进行考虑。比如，要根据商品的属性选择不同的包装材料和包装技术。在设计包装容器的形状和尺寸的时候，要考虑商品的强度和最大的容积，包装的长宽比例要符合模数化的要求，以便最大限度地利用运输、搬运工具和仓储空间。对于外形不规则的商品，一般要做方体化配置以适应装箱的要求。

二、包装的标准化

商品包装标准就是针对商品的包装质量和有关包装质量的各个方面，由一定的权威机构所发布的统一标准。这种标准一经正式颁布，就具有权威性和法律性。一般来说，这些商品包装标准都是根据当前包装科学的理论和实践，通过权衡商品流通的整个过程，经过有关部门的充分协商和讨论，对包装的材料、尺寸、规格、造型、容量及标志等所做出的技术性的法律规定。所谓商品包装的标准化就是制定、贯彻和修改商品包装标准的整个过程。商品包装标准化对于现代企业具有重要的意义。通过商品包装的标准化，可以大大减少包装的规格型号，从而提高包装的生产效率，便于商品的识别和计量。

> 相关知识扩展

产品要想卖得好，要运用好这 3 个包装趋势

虽然目前市场上没有明确的数据用于指导产品的包装设计，但是通过观察不难发现一些趋势。许多公司从前瞻性角度出发，在产品中运用创意包装设计以抓住用户的目光，使产品在琳琅满目的货物中显得格外突出，促使消费者购买。目前创意包装设计的发展趋势有以下几种。

一、可持续包装

可持续包装是指能重复使用和再生，符合可持续发展的包装，也叫绿色包装，可持续包装还有很长的路要走。可持续包装有以下发展趋势。

（1）可生物降解材料和可再生材料：许多城市正在开展堆肥计划，鼓励居民在自家后院堆肥。可堆肥塑料通常由可再生资源如玉米等制成，越来越受欢迎。

（2）无毒材料：包装不使用含有害化学物质或染料的原材料。

（3）节能减排：这意味着节约能源，或选择使用可再生能源，如太阳能电池板。

（4）较少的包装材料：消除浪费，降低运输成本，减少生产过程中包装材料的使用量。

（5）用水效率：减少生产过程中的废水量，重复使用水资源，这是当今绿色包装的重要组成部分。

可持续包装的普及意味着可持续技术的使用，可以吸引具有环保意识的消费者。

二、定制包装

得到好的定制包装的关键是强大的供应商、设计师和客户三方之间的沟通。在当今世界，供应商及设计师进行合作，使设计师清楚顾客需要什么和供应商最新的封装技术，信息的畅通使客户受益。精心设计的、可持续的定制包装可以最大地影响公司的形象和客户对产品的兴趣。开发包装设计，能从竞争对手中脱颖而出，突出品牌的独特性。

三、设计简单化

现在许多公司正在将设计转向简单化。流线型的包装设计，让客户一目了然，他们可以看到需要知道的所有信息。多余的文字和图片已成为过去。

下面展示的包装设计的特点是简单设计的关键：

颜色：坚持用一种或两种颜色覆盖大部分的包装设计。

字体：使用干净、清晰的字体。

文字：有节制地使用文字，留下足够的空白，以吸引消费者的眼球。

图片：坚持用一个干净、鲜明的标志或图像，或选择不使用图像，让包装自己说话。

在包装设计中简单使用较少的染料和更少的材料，生产环保和可持续发展的产品，从而让公司从众多竞争对手中脱颖而出，树立绿色企业形象，实现可持续发展。

> **实例分析**

充满创意的包装设计,让你的农产品更有卖点!

经过文创包装的农产品已不仅仅是满足人们物质需求的食用品,也是人们寄托乡土情感的载体,更是人们对田园美好生活的一种渴求和向往。

农产品怎么包装才能卖得好,这是很多企业及农户关心的问题。在这个文创产品引领时尚的时代,农产品的文创开发显得尤为重要。"裸奔"的农产品已不适应当今时代的需求,股票讲究溢价,农产品也要实现溢价,从而提升农产品的价值,增加农户的收入。通过精心的包装设计,使以上目标得以实现。

农产品的包装设计大致有以下几个原则。

一、生态化包装

现今人们对农产品的要求是绿色健康,农产品的包装也要体现生态环保,以符合农产品的价值需求。同等质量、价格的产品,绿色环保的包装更能赢得消费者青睐,同时对产品的品牌竞争力和营销战略也具有重要影响。

二、差异化包装

差异化包装是指包装尺寸、等级、用材的差异化。包装尺寸、等级、用材等要多元化,从消费者在不同场景下的需求出发,设身处地地为消费者考虑,使用的便捷性、舒适度、适用性与不同场景相匹配。

三、信息化包装

现在是信息化时代,人们的生活越来越离不开手机等移动设备,产品包装设计在信息的传达与品牌的宣传上也应与时俱进,更加高效快捷,增进产品与消费者、品牌与消费者的互动性。例如,通过二维码了解农产品的"身世"。

四、创意化包装

源于乡土的农产品,在包装上应该富有创意。在包装设计的风格上结合乡土元素进行适当的创新与发展,避免一成不变的同质化"乡土"设计。现如今,时尚与乡土相结合的设计更受消费者喜爱。

五、特色化包装

特色化包装也可以称作"本土化包装",品牌形象和包装设计要深入挖掘地方的特色和文化,体现鲜明的地域特征。通过包装设计诠释当地的特色文化元素和风土人情,从而烘托出产品的文化气息,使得品牌形象更加丰富。

六、趣味化包装

农产品的包装应该趣味化、个性化。农产品作为伴手礼,应该具有独特性,从包装外形开始就要富有趣味、个性十足,可以让人一眼辨识,同时让人充满好奇,忍不住想要一探究竟。同时,面对销售渠道的变化,电子商务的发展使得年轻人成为重要的客户群,对于他们而言,有趣好玩的产品显然更胜一筹。

七、定制化包装

多元性与个性化是这个时代的特征,对于部分有特殊需求的客户,应该提供定制化服务,依据客户的需求进行个性化设计。定制化包装设计是标准化包装设计以外的一种补充,不可或缺。

（资料来源：汇包装,有改动）

任务二　流通加工

任务引入

阿迪达斯公司在美国有一家超级市场,设立了组合式鞋店,不是摆放着做好了的鞋,而是做鞋用的半成品。款式花色多样,有 6 种鞋跟、8 种鞋底,均为塑料制造的,鞋面的颜色以黑、白为主,搭配的颜色有 80 种,款式有百余种,顾客可任意挑选自己喜欢的各个部位,交给职员当场进行组合。只要 10 分钟,一双崭新的鞋便唾手可得。这家鞋店昼夜营业,职员技术熟练,鞋子的售价与成批制造的价格差不多,有的还稍便宜些。所以顾客络绎不绝,销售额比邻近的鞋店多出 10 倍。

任务分析

组合式鞋店的"组合加工"并非复杂的生产加工,顾客可任意挑选自己喜欢的各个部位,交给职员当场进行组合。这种简单的组合加工操作之所以延迟到流通环节,是因为这样做不需要花很大的力气便可以极大地提升最终产品的附加价值,并且提升了客户的满意度。

一、流通加工的概念

加工是改变物资的形状和性质,以形成一定产品的活动;而流通是改变物资存在的空间状态与时间状态的过程。

二、流通加工的产生原因

1. 流通加工的出现与现代生产方式有关

大生产的特点之一就是"少品种、大批量、专业化",产品的功能(规格、品种、性能)往往不能和消费需要密切衔接。弥补这一缺陷的方法,就是流通加工。所以,流通加工的产生实际上是现代生产发展的必然结果。

2. 流通加工不仅是大工业的产物,也是网络经济时代服务社会的产物

消费的个性化和产品的标准化之间存在着一定的矛盾,按个性化的需求组织生产不仅难度大、生产效率低,而且难以组织高效率、大批量的流通。所以,个性化消费的新形势及新观念的出现就为流通加工开辟了道路。

3. 效益观念的树立也是促使流通加工得以发展的重要原因

流通加工可以以少量的投入获得很大的效果,是一种高效益的加工方式,自然获得了很大的发展。所以,流通加工可能不需要采用什么先进技术,但这种方式是现代观念的反映,在现代的社会再生产过程中起着重要作用。

三、流通加工的方法与技术

1. 流通加工的类型

1) 为弥补生产领域加工不足的深加工

由于受到各种因素的限制,许多产品在生产领域只能加工到一定程度,而不能完全实现终极的加工。例如,木材如果在产地加工成材或制成木制品,就会给运输带来极大的困难,所以,在生产领域只能加工到圆木、板、方材这个程度,进一步的下料、切裁等则由流通加工完成。

2) 为满足需求多样化进行的服务性加工

生产部门为了实现高效率、大批量的生产,其产品往往不能完全满足用户的要求。因此,为了满足用户对产品多样化的需要,同时要保证高效率的生产,可将生产出来的单一化、标准化的产品进行多样化的改制加工。例如,对钢材卷板的舒展、剪切加工,将木材改制成枕木、板材、方材等。

3) 为保护产品所进行的加工

在物流过程中,为了保护商品的使用价值,延长商品在生产和使用期间的寿命,防止商品在运输、储存、装卸搬运、包装等过程中遭受损失,可以采取稳固、改装、保鲜、冷冻、涂油等加工方式。例如,为了保鲜保质,将水产品、肉类、蛋类进行冷冻加工、防腐加工等;丝、麻、棉织品的防虫、防霉加工等。

4) 为提高物流效率、方便物品流通的加工

有些商品本身的形态难以进行物流操作,而且商品在运输、装卸搬运过程中极易受损,因此需要进行适当的流通加工加以弥补,从而使物流各环节易于操作,同时可以提高物流效率,降低物流损失。例如,将造纸用的木材磨成木屑的流通加工,可以极大地提高运输工具的装载效率。

5) 为促进销售的流通加工

流通加工也可以起到促进销售的作用。比如,将过大包装或散装物分装成适合销售的小包装的分装加工;将以保护商品为主的运输包装改换成以促进销售为主的销售包装,以起到吸引消费者、促进销售的作用;将蔬菜、肉类洗净切块以满足消费者的要求等。

6) 为提高加工效率的流通加工

许多生产企业的初级加工由于数量有限,加工效率不高,也难以投入先进的科学技术。而流通加工以集中加工的形式,解决了单个企业加工效率不高的弊病。这样可以通过一家流通加工企业代替若干生产企业的初级加工工序,促使生产水平进一步发展。

7) 衔接不同运输方式,使物流合理化的流通加工

以流通加工中心为核心,组织对多个用户的配送,也可以在流通加工点将运输包装转换为销售包装,从而有效衔接不同目的的运输方式。比如,散装水泥中转仓库把散装水泥装袋,将大规模散装水泥转化为小规模散装水泥的流通加工,就衔接了水泥厂大批量运输和工地小批量装运的需要。

8) 以提高经济效益、追求企业利润为目的的流通加工

流通加工的一系列优点,可以形成一种"利润中心"的经营形态,这种类型的流通加工是经营的一环,在满足生产和消费要求的基础上取得利润,同时在市场和利润的引导下使流通加工在各个领域中有效地发展。

9) 生产-流通一体化的流通加工形式

依靠生产企业与流通企业的联合,或者生产企业涉足流通,或者流通企业涉足生产,对生产与流通加工进行合理分工、合理规划、合理组织,统筹进行生产与流通加工的安排,这就是生产-流通一体化的流通加工形式。这种形式可以促成产品结构及产业结构的调整,充分发挥企业集团的经济技术优势,是目前流通加工领域的新形式。

2. 各种产品的流通加工方法与效果

1) 水泥的流通加工

在需要长途运入水泥的地区,变运入成品水泥为运进水泥熟料,在该地区的流通加工点(磨细工厂)磨细,并根据当地资源和需求情况掺入混合材料及外加剂,制成不同品种及标号的水泥供应给当地用户,这是水泥流通加工的重要形式之一。

2) 木材的流通加工

(1) 磨制木屑、压缩输送。

这是一种为了实现流通的加工。美国在林木生产地将原木就地磨成木屑,然后采取压缩方式使之成为容量较大、容易装运的形状,之后运至靠近消费地的造纸厂,取得了较好的效果。根据美国的经验,采取这种办法比直接运送原木节约一半的运费。

(2) 集中开木下料。

过去用户直接使用原木,不但加工过程复杂,加工场地大,加工设备多,而且资源浪费严重,木材平均利用率不到50%,平均出材率不到40%。实行集中开木下料,按用户要求供应规格料,可以使原木利用率提高到95%,出材率提高到72%左右,这种方式可以产生相当大的经济效果。

3) 煤炭及其他燃料的流通加工

(1) 除矸加工。

除矸加工是以提高煤炭纯度为目的的加工形式。矸石有一定的发热量,一般煤炭中混入一些矸石是允许的,也是较经济的。但是,有时不允许煤炭中混入矸石。在运力十分紧张的地区,要求充分利用运力,多运"纯物质",少运矸石,在这种情况下,可以采用除矸的流通加工排除矸石。

(2) 煤浆加工。

运输煤炭主要采用运输工具载运的方法,运输中的损失和浪费较大,且容易发生火灾。采用管道运输是近代兴起的一种先进技术。在流通的起始环节将煤炭磨成细粉,便有了一定的流动性,再用水调和成浆状,则具备了较好的流动性,可以像其他液体一样进行管道输送。

(3) 配煤加工。

在使用地区设置集中加工点,将各种煤及一些其他发热物质,按不同配方进行掺配加工,生产出各种不同发热量的燃料,称为配煤加工。这种加工方式可以按需要的发热量生产和供应燃料,防止出现热能浪费、大材小用的情况;也防止出现发热量过小、不能满足使用要求的情况。

(4) 天然气、石油气等气体的液化加工。

由于气体的输送、保存都比较困难,天然气及石油气往往只能就地使用。两气的输送可以采用管道,但因投资大、输送距离有限,也受到一定的制约。在产出地将天然气或石油气进行压缩,使之由气体变成液体,就可以用容器装运,使用时具有较强的机动性。这是目前采用较多的气体加工方式。

4) 平板玻璃的流通加工

这种方式是在城镇中设立若干个玻璃套裁中心,按用户提供的图纸统一套裁开片,向用户供应成品,用户可以将成品直接安装到采光面上。在此基础上,可以逐渐形成从工厂到套裁中心的稳定的、高效率的、大规模的平板玻璃"干线输送",以及从套裁中心到用户的小批量、多户头的二次输送的现代物流流通加工模式。

5) 生鲜食品的流通加工

(1) 冷冻加工。

为解决鲜肉、鲜鱼在流通中的保鲜及搬运装卸问题,采取低温冻结方式进行加工。这种方式也用于某些液体商品、药品等。

(2) 分选加工。

农副产品规格、质量各异,为获得一定规格的产品,采取人工或机械分选的加工方式,称为分选加工。这种方式广泛用于果类、瓜类、谷物、棉毛原料等。

(3) 精制加工。

农、牧、副、渔等产品的精制加工是在产地或销售地设置加工点,去除无用部分,甚至可以进行切分、洗净、分装等加工。这种加工不但大大方便了购买者,而且可以对加工过程中的淘汰物进行综合利用。

(4) 分装加工。

许多生鲜食品零售起点较小,而为保证高效输送,出厂包装较大,还有一些是采用集装运输方式运达销售地区。为了便于销售,在销售地区按所要求的零售起点进行新的包装,即大包装改小,散装改小包装,运输包装改销售包装。这种加工方式称为分装加工。

6) 钢板的流通加工

对于钢材消耗量不大的中小企业而言,如果单独设置剪板或下料设备,不仅设备利用率很低,人力资源浪费大,而且难以推行先进的加工工艺,造成生产效率低下。所以,在流通领域设置剪板或下料加工点可以有效地解决上述矛盾,为客户提供更满意的服务。

7) 机电产品及零配件的流通加工

(1) 组装加工。

多年以来,机电设备储运较困难的主要原因是不易进行包装,但是,这些货物有一个共同特点,即装配较简单,装配技术要求不高,主要功能已经在生产中形成,装配后不需进行复杂的检测及调试。所以,为解决储运问题,降低储运费用,多采用半成品(部件)大容量包装出厂,在消费地拆箱组装的方式。组装一般由流通部门在所设置的流通加工点进行,组装之后就可以进行销售。

(2) 石棉橡胶板的开张成型加工。

石棉橡胶板是机械装备、热力装备、化工装备中经常使用的一种密封材料,单张厚度3毫米左右,单张尺寸有的达到了4平方米。这种货物不但难以运输,而且在储运过程中极易发生折损,尤其是用户单张购买时更容易发生这种损失。石棉橡胶板开张成型加工,可以安排套裁,提高利用率,减少边角余料,降低成本。这种流通加工套裁的地点一般设在使用地区,由供应部门组织加工。

四、流通加工合理化

1. 不合理流通加工的若干形式

流通加工是在流通领域中对生产的辅助性加工,从某种意义上讲,它不仅是生产过程的延续,也是生产本身或生产工艺在流通领域的延续。这个延续可以有正、反两方面的作用,即一方面可以有效地起到补充、完善的作用,另一方面也可能对整个过程产生负效应。各种不合理的流通加工都会产生抵消效益的负效应。

几种不合理流通加工形式列举如下。

1) 流通加工地点设置的不合理

流通加工地点设置即布局状况,是整个流通加工是否能有效进行的重要因素。一般而言,为衔接单品种、大批量生产与多样化需求的流通加工,加工地只有设置在需求地区,才能实现大批量的干线运输与多品种的末端配送的物流优势。

如果将流通加工地设置在生产地区,其不合理之处如下。

（1）多样化需求要求多品种、小批量的产品,而产地向需求地的长距离运输过程中会出现各种问题。

（2）在生产地增加了一个加工环节,同时增加了近距离运输、装卸、储存等一系列物流活动。

2) 流通加工方式选择不当

流通加工不是对生产加工的代替,而是一种补充和完善。所以,一般而言,如果工艺复杂,技术装备要求较高,加工可以由生产过程延续或轻易解决的,都不宜再设置流通加工,尤其不宜与生产者争夺技术要求较高、效益较高的最终生产环节,更不宜利用一个时期的市场压力使生产者变成初级加工者或前期加工者。

3) 流通加工作用不大,形成多余环节

有的流通加工过于简单,或对生产者及消费者作用都不大,甚至有时由于流通加工的盲目性,不仅不能解决品种、规格、质量、包装等问题,相反却增加了作业环节,这也是一种不合理的流通加工形式。

4) 流通加工成本过高,效益不好

流通加工之所以具有生命力,重要原因之一是有较大的产出投入比,因而对生产起着有效补充和完善的作用。如果流通加工的成本过高,则不能实现以较低投入实现更高使用价值的目的。除政策要求的即使亏损也应该进行的加工外,其他高成本的流通加工都应看成是不合理的。

2. 流通加工合理化的考虑因素

流通加工合理化的含义是实现流通加工的最优配置,做到避免各种不合理加工情况的出现。要使流通加工有存在的价值,就要做到最优的选择。

为避免各种不合理现象,对是否设置流通加工环节、在什么地点设置、选择什么类型的加工方式、采用什么样的技术装备等,都需要做出正确的抉择。目前,国内在这方面的考虑中已经积累了一些经验,取得了一定成果。

实现流通加工合理化主要考虑以下几个方面。

1) 加工和配送结合

这是将流通加工设置在配送点中,一方面按配送的需要进行加工,另一方面加工又是配送业务流程中分货、拣货、配货的一个环节,加工后的产品直接投入配货作业。这就无须单独设置一个加工的中间环节,使流通加工有别于独立的生产,从而使流通加工与配送中转巧妙结合在一起。同时,由于配送之前有加工,可使配送服务水平大大提高。这是当前实现流通加工合理化的重要形式,在煤炭、水泥等产品的流通中,这种形式已经表现出较大的优势。

2) 加工和配套结合

在对配套要求较高的流通中,配套的主体来自各个生产单位,但是,完全配套有时无法全部依靠现有的生产单位,进行适当的流通加工,可以有效促成配套,大大发挥流通的桥梁与纽带作用。

3) 加工使运输合理化

流通加工能有效衔接干线运输与支线运输,促进两种运输形式的合理化。利用流通加工,在支线运输转干线运输或干线运输转支线运输这一个本来必须停顿的环节,不进行一般的支线运输转干线运输或干线运输转支线运输,而是按干线运输或支线运输的合理要求进行适当加工,从而大大提高运输及运输转载水平。

4) 加工使商流合理化

通过加工有效促进销售,使商流合理化,也是流通加工合理化的考虑方向之一。加工和配送相结合,通过加工提高配送水平,强化销售力量,是加工与合理商流相结合的一个成功例证。此外,通过简单地改变包装形成方便购买的数量,通过组装加工解除用户使用前组装、调试的难题,都是有效促进商流的例子。

相关知识扩展

中央厨房

所谓中央厨房,是指用冷藏车配送菜品,全部直营店实行统一采购和配送。以前餐厅的进货方式是,除了毛肚、鸭肠等干货外,所有新鲜蔬菜由直营店实行单店采购。采用中央厨房配送后,比传统的配送节约了30%左右的成本。中央厨房采用巨大的操作间,采购、选菜、切菜、调料等各个环节均有专人负责,半成品和配好的调料一起,用统一的运输方式,在指定时间内运到分店。

按一般的传统餐饮店模式,一个大型店需要5个选菜工,3个采购;而在中央厨房总部,只需要3个总采购,20个左右选菜工,能节约大约100人。除能节约人力成本外,统一采购还能大规模降低采购成本。以毛肚为例,采购100吨毛肚比采购10吨毛肚每公斤便宜近1元。

中央厨房最大的好处就是通过集中采购、集约生产来实现菜品的质优价廉,在需求量增大的情况下,采购量的增长相当可观。为降低食品的安全风险,形成集约化、标准化的操作模式,中央厨房对原料采购的要求也在不断提高。品牌原料能够保证供应的稳定性,良好的物流体系也能更好地保证原料的新鲜与安全。集约采购将为中央厨房带来深化发展的机遇。

为保证原料质量的稳定,最佳方式是建立原料基地或定点品牌供应企业。拥有了自己的原料生产基地和专业的供应厂家,在原辅料达到标准的前提下,才能保证产品质量的稳定性和一致性。中央厨房从采购到加工都有严格的控制标准,甚至对原料的冷冻程度、排骨中骨与肉的比例等都有具体规定。对于一些特殊产品,可以指定厂家进行定制。由于进货量大,中央厨房可以对原料的规格标准、质量要求、运送方式等做出全面规定,保证原料新鲜优质,为生产制作优质的菜品提供前期保证。

集约化采购对餐饮工业化发展的推动作用日益明显,它为中央厨房带来的还有成本的降低、市场竞争力的提高。一方面是原料成本,中央厨房通过大批量进货减少中间环节,使产品具有价格优势。集中加工提高了原料的综合利用率,边角余料可以通过再加工进行使用,减少浪费,从而降低成本。另一方面是人力资源成本,中央厨房的设置使经营点可以缩小后厨面积或取消自有厨房,不仅可以改善环境,而且扩大了店堂面积,减少了勤杂人员。例如,某一连锁餐饮企业,没有建立中央厨房之前,每个分店的后厨至少要有8人,如开10家分店共需80人;而中央厨房的员工约30人,平均到各店,单个连锁店的后厨只有4~5人,有效节约了人力资源成本。

建立中央厨房,实行统一原料采购、加工、配送,精简了复杂的初加工操作,使操作岗位单纯化,工序专业化,有利于提高餐饮业的标准化、工业化程度,是餐饮业实现规范化经营的必要条件。只有这样,才能在一定规模的基础上产生规模效益。

(资料来源:https://baike.so.com/doc/6077299-6290380.html,有改动)

实例分析

高庄乡:农产品加工流通产业带"展翅欲飞"

高庄乡坚定"产业融合发展,特色富民强乡"目标,打造以头石公路、109国道两侧为主的农产品加工流通产业带,推动产业融合发展,促农增收。

走进位于高庄乡东风村的宁夏马氏兄弟粮油产业发展有限公司万吨粮油收储物流及研发产业园项目现场,人头攒动、车辆穿梭,工人们正在打模板为浇筑水泥做准备。

该项目占地30余亩,总投资5000万元,主要建设收储粮仓、粮油加工和储备区、成品饲料生产车间、科研楼及其他附属设施、物流配送中心等。项目建成后年加工胡麻油等粮油1.5万吨,年加工成品饲料10万吨,可带动高庄乡及周边乡镇种植优质玉米和油料收储、加工,加速农村剩余劳动力的转移,提高农民收入,提升种植业质量效益。

这是高庄乡立足毗邻县城、交通便利的优势,结合农业产业结构,大力发展农产品加工流通产业的一个缩影。近年来,高庄乡紧紧围绕提高农产品附加值和增加农民收入的总目标,以市场需求为导向,以农业产业化经营为依托,以做大做强农产品深加工企业为根本,集中规划建设农产品加工流通产业带,创造企业入驻的招商环境,为社会资本投资发展特色农产品加工流通提供产业栖地。目前该粮油加工区已入驻农产品加工流通类企业20家,初步形成了以头石公路、109国道两侧为主轴,以农产品流通、粮食及油料加工为主要门类的农产品加工流通产业带,为农产品加工流通产业集聚发展奠定了良好基础。

(资料来源:https://www.sohu.com/a/395208658_721075,有改动)

项目小结

包装是物流的起始环节,产品或半成品经过包装后才能顺利通过其他物流环节进入流通领域,到达消费者手中。包装是为在流通过程中保护产品、方便储运、促进销售,按一定技术方法而采用的容器、材料和辅助物等的总体名称,也指为了达到上述目的而采用容器、材料和辅助物的过程中施加一定技术方法等的操作活动。关于流通加工要明确的是:加工是改变物资的形状和性质,以形成一定产品的活动;而流通是改变物资存在的空间状态与时间状态的过程。如果将它们两个结合起来,就组成一个全新的物流功能概念——流通加工。流通加工是生产加工在物流领域的延伸,可以将它看成一种特殊的加工形式,属于加工的范畴,也可以将它看成流通领域为了提供服务而在职能方面的一种拓展。

同步训练题

(1) 结合实际说明包装的各项功能。
(2) 举例说明各种包装材料的优缺点。
(3) 简述包装标记和包装标志的要求。
(4) 谈谈流通加工与生产加工的区别。
(5) 结合实际说明流通加工的地位与作用。
(6) 不合理流通加工的主要形式有哪些?
(7) 简要说明流通加工合理化的主要措施。
(8) 论述中央厨房的好处。

实训项目

实训题 1

1. 实训目的
实训目的是使学生获得对包装的感性认识。
2. 实训方式
实训方式采用实地调研的方式。
3. 实训内容
(1) 了解包装的分类。
(2) 考察包装所使用的各种器材和材料。
(3) 理解包装的合理化与标准化。

实训题 2

1. 实训目的
实训目的是使学生了解流通加工的特征与作用。
2. 实训方式
实训方式为到相关企业(如食品企业)进行参观学习。
3. 实训内容
(1) 了解流通加工的作用。
(2) 理解流通加工与生产加工的区别。
(3) 了解流通加工的作用和特征。
(4) 写出考察相关实训场所的调研报告。

项目七
装卸与搬运管理

WULIU
GUANLI
JICHU

(1) 掌握装卸搬运的概念、地位与作用。
(2) 了解装卸搬运的特点及分类。
(3) 熟悉装卸搬运作业和设备配置。
(4) 理解合理化及现代化的装卸搬运。

一、装卸搬运的概念

在同一地域范围内(如车站范围、工厂范围、仓库内部等)改变"物"的存放、支承状态的活动称为装卸(loading and unloading),而改变"物"的空间位置的活动称为搬运(handing/carrying),两者共称装卸搬运。偶尔或在特定场合,简称"装卸"或简称"搬运"也包含了"装卸搬运"的完整含义。

国家标准《物流术语》(GB/T 18354—2006)中,对装卸的定义为"物品在指定地点以人力或机械装入或卸出运输设备的作业过程",对搬运的定义为"在同一场所内,对物品进行空间移动的作业过程"。

在日常使用中,物流领域(如铁路运输)常将装卸搬运这一整体活动称为货物装卸;生产领域常将这一整体活动称为物料搬运。实际上,活动内容都是一样的,只是领域不同而已。

在实际操作中,装卸与搬运是密不可分的,两者总是相伴发生。搬运的"运"与运输的"运"的区别在于,搬运是在同一地域的小范围内发生的,而运输是在较大范围内发生的,两者之间并无一个绝对的界限。

二、装卸搬运的地位与作用

装卸搬运活动的基本动作包括装车(船)、卸车(船)、堆垛、入库、出库,以及连接上述各项动作的短程输送,是随运输和保管等活动而产生的必要活动。

在物流过程中,装卸搬运活动是不断出现和反复进行的,它出现的频率高于其他各项物流活动,每次装卸搬运活动都要花费很长时间,所以这项物流活动往往成为决定物流速度的关键。装卸搬运活动所消耗的人力也很多,所以装卸搬运费用在物流成本中所占的比重也较高。以我国为例,铁路运输的始发和到达的装卸作业费占运费的20%左右,船运则占40%左右。因此,为了降低物流费用,装卸搬运是需要重点考虑的环节。

此外,进行装卸搬运操作时往往需要接触货物,因此,这是物流过程中造成货物破损、散失、损耗、混合等损失的主要环节。例如,袋装水泥纸袋破损和水泥散失主要发生在装卸搬运过程中,而玻璃、机械、器皿、煤炭等产品在装卸搬运时最容易造成损失。

由此可见,装卸搬运活动是影响物流效率、决定物流技术经济效果的重要环节。

三、装卸搬运的特点

1. 装卸搬运是附属性、伴生性的活动

装卸搬运是每一项物流活动开始及结束时必然发生的活动,因而有时被人忽视,有时被看作其他操作不可缺少的组成部分。例如,一般所说的汽车运输,实际上就包含了装卸搬运,仓库中泛指的保管活动,也含有装卸搬运活动。

2. 装卸搬运是支持、保障性的活动

装卸搬运的附属性不能理解成被动的,实际上,装卸搬运对其他物流活动有一定的决定作用。装卸搬运会影响其他物流活动的质量和速度,例如,装车不当,会引起运输过程中的损失;卸放不当,会引起货物下一步作业的困难。许多物流活动在有效的装卸搬运的支持下,才能实现高水平的操作。

3. 装卸搬运是衔接性的活动

任何其他物流活动之间的过渡,都是以装卸搬运来衔接的,因而,装卸搬运往往成为整个物流的"瓶颈",是物流各功能之间能否形成有机联系和紧密衔接的关键,而这又是一个系统的关键。建立一个有效的物流系统,关键看这一衔接是否有效。比较先进的系统物流方式——联合运输方式就是为解决这种衔接问题而出现的。

广东时捷物流有限公司——零售物流自动化分拣系统

一、应用企业简介

广东时捷物流有限公司创立于2002年9月,是东莞市糖酒集团有限公司控股公司之一,是一家为客户提供集物流规划、物流管理、综合服务为一体的第三方物流企业。总部位于东莞市东城区,分别在东莞茶山、广东佛山、广东中山、广东惠州、江西南昌、重庆巴南、福建厦门、贵州龙里县等地区设有分支机构。企业注册资本5500万,现有物流园区总面积近30万平方米,配送车辆600多台,员工总人数2300余人。目前配送网络覆盖广东全省,辐射华南、西南地区,业务涵盖便利店、生产制造业和分销行业、汽车零配件、家具电器等多个领域。

公司为"中国便利店之王"、全国规模最大的便利店连锁企业——"美宜佳"承担广东全省常温商品的物流服务保障。2012年在广东省东莞市茶山镇投建时捷茶山物流中心,采用了自动化立体仓库、高速分拣输送线、电子标签拣货系统等物流设备,并在FLUX WMS智能引擎的统一指挥下,实现了日均20多万箱的分拣发货能力。

二、信息化实施之前存在的问题

2012年,时捷物流支持美宜佳门店数量已达数千家,随着业务的不断扩张,为了支持企业的发展和经营,满足日益增长的业务需求,同时考虑减少人员依赖性、降低劳动强度、改善作业环境等因素,建设自动化物流中心被提上日程。

集团以及公司高层经过前期在国内外多地的考察和对比筛选,最终选择瑞仕格(Swisslog)

为该项目的集成商,为时捷茶山物流中心(一期)提供系统的设计与实施,上海富勒(FLUX)为 WMS 和 TMS 系统的供应商。

三、信息化进程实施中遇到的主要困难

时捷茶山物流中心位于距东莞市 18 公里的茶山镇,总占地面积为 65 894 平方米,总建筑面积为 90 000 平方米,其中仓库面积为 76 800 平方米。按照规划,该物流中心拟分两期建设,建成后将能够支持美宜佳公司未来 12 000 家便利店的配送业务,并可以为其他客户企业提供物流服务。

该项目是国内建设难度最大的零售业物流项目之一,由于业务体量较大,且项目对效率的要求极高,再加上是国内同类业态首个使用众多自动化设备的,作业的动态平衡成为最大难点。比如,整件拣选在 3 个区域进行,最后汇流到主线由分拣机进行分拣,每个拣选区域效率不同,即每个汇流口的流量是动态且不平均的,需要极高的软件控制调度能力和软硬件协同能力。再如,由于拣选作业人员的效率不同,WMS 下发给各拣货站台的补货任务,需要是实时的、动态的且不平均的,才能发挥出最大效率。

在公司与瑞仕格、富勒公司的通力合作下,不仅这些难点都得以顺利解决,而且三方联手共同打造了连锁零售行业自动化物流中心的标杆项目。

四、物流中心的信息化应用

经过两年多的规划建设,项目于 2016 年 10 月投入试运行。作为国内零售行业信息化程度和运作效率最高的大型物流中心之一,时捷茶山物流中心配备了先进的自动化物流设备,主要包括一座有 2 万多个托盘货位的自动立体仓库 ASRS,库内的 16 台堆垛机全部采用瑞仕格欧洲进口产品;完善的整箱和拆零拣选系统,配备长达 3000 米的箱式输送线,分拣能力高达每小时 17 000 个纸箱和 6000 个周转箱的高速分拣系统。

(一)整件商品的存储和拣选应用 ASRS

项目集成一座近 2 万个托盘货位的自动化立体仓库(ASRS),库内的 16 台堆垛机全部采用瑞仕格欧洲进口产品,采用多层存放货物的高架仓库系统。在存储上,组合应用了 A/B/C 分类、收货区就近、重货在下轻货在上、同批号库存巷道均衡分布和堆垛机作业负载均衡等算法规则,做到 ASRS 在存储空间利用率和作业效率上最合理的使用。

FLUX WMS 结合运输调度计划、分拣口箱量均衡、波次平衡、新店铺货等因素,进行门店订单的切分。按照波次内不同门店对某类商品的需求量进行提总,对于放满整托盘的拣选任务由堆垛机设备完成拣选。单个门店的需求量满整托盘的,直接通过单独的出口送到集货区。对于波次内门店提总量不满整托盘的订单需求的,在尾盘拣选区采用分区批量打印拣货标签、电子标签拣货确认的作业方法。WMS 以作业路径最短作为拣货任务的调度准则,对拣选位的库存进行实时监控,及时触发补货任务。

物流中心还应用了两条高速滑块式分拣线作业,为了保证波次作业切换(清线)时间最短,WMS 在分拣口的分配上以任务均衡为基本原则。结合对 A/B/C 3 类商品、3 个区域的合理规划及 WMS 系统的优化调度算法,使得整件拣选达到了近 17 000 箱/小时的拣选能力。

(二)整件商品播种和集货

通过分拣口出线的箱子标签上清晰地标明了每个箱子对应的门店和分货库位,分拣口作业

人员按照标签的指示将箱子播种到各个分货位的笼车里。WMS 根据箱子数量计算每家门店所需的笼车数。在播种完成的分拣口,作业人员按照标签的指示完成笼车集货任务。物流中心规划了 3 万多个集货位,按照 TMS 运输调度的计划对集货位进行循环使用。

(三)拆零商品电子标签拣选

对于拆零货物,在拆零拣货区采用流利式货架、一对一电子标签拣选流水线,以保证拣货效率和准确率,并减少作业人员。物流中心每天需要完成高达几十万次的拆零拣选。目前,可以做到大约 7 秒完成一个门店全部订单商品的拆零拣选作业。

(四)FLUX TMS 集中调度,全流程管控

物流中心完成分拣的订单,在 FLUX TMS 的统一调度下,实现 600 多台营运车辆管理、路线规划、装车配载、在途跟踪、门店签收和回单管理等全流程的管控,物流中心日均吞吐量约 4800 吨。

五、信息化主要效益分析与评估

茶山物流中心的建成,不仅更好地支撑了美宜佳业务的快速扩张,也给企业带来了良好的效益。

(一)ASRS 提高空间利用率,大幅增加仓库容量

相对于以往平库分仓的模式,支撑同等业务量需要开设 4 个平面分仓,使用 ASRS 大幅增加仓库容量,节省土地资源 46%,仓库空间利用率提升 55%。

(二)降低作业难度与人工成本,提高准确率

自动化物流系统实现了整件货物动态拣选与自动补货,减少了人员的行走距离,劳动强度大大降低,降低了人员的作业难度,提高了作业效率,同时人员体能要求相应降低,从而减少了对人力的依赖,减少人员及劳动力 35%,人员流失率降低 50%。整件拣选从摘果式改为播种式,作业准确率也提高了。

(三)提升企业核心竞争力,树立良好的名牌形象

自动化物流设备系统的应用,是运用物流技术的再度升级,不仅提升了企业的核心竞争能力,还为其今后拓展新业务、服务新客户树立了良好的企业形象。

在装卸搬运过程中运用信息化和自动化的装卸搬运方法进行作业,将有效提高装卸搬运的效率。装卸搬运工作的好坏直接关系到企业生产经营任务的完成。

(资料来源:中国物流与采购网,有改动)

一、装卸搬运的分类

1. 按装卸搬运施行的物流设施、设备对象分类

按装卸搬运施行的物流设施、设备对象分类,装卸搬运可以分为仓库装卸、铁路装卸、港口装卸、汽车装卸、飞机装卸等。

(1)仓库装卸配合出库、入库、维护保养等活动进行,并且以堆垛、上架、取货等操作为主。

(2) 铁路装卸是对火车车皮的装进及卸出,特点是一次作业就需实现一车皮的装进或卸出,很少有仓库装卸时出现的整装零卸或零装整卸的情况。

(3) 港口装卸既包括码头前沿的装船,也包括后方的支持性装卸搬运,有的港口装卸还采用小船在码头与大船之间"过驳"的办法,因而其装卸的流程较为复杂,往往要经过数次装卸搬运作业之后才能实现船与陆地之间货物过渡的目的。

(4) 汽车装卸一般单次装卸批量不大,由于汽车的灵活性,可以减少或根本减去搬运活动,而直接利用装卸作业达到车与物流设施之间货物过渡的目的。

2. 按装卸搬运的机械及机械作业方式分类

按装卸搬运的机械及机械作业方式分类,装卸搬运可以分成使用吊车的吊上吊下方式,使用叉车的叉上叉下方式,使用半挂车或叉车的滚上滚下方式、移上移下方式及散装方式等。

(1) 吊上吊下方式。

采用各种起重机械从货物上部起吊,依靠起吊装置的垂直移动实现装卸,并在吊车运行的范围内或回转的范围内实现搬运或依靠搬运车辆实现搬运。由于吊起及放下属于垂直运动,这种装卸方式属垂直装卸方式。

(2) 叉上叉下方式。

采用叉车从货物底部托起货物,并依靠叉车的运动进行货物位移,搬运完全靠叉车本身,货物可不经中途落地而直接放置到目的位置。这种方式垂直运动不多,主要是水平运动,属水平装卸方式。

二、装卸搬运的合理化及现代化

1. 防止无效装卸

无效装卸的含义是消耗在有用货物的必要装卸劳动之外的多余劳动。一般装卸操作中,无效装卸具体反映在以下几方面。

1) 过多的装卸次数

物流过程中,货损发生的主要环节是装卸环节。而在整个物流过程中,装卸作业又是反复进行的。从发生的频率来讲,超过任何其他活动,所以过多的装卸次数必然导致损失的增加。从发生的费用来看,一次装卸的费用相当于几十公里的运输费用,因此,每增加一次装卸,费用就会有较大比例的增加。此外,装卸会大大拖缓整个物流的进程,是降低物流速度的重要因素。

2) 过大的包装装卸

包装过大、过重,在装卸时,实际是反复在包装上消耗较大的劳动,这一消耗不是必需的,因而形成无效劳动。

3) 无效物质的装卸

进入物流过程的货物,有时混杂着没有使用价值或对用户来讲使用价值不符的各种掺杂物,如煤炭中的矸石、矿石中的水分、石灰中的未烧熟石灰及过烧石灰等。在反复装卸时,实际是对这些无效物质反复消耗劳动,因而形成无效装卸。

由此可见,如能防止上述无效装卸,则可以大大节约劳动力,使装卸搬运合理化。

2. 充分利用重力因素,进行少消耗的装卸

在装卸时考虑重力因素,可以利用货物本身的重量,进行有一定落差的装卸,以减少或根本

不消耗装卸的动力,这是合理化装卸的重要方式。例如,从卡车、铁路货车卸物时,利用车辆与地面或小搬运车之间的高度差,使用溜槽、溜板之类的简单工具,货物可以依靠本身的重量,从高处自动滑到低处,这就不需要消耗动力。如果采用吊车、叉车将货物从高处卸到低处,动力消耗虽比从低处装到高处小,但是仍需消耗动力。两者相比较,利用重力进行无动力消耗的装卸显然是合理的。

在装卸时尽量消除或削弱重力的影响,也会求得减轻体力劳动及其他劳动消耗的合理性。例如,在进行两种运输工具的换装时,可以采取落地装卸方式,即将货物从甲工具上卸下并放到地上,一段时间之后或搬运一定距离之后,再从地上装到乙工具上,这样起码在"装"时要将货物举高,这就必须消耗改变高度的动力。如果进行适当安排,将甲、乙两工具进行靠接,从而使货物从甲工具平移到乙工具上,这就能有效消除重力影响,实现合理化装卸。

在人力装卸时,一装一卸靠的是爆发力,而搬运一段距离这种负重行走,要持续抵抗重力的影响,因而体力消耗很大,容易导致疲劳。所以,人力装卸时如果能配合简单机械,做到持物而不步行,则可以大大减轻劳动量,做到装卸理化。

3. 充分利用机械,实现规模装卸

规模效益早已是大家所接受的,在装卸时也存在规模效益问题,主要表现为一次装卸量或连续装卸量要达到充分发挥机械最优效率的水准。想要降低单位装卸工作量的成本,只有装卸机械的能力达到一定规模,才会有最优效果。追求规模效益的方法,主要是通过各种集装实现间断装卸时一次操作的最合理装卸量,从而降低单位装卸成本,也可通过散装实现连续装卸的规模效益。

4. 提高物的装卸搬运活性

装卸搬运活性的含义是,使货物从静止状态转变为装卸搬运状态的难易程度。如果很容易进行下一步的装卸搬运而不需要做过多装卸搬运前的准备工作,则活性高;如果难以进行下一步的装卸搬运,则活性低。为了区别活性,并能有计划地提出活性要求,使每一步装卸搬运都能按一定活性要求进行操作,就要对不同放置状态的货物做不同的活性规定,这就是活性指数。活性指数用 0~4 表示,共 5 个等级。

散乱堆放在地面上的货物,进行下一步装卸前必须要进行包装或打捆,或者一件件地进行处置,因而不能立即实现装卸或装卸速度很慢,这种无预先处置的散堆状态,定为"0"级活性;将货物包装好或捆扎好,然后放置于地面,在下一步装卸时可直接对整体货载进行操作,因而活性有所提高,但操作时需支起、穿绳、挂索,或支垫入叉,这些预操作要占用时间,不能取得很快的装卸搬运速度,活性仍然不高,定为"1"级活性;将货物形成集装箱或托盘的状态,或对已组合成捆、堆的货物,进行预垫或预挂,装卸机具能立刻起吊或入叉,活性有所提高,定为"2"级活性;将货物预置在搬运车、台车或其他可移动的挂车上,动力车辆能随时将车、货拖走,这种状态的活性更高,定为"3"级;如果货物已经预置在动力车辆或传送带上,马上就能进入搬运状态,而不需做任何预先准备,活性最高,定为"4"级。

5. 提高物的运输活性

装卸搬运操作有时是直接为运输服务,有时是下一步直接转入运输状态,因而需要进行合理的装卸搬运操作,将货物预置成容易转入运输的状态,提高货物的引运性。很明显,运输活性越高,货物越容易进入运输状态,可能带来缩短运输时间的效果。

6. 人力搬运合理化

在物流领域,即使现代化水平已经很高了,也仍然避免不了要有人力搬运的配合,因此,人力搬运合理化问题也是很重要的。

根据科学研究的结论,采用不同的搬运方式和不同的移动重物方式,其合理使用体力的效果不同。科学地选择一次搬运重量和科学地确定包装重量也可促进人力搬运的合理化。

一、装卸作业的准备

1. 确定装卸作业方式

根据"物"的种类、体积、质量、到货批量、运输车辆或其他设施状况确定装卸作业方式,确定装卸设备及设备能力的选用。

2. 确定装卸场地

预先规划好装卸地点及货物卸载后的摆放位置及放置状态,预先确定站台及车辆靠接位置等。

3. 准备吊具、索具等附属工具

配合装卸方式,选择和准备有效的吊具、索具,是提高装卸效率、加快装卸速度及减少装卸损耗的重要环节。

二、装卸搬运设施与设备的配置

装卸搬运活动的种类很多,在不同领域为配合不同活动所进行的装卸搬运工作,在设施设备的选用上有较大区别,具体内容如下。

1. 在物流设施内的装卸搬运活动及设施设备

在物流设施内的装卸搬运活动是很频繁的,一般而言,物流设施都有特定的用途,都是根据处理货物的种类和处理方式,根据不同的衔接运输方式设计和建造的专用的设施,如立体或平面仓库、高站台、低站台、铁路专用线及站台、汽车站台等。同时,在特定的物流设施中,往往配置有最理想的专用装卸搬运设备,这样便可以进行专业化的装卸搬运,产生很高的工作效率。

物流设施中的装卸搬运设施设备的特点:按设计建成的专用性强的设施和专用装卸搬运设备,如果移作他用,则会因设施设备的不配套而在使用中遇到困难。下面介绍两种常见的装卸设施。

1) 卡车站台

在物流设施内,不同领域选用的卡车站台会有差别。处理多品种、小批量、多频次的货物(如配送中心)一般采用高站台的设计,即站台高度与汽车货台高度相同,站台平面与配送处理场连成一体,配送处理的货物可以方便地水平装入车内;处理少品种、大批量的货物,一般采用低站台,即站台面和地平面等高,站台高度有利于铲斗车、叉车、吊车进行装卸。

2) 火车站台

一般散杂货及包装货的装卸采用高站台,站台与车厢底板同高,各种作业车辆、小型叉车及人力可方便地从站台进出车厢,从事装卸作业;集装箱、托盘等大型货体,采用吊车或大型叉车作业,一般采用和地面在同一水平线上的低站台。

2. 在物流设施外的装卸搬运活动及设施设备

一般而言,在物流设施外的装卸搬运活动成本较高、装卸水平较低,这是制约物流总水平提高的一个环节。在物流过程中经常会遇到物流设施外的装卸搬运活动,许多用户没有专门的物流设施,如家庭、商店、一般工厂等,因此,不可能有专用装卸搬运设施设备,这种情况下的装卸方式有以下三种。

1)人力装卸

人力装卸即人力配合移动设备搬运。此种方式除利用人力外,还可采用手动叉车、移动式输送机升降台车和手推车等机械进行配合。

2)随车的装卸工具装卸

这种方式主要用到三种装置,一种是车载小型吊机,可有效完成设施外装卸;一种是汽车升降尾板;第三种是可自动翻卸、自动收集垃圾、自动吸排污物,带辊道输送带等的专用车辆,到目的地后可完成一部分装卸搬运活动。

3)租用装卸机械装卸

租用装卸机械是常用的办法,尤其是不经常发生的重型货物装卸,需要租用专用吊车,这会造成装卸费用的大幅度上升。这也是设施外装卸很难克服的缺点。

三、装卸作业方法

1. 单件作业

单件作业指的是对非集装的、按件计的货物逐个进行装卸操作的作业方法。单件作业对机械、装备、装卸条件要求不高,因而机动性较强,可在很广泛的地域内进行而不受固定设施、设备的地域局限。

单件作业可采取人力装卸、半机械化装卸及机械装卸。由于逐件处理的装卸速度慢,且装卸时要逐件接触货体,因而容易出现货损,反复作业次数较多,也容易出现货差。单件作业的装卸对象主要是包装杂货,多种类、少批量货物及单件大型、笨重货物。

2. 集装作业

集装作业是对集装货载进行装卸搬运的作业方法。每装卸一次就是一个经组合之后的集装货载,在装卸时对集装体逐个进行装卸操作。集装作业和单件作业的主要区别在于,虽然都是按件处理,但集装作业中"件"的单位大大高于单件作业每件的大小。

集装作业由于集装单元较大,不能进行人力手工装卸。虽然在不得已时,可用简单机械偶尔解决一次装卸,但对大量集装货载而言,只能采用机械进行装卸,同时必须在有条件的场所进行这种作业。集装作业不但受装卸机具的限制,也受集装货载存放条件的限制,因而机动性较差。

集装作业一次作业装卸量大,装卸速度快,且在装卸时并不逐个接触货体,而仅对集装体进行作业,因而货损较小,货差也小。集装作业的对象范围较广,一般除特大、特重、特长的货物和粉、粒、液、气状货物外,都可进行集装。粉、粒、液、气状货物经一定包装后,也可集合成大的集装货载;特大、特重、特长的货物,经适当分解处置后,也可采用集装方式进行装卸。集装作业有以下几种方法。

(1)托盘装卸 利用叉车对托盘货载进行装卸,属于叉上叉下方式。由于叉车本身有行走功能,所以,在装卸同时可以完成小搬运,而不需要落地过渡,因而有水平装卸的特点。托盘装卸常需叉车与其他设备、工具配合,达到有效完成全部装卸过程。例如叉上之后,由于叉的前伸距离有限,有时需要利用托盘搬运车或托盘移动器来解决托盘水平短距离移动的问题;由于叉的升高高度有限,有时又需与升降机、电梯、巷道起重机等设备配套,以解决托盘垂直位移的问题。

(2) 集装箱装卸　集装箱装卸主要是用港口岸壁吊车、龙门吊车、桁车等各种垂直起吊设备进行吊上吊下式的装卸。各种吊车还可以做短距离水平运动,因此可以同时完成小范围的搬运,如需完成一定距离的搬运,则要与搬运车相配合。小型集装箱也可以和托盘一样采用叉车进行装卸。

(3) 货捆装卸　主要采用各种类型的起重机进行装卸,货捆的捆具可与吊具、索具有效配套以进行吊上吊下式装卸。短尺寸货捆可采用一般叉车进行装卸,长尺寸货捆可采用侧式叉车进行装卸。货捆装卸适用于长尺寸货物、块条状货物、强度较高而无须保护的货物。

(4) 集装网袋装卸　主要采用各种类型的吊车进行吊上吊下作业,也可与各种搬运车配合以进行吊车所不能及的搬运。货捆装卸与集装网袋装卸有一个共同的突出优点,即货捆的捆具及集装袋、集装网本身重量轻,又可折叠,因而无效装卸少,装卸作业效率高。而且相对货物而言,捆具与集装袋、集装网成本较低,装卸后又易返运,因而有价格优势。

(5) 挂车装卸　利用挂车的可行走功能,连同车上的货物一起拖运到火车车皮上或船上的装卸方式,属水平装卸,是所谓"滚上滚下"的装卸方式。

其他集装作业方式还有滑板装卸、无托盘集装装卸、集装罐装卸等。

3. 散装作业

散装作业指对大批量粉状、粒状货物进行无包装散装、散卸的装卸方法。装卸可连续进行,也可采取间断的装卸方式,但是都需采用机械化设施设备。在特定情况下,且批量不大时,也可采用人力装卸。散装作业主要有以下几种方法。

(1) 气力输送装卸　其主要设备是管道及气力输送设备,以气力运动裹挟粉状、粒状物沿管道运动而达到装、搬、卸之目的,也可采用负压抽取方法,使散货沿管道运动。由于管道装卸密封性好,装卸能力高,这种作业方法容易实现机械化、自动化。

(2) 重力装卸　这是利用散货本身质量进行装卸的方法,这种方法必须与其他方法配合,首先将散货提升到一定高度,具有一定势能之后,才能利用其重力进行下一步装卸。

(3) 机械装卸　利用能承载粉粒货物的各种机械进行装卸,有两种主要方式:第一种是用吊车、叉车改换不同机具或用专用装载机,进行抓、铲、舀等形式的作业,完成装卸及一定的搬运作业;第二种是用皮带、刮板等各种输送设备,进行一定距离的搬运,并与其他设备配合,实现装卸作业。

相关知识扩展

装卸搬运工作业安全常识

装卸搬运作业容易发生砸伤、碰伤、扭伤等伤害,搬运粉状货物时还要注意预防尘肺病,搬运易燃易爆、化学危险品时还要注意预防火灾、爆炸事故。作业中应注意:

(1) 单人搬运时,注意腿部弯曲、腰部前倾,多发挥腿部力量;双人抬运时,扛子上肩要同起同落;多人抬运时,要有专人喊号子,同时起落,抬运中步伐一致。

(2) 用手推车搬运货物时,注意平稳,掌握重心,不得猛跑或撒把溜放。前后车距,平地时不小于 2 m,下坡时不小于 10 m。

(3) 用汽车装运货物,在车辆停稳后方可进行,货物要按次序作业,堆放得平稳整齐。在斜坡上停车,要将车轮填塞住。

(4) 装运有扬尘的垃圾要洒水湿润,装运白灰、水泥等粉状材料要戴口罩。

(5) 装运化学危险品(如炸药、氧气瓶、乙炔气瓶等)和有毒物品时,要按安全交底的要求进行作业,并由熟练工人进行操作。作业中要轻拿轻放,互不碰撞,防止剧烈振动。要按规定穿工作服,戴口罩和手套。

实例分析

青岛科捷物流科技有限公司:唯品会华东自动化分拣中心

一、应用企业简况

广州唯品会信息科技有限公司(以下简称"唯品会")是一家专门做特卖的电商网站,主营业务为互联网在线销售品牌折扣商品,涵盖服饰鞋包、美妆、母婴、居家等各大品类。唯品会在中国开创了"名牌折扣+限时抢购+正品保障"的创新电商模式,并持续深化为"精选品牌+深度折扣+限时抢购"的正品特卖模式。唯品会率先在国内开创了特卖这一独特的商业模式,这一模式被形象地誉为"线上奥特莱斯"。唯品会推行"零库存"的物流管理以及与电子商务的无缝对接模式。

物流是电商的咽喉,物流的效率直接决定了电商的效率,物流的成本更是直接影响到电商的成本。自动化物流体系拥有智慧物流装备和软件集成两大助力,其建设和完善无疑是电商物流成本降低和效率提升迅速执行的重要突破口。作为电商龙头的唯品会也洞察这一趋势,一直在积极部署自动仓储和分拣中心的建设。尤其是在电商狂欢节来临时,包裹数量呈现井喷式暴涨,"爆仓""滞后""快递灾难"等成为出现最频繁的字眼。因此无论是来外部客户还是内部运营商来说,寻求一种更为高效便捷的仓储分拣系统成为业内的必然需求。其中,华东物流中心作为唯品会五大物流中心之一,业务量也在逐年持续增长,智能化的交叉带分拣系统作为一种管控成本、提升效率的设备进入了其视野。

二、信息化实施之前存在的问题

物流配送中心需要根据配送计划或顾客的订单要求,将商品从其储位或其他区位拣选出来,并按一定的方式进行分类、集中,等待配装送货作业。唯品会在未引入交叉带分拣系统之前,一直采用传统的人工分拣的方式,一般是货车到达后,由操作工卸货,然后用把枪对货物包装上的条形码进行扫描,最后由操作工将货物拉至对应的货区进行人工分拣。人工分拣方式存在诸多弊端,具体如下。

(一)效率低,差错率高

由于受体力和精力的限制,传统的人工分拣无法长时间不间断地连续工作,分拣效率低下,且容易受人的精神因素的影响,分拣错误的情况时有发生,差错率较高。

(二)包裹易破损,完整性没保证

随着电商的发展,人们对快递服务的质量、速度的要求越来越高,但在人工分拣的过程中,容易出现暴力分拣,造成包裹的破损,包裹的安全性和完整性没有保证,大幅度降低了快递企业的服务质量,客户投诉的现象时有发生。

(三)出现爆仓现象,影响企业形象

每逢电商狂欢节,包裹的数量急剧增长,而传统的人工分拣无法达到系统期望的高效作业要求,使得服务响应的速度降低,最终造成爆仓现象。包裹到达消费者手中的时间过长,严重影响到企业的品牌形象。

(四)业务流程混乱,包裹信息追踪难

分拣的全部过程都由人工操作,包裹来源不同、形状不一,所有的录入、分拣、装卸信息全部需要人工录入,沟通不畅,效率低下,信息管控方面比较粗放简单,流程上比较混乱,查询时费时费力。

三、信息化实施中遇到的困难与解决措施以及信息化建设的组织、推进、深入

(一)信息化实施中遇到的主要困难与解决措施

1. 项目工期紧张,需要设计、生产、安装方面的支持

因唯品会方面要求在较短时间内完成项目的建设,因此需要从设计、采购、生产到现场安装每一个环节都协同起来。项目启动后,各环节员工加班加点进行赶工,出现问题及时与客户沟通,进行排疑和解决,最终按时交付项目。

2. 主线缆架设难,需要共同协商解决

当架设主线缆时,架桥非常困难,需要的工时非常长,这需要现场人员与客户沟通难点及解决方案。为了不影响工期,现场人员进行讨论,寻求方法,最终在较短时间内解决了这一问题,切实维护了项目的顺利进展,保障了项目工期。

(二)信息化实施步骤

整个项目周期分为一期和二期,一期从2015年11月初开始施工建设,于2016年3月10日交付客户使用。2017年启动第二期项目,具体阶段如下:

第一阶段:2017年2月23日,设备及物料进入现场,准备开始安装,到2017年3月31日进行了为期37天的安装施工。

第二阶段:4月1日开始设备精度细化与程序调试、系统测试与客户对接,到4月10日结束,一共为期10天的调试与测试时间。

第三阶段:4月11日进行假件与真件测试,到4月15日结束,一共为期5天的测试时间。

第四阶段:4月16日对操作人员进行上岗培训,4月19日正式交付使用。

整个项目建设期限为56天,按项目推进计划,分期建设,逐步到位。

(三)供应商介绍

青岛科捷物流科技有限公司是一家专注物流系统集成和自动化物流设备的研发、制造、销售及服务的高新技术企业。公司以智能科技为驱动力,致力于推动企业物流解决方案的智能化发展。公司目前拥有占地13.5万平方米的制造装备基地和15 000平方米的研发中心,是业内先进的数字化和智能化制造、科研基地。伴随着工业4.0和电商行业的发展,公司正全力部署以物流系统整体集成为主导,以系统化的咨询规划设计为骨架,以高品质自动化的机器人及物流装备为肌肉,以信息化的物联网技术为灵魂的大物流布局。

科捷物流公司是橡胶机械行业领军企业——软控集团在物流领域的全新布局,有着独立的机制和发展策略,在资源平台方面获得了软控全方位的支持。科捷物流公司服务的主要领域是

制造业厂内的货物运输,快递行业的货物分拣和运输系统,电商、服装、医药等行业的产品物流系统,在中国"智"造领域为客户提供个性化服务的最佳体验。从技术咨询、规划设计、软件开发到设备制造、项目监理、系统集成,科捷物流已形成了一条完整的产业链,全力为客户打造强大的物流神经元网络,解决"生活的最后一公里、生产的最后一厘米"的问题,让每个客户享受到智慧物流带来的便捷和舒适。

公司以开放的思维推动产业链上下游协同创新。科捷物流先后与 SIEMENS、Rexroth 等公司签订了面向工业 4.0 方向的战略合作协议,与 FESTO、SMC、Rockwell、OMRON 等公司组建了联合实验室,更与北京航空航天大学、哈尔滨工业大学、山东大学、华中科技大学等国内重点高校开展合作,实现了社会资源的高效协同与集成创新。

科捷物流还拥有强大的研发和制造能力,拥有龙门加工中心、数控加工中心、落地镗、车削中心等 200 多台数控精密加工设备,更有三坐标、激光检测仪、激光干涉仪等精密测量器具百余套,将尖端技术应用到机械开发和生产流程的每个环节,全方位保障产品质量。

公司拥有全球领先的科研与制造实力,以"聚行业精英,创世界品牌"为团队目标,集结了一批涉足物流行业二十多年的优秀人才,以创新的技术、雄厚的实力、优质高效的专业精神推动着行业的智能升级。

(四)系统简介

交叉带分拣系统由控制装置、分类装置、输送装置及分拣道口组成。货物由导入台准确地导入分拣小车,分拣小车智能检测货物在小车上的位置并将货物调整到居中位置,通过 CCD 条码扫描器读取货物条码,系统实时查询对应的滑槽地址,然后控制系统通过编码器追踪小车位置,最终将货物卸载到与条码相对应的滑槽。通过集成自适应的智能控制系统,保证了高速运行状态下对货物位置的准确控制和追踪、高精度的条码识别以及极高的货物卸载准确性。通过将网络信息技术引入分拣系统,实现企业基于大数据处理的全程物流追踪管理。

交叉带分拣机的正确分拣率 99.99%、扫描识读率 99%,这一指标在业内达到了国际水准,一些进口设备都难以达到。系统集成了高速图像识别、非接触式直线电机驱动、漏波电缆无线工业通讯、大扭矩无刷直流驱动等领先技术,并且提出了如铝合金边框的一体化导入台、铸铝一体精加工的小车底架等原创性设计方案,打造了具有特色的产品外观。交叉带系统采用图像识别技术对分拣小车上的货物进行动态居中、纠偏,大幅提高分拣的准确性;采用各种非接触式通讯/驱动技术提高设备的免维护性;小车采用大扭矩无刷直流电滚筒直接驱动,安装维护方便,可靠性高;小车底架采用铸铝一体精加工,强度高,安装简单;导入套采用整体框架一体化设计,并采用变频一体电机驱动,在工厂即完成预调试,故现场安装极为方便,且安装周期短;全面采用基于工业以太网的控制系统架构,具有丰富的诊断功能,支持所有核心设备的远程维护诊断;分拣机整机驱动等各个部件均采用冗余设计,具有极高的可靠性和可扩展性。

四、信息化主要效益分析与评估

(一)信息化实施前后的效益指标对比分析

1. 连续分拣,效率大幅度提升

这一系统不受气候、时间、体力的诸多限制,可连续性、大批量地分拣货物。交叉带分拣机可以连续运行 24 小时,每小时分拣量达 14 000 件以上。而人工每小时分拣量仅 150 件左右,也无法在高强度下连续不间断地工作。这一系统让分拣效率实现了跨越式提升,就算在物流高峰期也可以从容应对,远离爆仓烦恼。在 2016 年双十一期间,唯品会交叉带一期项目现场 11

月 11 日—16 日分拣轻松突破 120 万件,高峰峰值持续 5 小时,每天正常运行 24 小时,期间无故障停机。

2. 准确分拣,告别误差

交叉带分拣系统可分拣不同规格、大小、形状的快件,采用条形码读取数据、识别货物,差错率≤0.01%。并且精准的下滑槽技术保证了货件的无损输送,破损率≤0.01%。

3. 基本实现无人化,降低人员成本

使用这一系统基本可实现操作上的无人化,减轻员工的劳动强度,提高员工的使用效率,在成本上也可以实现管控,助力企业打造智能化工厂。

(二)信息化实施对企业业务流程改造与竞争模式的影响

1. 精确管理,资源有效分配

唯品会项目摆脱了传统人工分拣的弊端,以智能化的方式升级分拣,让整个配送中心在运转过程中有序进行,在整体管理上提升信息化程度,精确管理、节约人力,有效分配员工资源。

2. 环节精细化,保持竞争力

电商经历过早期的价格战,但这种竞争带来的是不健康的发展。电商的未来是基于智能技术的,智能化物流是电商精细化运营的核心。唯品会项目实现了诸多环节的精细化运营,告别了粗放式的物流时代。这一项目紧跟电商物流的发展趋势,善于利用信息化时代的契机,优化了各个环节,使唯品会在电商的角逐中占有一席之地。

(三)信息化实施对提高企业核心竞争力的作用

唯品会华东自动化分拣系统紧跟行业转型和变革的需求,以自动化物流系统作为订单量暴增的服务支撑,通过软硬件系统和大数据,整体提升了配送中心的智慧水平,让包裹可以更快速地到达消费者的手中。相较于同行业传统的配送中心,效率迅速提升,建立了规范的物流信息平台,优化了配送流程,提高了运营水平,在激烈的市场竞争中脱颖而出,提高了在消费者心中的企业形象。

五、信息化过程中的主要体会、经验、教训

科捷物流的交叉带分拣系统目前已运用到快递、电商行业中的诸多著名企业,显著提升了企业自营配送及第三方配送的业务能力。科捷在打造唯品会华东自动化分拣中心时,也积累了不少的经验和体会。

(一)紧跟技术潮流才能保证市场竞争力

方案设计之初,科捷物流便对市场上的同类产品进行了详细的调研分析,吸取其设计亮点,并在这一基础上进一步优化改进。科捷物流将最先进的技术融入分拣系统中,最终形成了技术领先而又有科捷特色的设计方案。在设计成型后,又在反复的测试中克服了一些缺陷,使系统达到先进、稳定、可靠的状态,成功交付给客户使用。这种对技术的精研精神,让产品能够真正地做到高质量、高水准,并且拥有了独有的技术和设计。

(二)贴近客户需求是项目的根本

在项目建设过程中,科捷物流充分考虑到电商行业物流业务转型的需求,反复与唯品会负责人员沟通在技术方面和分拣效率方面的要求,实地调研其分拣需求。最终在双方的细致沟通下,方案不断得到完善。在正式测试运行时,系统性能表现良好,赢得了唯品会方面的称赞。

(资料来源:中国物流与采购网,有改动)

项目小结

装卸搬运活动是不断出现和反复进行的,它出现的频率高于其他各项物流活动,每次装卸活动都要花费很长时间,所以这项活动往往成为决定物流速度的关键。国家标准《物流术语》(GB/T 18354—2001)对装卸的定义为"物品在指定地点以人力或机械装入或卸出运输设备的作业过程",对搬运的定义为"在同一场所内,对物品进行空间移动的作业过程"。在日常使用中,物流领域(如铁路运输)常将装卸搬运这一整体活动称为货物装卸;生产领域常将这一整体活动称为物料搬运。实际上,活动内容都是一样的,只是领域不同而已。

装卸搬运活动在整个物流过程中占有很重要的位置。一方面,物流过程各环节之间以及同一环节不同活动之间,都是通过装卸作业有机结合起来的,从而使物品在各环节、各种活动中处于连续运动或所谓流动状态;另一方面,各种不同的运输方式之所以能联合运输,也是由于装卸搬运才使其完成运输任务。在生产领域中,装卸搬运作业已成为生产过程中不可缺少的组成部分,成为直接生产的保障系统,从而形成装卸搬运系统。由此可见,装卸搬运是物流活动得以进行的必要条件,在全部物流活动中占有重要地位,发挥着重要作用。

同步训练题

(1) 结合实际说明装卸与搬运的区别与联系。
(2) 结合实际说明装卸搬运的特点。
(3) 简述装卸搬运的各种分类。
(4) 如何提高装卸搬运的合理化程度?
(5) 简述装卸搬运工作业的安全常识。

实训项目

1. 实训目的
实训目的是使学生了解装卸搬运的具体作业及其在物流中的作用。
2. 实训方式
实训方式为物流实训室操作和实地参观与调研。
3. 实训内容
(1) 了解装卸搬运的具体作业及流程。
(2) 考察装卸搬运作业中所使用的各种设备和设施。
(3) 理解装卸搬运的合理化。
(4) 以"装卸搬运的合理化与智能化"为题撰写相关实训报告。

项目八
物流信息与物流系统

WULIU
GUANLI
JICHU

(1) 了解物流信息在企业中的作用。
(2) 熟悉物流信息的相关技术与应用。
(3) 掌握物流系统的构成要素与功能。
(4) 熟悉物流系统规划与设计要点。

一、物流信息的概念

从狭义上看,物流信息是指与物流活动(如运输、仓储等)相关的信息。在物流活动过程中,货物的仓储、搬运、装卸、流通加工、运输,都需要详尽和准确的信息,物流信息对各种管理和各项活动起到了保障作用,从而需要全面管理、传递和交换物流信息。

从广义上看,物流信息不仅与物流活动有关,而且包含其他与流通活动有关的信息,如商品计划预测信息、动态分析信息、商品交换信息等。

二、物流信息的分类

在处理物流信息和建立信息系统时,对物流信息进行分类是一项基础工作。物流信息可以按不同的分类标准进行分类。

按信息产生和作用所涉及的不同功能领域分类,物流信息包括仓储信息、运输信息、加工信息、包装信息、装卸信息等。对这些功能领域还可以进行进一步细化,例如,将仓储信息分成入库信息、出库信息、库存信息、搬运信息等。

按信息产生和作用的环节,物流信息可分为输入物流活动的信息和物流活动产生的信息。

按信息作用的层次,物流信息可分为基础信息、作业信息、协调控制信息和决策支持信息。基础信息是物流活动的基础,是最初的信息源,如物品基本信息、货位基本信息等。作业信息是物流作业过程中发生的信息,信息的波动性大,具有动态性,如库存信息、到货信息等。协调控制信息主要是指物流活动的调度信息和计划信息。决策支持信息是指能对物流计划、决策、战略产生影响的统计信息或宏观信息,如科技、产品、法律等方面的信息。

按信息加工程度的不同分类,物流信息可以分为原始信息和加工信息。原始信息是指未加工的信息,是信息工作的基础,也是最有权威性的凭证性信息。加工信息是对原始信息进行各种方式和各个层次的处理后的信息,这种信息是原始信息的提炼、简化和综合,利用各种分析工作在海量数据中发现潜在的、有用的信息和知识。

三、物流系统的定义

物流是为满足消费者需要而进行的原材料、中间过程库存、最终产品和相关信息从起点到终点之间有效流动和储存的计划、实施控制和管理的过程,是对运输、装卸、包装、保管、信息及流通服务的统称。系统是由相互作用和相互依赖的若干部分结合而成的、具有特定功能的有机整体,而这个整体又是它从属的更大的系统的组成部分。

所谓物流系统是指在一定的时间和空间里,由所需位移的物资、包装设备、装卸搬运机械、运输工具、仓储设施、人员和通信联系等若干相互制约的动态要素所构成的具有特定功能的有机整体。

四、物流系统的特点

物流系统是一个大跨度系统:一是地域跨度大,二是时间跨度大。

物流系统稳定性较差而动态性较强。

物流系统属于中间层次系统范围,本身具有可分性,可以分解成若干个子系统。

物流系统的复杂性使系统结构要素间有非常强的"背反"现象,常称之为"交替损益"或"效益背反"现象,处理时稍有不慎就会出现系统总体恶化的结果。

任务一 物 流 信 息

中国移动通信集团河北有限公司——以信息化平台构建物流集中化管理体系

一、企业简况

中国移动通信集团河北有限公司(以下简称"河北移动")于1999年8月16日正式挂牌成立,2000年10月在香港和纽约同时上市,成为由中国移动通信集团公司控股的中国移动有限公司的全资子公司之一。公司注册资金43亿元,资产总额超过400亿元。公司现有员工超过2万人。

主要经营移动电话通信(包括语音、数据、多媒体等)、固定电话通信(包括语音、数据等)、数据通信业务、网元出租、呼叫中心、视讯、虚拟专网、IP电话及互联网接入服务等电信全业务运营,另外还具备基于所有电信业务的施工资质和施工能力。

客户总数超过4700万户,其中高端客户360万户。移动电话客户市场份额始终保持省内第一,占比超七成。始终占据着河北省移动通信市场主导运营商地位,是一个财务稳健、充满发展潜力的持续成长性公司。

河北移动的物流主要是用于通信工程、网络维护、市场营销物资的仓储、运输需求,所以,对于河北移动来说,物流产生于物资需求,结束于物资使用。

二、案例背景

(一)外部环境

1."提速降费"持续推进

2018年是国家推进"提速降费"政策的第四个年头。从宽带/流量资费全面下调到流量不清零/无限流量套餐、取消手机国内长途和漫游费,再到 2020 年政策的焦点"取消流量漫游费,移动网络流量资费年内至少降低 30%",不到四年时间,移动用户资费下降 83.5%,人均年省 160 多元(数据来源于互联网)。该项政策为大众网民以及社会产业释放大量红利的同时,也为通信行业的发展带来了新的变革,在利润急剧下降的形势下,如何在培育新兴业务、寻找新利润源的同时降低运营成本、提升管理效率,也成了行业的热议话题和通信企业的未来发展重点。

2. 行业竞争日趋激烈

通信用户日益趋于饱和,三家运营商对 4G 用户的争夺愈加激烈。2017 年,随着全国漫游费的取消、"不限量"套餐等资费政策的推出,三家运营商的利润增长持续放缓,竞争更加激烈。广电网络成为第四家运营商后,也为通信行业竞争态势添加了一剂猛药。

3. 资源供给模式调整

三家运营商的基站交由铁塔公司经营后,网络资源实现共享,竞争优势日渐趋同。

(二) 内部环境

1. 公司"降本增效"运营发展

一方面,时代不断发展,理念不断更新,作为传统通信企业,应顺应时代发展,利用大数据、云计算、信息化等先进理论,不断提升自己的运作能力和管理水平,以提升自己的核心竞争力。另一方面,作为通信行业的代表企业,河北移动在竞争日趋激烈的形势下,利润空间逐渐减少,增长日渐放缓,"降本增效"成为必然趋势。

2. 物流管理模式转型升级

作为贯穿物资整个流转过程的活动,河北移动物流的运营内容以仓储和运输为主,管理手段较传统,全省物流资源需进一步整合。需运用科学的方法和管理手段对全省物流运营模式进行转型升级,以达到在提高物流运作效率的同时,实现资源整合,从而降低物流成本,并通过物流运作条线的优化,带动其他相关条线的优化,最终提升整个公司的运作效率。

三、案例解决方案要点概述

河北移动作为通信行业中的一员,面对新形势,必须迎接挑战、创造机遇。在增加营业收入的同时,通过统一管理平台进行优化,构建物流集中化管理体系,降低运营成本,提升运营效率,助力公司降本增效。

(一) 优化系统,集中管控升级

1. 主体信息集中管控

根据信息来源的不同,物流需整合集中的信息主体可分为内、外两种,即供应商、代维单位、施工单位、营销单位四个外部信息主体,以及需求部门、采购部门、物流部门和使用部门四个内部信息主体(需求部门也可能是使用部门)。

2. 管理全流程集中管控

河北移动作为整个物资供应链的下游,物流的管控主要集中在物资到货、物资出入库和使用,物流作为一个贯穿始终的主线,涉及需求征集、下单采购、供应商到货、实物入库、仓储、出库、使用七个主要环节,通过物流管理平台的不断升级,实现了全流程管控。

3. 定制化集中管理模块

通过物流一体化平台,建立基础信息管理、需求管理、库存管理、仓储管理、配送管理、暂存点管理、统计报表等功能模块,做到了对物料编码的全流程贯通,共享物资库存信息,盘活库存呆滞物资,固化标准支撑流程,建立采购仓储与 ERP 的账实相符保障体系,使物流管理更加规范和高效。

库存物资共享:库内物资信息全省实时可视,全省 12 个地市的 100 多个部门(单位)均可发起物资使用申请,经物流负责人审批后,方可发起物资领用出库流程。

账实相符报账体系:打通与采购平台、ERP 平台等其他管理系统间的系统数据接口,在物资采购、入库、调拨、出库、退库等环节上实行各系统间自动调整,为系统间的数据提供一致性保障。

仓储物流体系标准化:基于河北现有采购系统,接入统一物流平台,构建采购、仓储、物流配送一体化的供应链平台,建立需求管理标准化、仓储管理标准化、配送管理标准化、废旧物资管理标准化、库存管理标准化。

需求管理升级:建立物资与需求计划间、需求计划与订单执行间、订单执行与库存间的联系,实时将需求计划、采购订单与库存情况进行比对。

迈向移动化:新增手机客户端接入方式,便于用户通过移动端接入系统,提高使用效率。手机 app 管理功能包括但不限于:仓储管理、配送管理、使用管理。

(二)以产品化为基础,构建物资集中管理体系

根据使用场景的不同,河北移动物资分为工程物资、网维物资、市场物资、办公物资。根据物资的通用程度、地市需求的计划性,将所有物资划分为产品化物资和非产品化物资。并对通用程度高、需求计划性强的产品化物资进行集中管控,目前全省已纳入产品化集中管控的产品有 36 种。

1. 需求、订单集中管控,提升需求响应

由专人负责定期向不同需求部门以"主动+被动"相结合的方式征集需求:①根据物资历史需求、库存、领用等数据,主动预测需求,同时,根据需求部门提出的临时性需求,被动下单;②将需求根据物资类型进行整合、分析,结合现有库存(含在途)的情况,以"以存供需"为原则,优先使用现有库存进行下单。以保障在及时满足需求的前提下,盘活库存,提升仓储利用率。

2. 集中存储、配送,全程可视

在产品化物资到货后实行集中存储,并根据使用需求情况集中配送,最大限度地提升需求响应速度,在及时满足需求的同时,避免资源浪费,实现物流资源价值最大化。

(三)以平台数据为基础,集中分析物资信息

1. 加强库存数据分析,建立库存沟通机制

根据相关库存数据显示,目前河北移动在库物料总计 78 743 条,物料状态信息更是难以量化,依托出库频次、在库时长、周转情况等因素,建立"呆滞"物资数据库,并根据物资类型和所属部门的不同建立不同的沟通机制,与需求部门或使用部门进行沟通。针对具体物资制订详细的使用计划,以最大限度地盘活库存,提升物资周转以及物资使用效率,降低仓储面积,从而降低物流成本。

2. 以需求与订单间的关联数据,建立需求偏离度分析

结合库存分析,为进一步控制呆滞物资的产生,依托订单数据、出库数据以及库存数据建立需求偏离度测算模型,并根据测算结果建立红黄蓝预警,将订单执行情况进行延伸的同时,也为

需求预测提供了参考数据,使订单执行情况更加全面、一目了然,方便订单需求和制作部门及时了解订单量与实际领用量之间的对比情况,有利于核查需求和订单情况,管理更加精细化、科学化。

四、应用效果

(一)搭建专业管理平台,管理水平提升

通过搭建专业管理平台,整合物流信息,实现管理流程标准化,提升管理效率。物流支撑能力大幅度提升,库存周转率提升30%,需求响应及时率提升40%,配送及时性提升50%。

(二)产品集中管控,支撑效率提升

对通用性强的物资集中管控,避免了重复性操作问题,节省人力成本,及时管控效率,提升满足物资需求,最大提升"客户"感知,助力全省业务发展。2018年,全省50名物流人员,顺利支撑了约60亿元投资规模的工程项目。

(三)竞争力提升

物流运营模式得到优化的同时,也带来了公司管理模式的优化,为提升公司的核心竞争力添上了浓墨重彩的一笔。

(四)其他

大数据、信息化平台的引入为今后进一步完善物流运营模式打下了良好的基础,助力河北移动公司的物流向着科学化、信息化的方向不断发展。

公司要想不断发展,必须重视物流。信息化是物流行业发展趋势,大数据分析是科学化管理的前提。只有持续优化现有流程,继续梳理现有管理流程,才能补充管理盲点,提升管理标准化,提高物流运作效率。通过信息化平台系统功能的不断优化,提升物资、信息共享,提升物流管理的整体效能。

(资料来源:中国物流与采购网,有改动)

一、物流信息的特点

物流信息除了具备信息的一般特点之外,如信息的准确性、完整性、实用性、共享性、增值性等,还具有其特殊性,主要表现在以下四个方面。

1. 广泛性

由于物流是一个大范围的活动,物流信息源也分布在一个大范围内,信息源点多、信息量大,涉及从生产到消费、从国民经济到财政信贷各个方面。物流信息来源的广泛性决定了它的影响也是广泛的,涉及国民经济各个部门、物流活动各个环节等。

2. 联系性

物流活动是多环节、多因素、多角色共同参与的活动,目的就是实现产品从产地到消费地的顺利移动,因此在该活动中所产生的各种物流信息必然存在十分密切的联系,如生产信息、运输信息、储存信息、装卸信息之间都是相互关联、相互影响的。这种相互联系的特性是保证物流各

子系统、供应链各环节以及物流内部系统与物流外部系统之间协调运作的重要因素。

3. 多样性

物流信息种类繁多,从其作用的范围来看,物流系统内部各个环节有不同种类的信息,如流转信息、作业信息、控制信息、管理信息等,物流系统外也存在各种不同种类的信息,如市场信息、政策信息、区域信息等;从其稳定程度来看,又有固定信息、流动信息与偶然信息等;从其加工程度来看,又有原始信息与加工信息等;从其发生时间来看,又有滞后信息、实时信息和预测信息等。在进行物流系统的研究时,应根据不同种类的信息进行分类收集和整理。

4. 动态性

多品种、小批量、多频度的配送技术与POS、EOS、EDI数据收集技术的不断应用使得各种物流作业频繁发生,加快了物流信息的价值衰减速度,要求物流信息要不断更新。物流信息的及时收集、快速响应、动态处理已成为主宰现代物流经营活动成功的关键。

5. 复杂性

物流信息的广泛性、联系性、多样性和动态性带来了物流信息的复杂性。在物流活动中,必须对不同来源、不同种类、不同时间的相互联系的物流信息进行反复研究和处理,才能得到有实际应用价值的信息,以指导物流活动,这是一个非常复杂的过程。

二、物流信息的作用

物流信息在物流活动中具有十分重要的作用,物流信息的收集、传递、存储、处理、输出等成为决策依据,对整个物流活动起指挥、协调、支持和保障作用,其主要作用表现为以下几个方面。

1. 沟通联系的作用

物流系统是由多个行业、部门以及众多企业群体构成的经济大系统,系统内部正是通过各种指令、计划、文件、数据、报表、凭证、广告、商情等物流信息,建立起各种纵向和横向的联系,沟通生产厂、批发商、零售商、物流服务商和消费者,满足各方面的需要。因此,物流信息是联系物流活动各环节之间的桥梁。

2. 引导和协调的作用

物流信息随着物资、货币及物流当事人的行为等信息载体进入物流供应链中,同时随着信息载体反馈给供应链上的各个环节。依靠物流信息及其反馈可以引导供应链结构的变动和物流布局的优化;协调物资结构,使供需之间达到平衡;协调人、财、物等物流资源的配置,促进物流资源的整合和合理使用等。

3. 管理控制的作用

通过移动通信、计算机信息网、电子数据交换(EDI)、全球定位系统(GPS)等技术实现物流活动的电子化,如货物实时跟踪、车辆实时跟踪、库存自动补货等,用信息化代替传统的手工作业,实现物流运行、服务质量和运营成本等要素的管理控制。

4. 缩短物流管道的作用

为了应付需求波动,在物流供应链的不同节点上通常设置有库存,包括中间库存和最终库存,如零部件、在制品、制成品的库存等,这些库存增加了供应链的长度,提高了供应链成本。但是,如果能够实时掌握供应链上不同节点的信息,如知道在供应管道中,什么地方、多少数量的货物可以在什么时候到达目的地,就可以发现供应链上的过多库存并进行缩减,从而缩短物流链,提高物流服务水平。

5. 辅助决策分析的作用

物流信息是制定决策方案的重要基础和关键依据,物流管理决策过程的本身就是对物流信息进行深加工的过程,是对物流活动的发展变化规律认识的过程。物流信息可以协助物流管理者鉴别、评估经过比较物流战略和策略后的可选方案,如车辆调度、库存管理、设施选址、资源选择、流程设计及有关作业比较和安排的成本-收益分析等均是在物流信息的帮助下做出的科学决策。

6. 支持战略计划的作用

作为决策分析的延伸,物流战略计划涉及物流活动的长期发展方向和经营方针的制定,如企业战略联盟的形成、以利润为基础的顾客服务分析以及能力和机会的开发和提炼,作为一种更加抽象、松散的决策,它是对物流信息进一步提炼和开发的结果。

7. 价值增值的作用

物流信息本身是有价值的,一方面,在物流领域中,流通信息在实现其使用价值的同时,自身的价值又呈现增长的趋势,即物流信息本身具有增值特征。另一方面,物流信息是影响物流的重要因素,它把物流的各个要素以及有关因素有机地组合并联结起来,从而形成现实的生产力,创造出更高的社会生产力。同时,在社会化大生产条件下,生产过程日益复杂,信息渗透在物流诸要素中,真正起到了影响生产力的现实作用。企业只有有效地利用物流信息,投入生产和经营活动后,才能使生产力中的劳动者、劳动手段和劳动对象成功结合,从而产生放大效应,使经济效益出现增值。物流系统、各个物流环节的优化所采取的办法、措施,如选用合适的设备、设计最合理路线、决定最佳库存储备等,都要切合系统实际,也都要依靠准确反映这些实际情况的物流信息。否则,任何行动都不免带有盲目性。因此,物流信息对提高经济效益也起着非常重要的作用。

一、物流信息管理

1. 物流信息管理的含义

物流信息管理是指运用计划、组织、指挥、协调、控制等基本职能对物流信息进行搜集、检索、研究、报道、交流和提供服务的过程,也是有效地运用人力、物力和财力等基本要素以期达到物流管理的总体目标的活动。

2. 物流信息管理的内容

物流信息管理的内容包括信息政策制定、信息规划、信息收集、信息处理、信息传递、信息服务与应用。

二、物流信息技术

物流信息技术是指运用于物流各环节中的信息技术。根据物流的功能以及特点,物流信息技术包括计算机技术、网络技术、信息分类编码技术、条码技术、射频识别技术、电子数据交换技术、全球定位系统(GPS)、地理信息系统(GIS)等。

物流信息技术是物流现代化的重要标志,也是物流技术中发展最快的领域,从数据采集的条形码系统,到办公自动化系统中的微机、互联网,再到各种硬件终端设备以及计算机软件都在日新月异地发展。同时,随着物流信息技术的不断发展,产生了一系列新的物流理念和新的物流经营方式,推进了物流的变革。在供应链管理方面,物流信息技术的发展也改变了企业应用供应链管理方式,从而获得了竞争优势,即企业通过成功地应用信息技术来选择它的经营业务并支持它的经营战略。企业也通过利用信息技术来增强整个供应链的经营决策能力,提高供应链活动的效率。

1. 条码技术

条码技术是在计算机的应用实践中产生和发展起来的一种自动识别技术,为企业提供了一种对物流中的货物进行标识和描述的方法。

条码是实现 POS 系统、EDI、电子商务、供应链管理的基础技术,是物流管理现代化,提高企业管理水平和竞争能力的重要技术手段。

2. RFID 技术

RFID(radio frequency identification,射频识别)是一种非接触式的自动识别技术,它通过射频信号自动识别目标对象来获取相关数据。识别工作无须人工干预,可在各种恶劣环境下工作。短距离射频产品不怕油渍、灰尘等恶劣的环境,可以替代条码,例如用在工厂的流水线上跟踪物体。长距射频产品多用于交通系统,识别距离可达几十米,如自动收费或识别车辆身份等。

3. EDI 技术

EDI(electronic data interchange,电子数据交换)是一种利用计算机进行商务处理的新方法。EDI 是将贸易、运输、保险、银行和海关等行业的信息,用一种国际公认的标准格式,通过计算机通信网络,使各有关部门、公司与企业之间进行数据交换与处理,并完成以贸易为中心的全部业务过程。

4. EOS 技术

EOS(electronic ordering system,电子订购系统)是指企业间利用通信网络和终端设备,通过在线连接的方式,进行订货作业和订货信息交换的系统。

5. GIS 技术

GIS(geographical information system,地理信息系统)是多种学科交叉的产物,它以地理空间数据为基础,采用地理模型分析方法,适时地提供多种空间的动态的地理信息,是一种为地理研究和地理决策服务的计算机技术系统。其基本功能是将表格型数据(无论来自数据库、电子表格文件或直接在程序中输入)转换为地理图形显示,然后对显示结果进行浏览、操作和分析。其显示范围可以从洲际地图到非常详细的街区地图,显示对象包括人口、销售情况、运输线路和其他内容。

6. GPS 技术

GPS(global positioning system,全球定位系统)是一种卫星导航定位系统,由空间段、地面控制段和用户段三部分组成,为全球用户提供实时的三维位置、速度和时间信息。

GPS 在物流领域可以应用于汽车自定位、跟踪调度,还可用于铁路运输管理、军事物流。

相关知识扩展

第三利润源

企业追求利润,利润的第一种来源是增加销售额,第二种来源是降低制造(采购)成本,第三种来源就是降低物流成本。在结束经济高速增长的20世纪70年代,出现了销售额上不去的情况,也不可能降低制造成本。这时,被称为"黑暗大陆(未开拓的领域)"的物流,开始为人们所关注。同时,物流信息化是降低物流成本,提高物流服务水平,实现企业利润最大化的重要途径。

实例分析

智慧港口"中国方案"欲走向"一带一路"

我国首个由传统码头升级改造而成的自动化港口——妈湾智慧港,8月26日在南海之滨的深圳蛇口投入使用,这也是粤港澳大湾区组合港正式开港启用的第一个5G智慧港口。

从妈湾智慧港所属的招商局港口集团股份有限公司了解到,妈湾智慧港依托自主研发,集成了"招商芯"、招商ePort、人工智能、5G应用、北斗系统、自动化、智慧口岸、区块链、绿色低碳这9大"智慧元素",致力于打造"世界一流"的智慧港口和招商局全球港口运营中心。

招商港口是"百年央企"招商局集团有限公司贯彻落实国家战略的重要载体。招商局集团总经理胡建华表示,未来会将妈湾智慧港打造成全球领先的智慧型港口和世界级强港,并将智慧港口模式推行到"一带一路"沿线国家。

一、智慧港惊艳亮相深圳湾畔

汽笛长鸣,深圳港西部港区繁忙的一天又开始了。水天一色的蔚蓝下,庞大的岸桥和整齐的轮吊一字排开,满载着五颜六色集装箱的货轮,缓缓驶入港口,码头现场一辆无人驾驶集装箱卡车,从岸桥下卸船接箱,自动避让道路上的障碍并驶入无人堆场,生产作业行云流水……这是妈湾智慧港可以看到的生产作业场景。

妈湾智慧港作为招商港口智能化码头建设的头号工程,到处展现着丰富的科技应用场景,隐藏着一项项"黑科技":自主研发的世界一流的港口核心操作系统"招商芯"、5G无人驾驶集装箱卡车、5G智能巡航无人机、自动化作业轨道龙门吊、智能远程控制的轮胎龙门吊、自动箱号识别的理货系统、集装箱卡车拖车司机自动疲劳驾驶预警分析……

走进码头中控室,可以看到操作人员同时打开多路前端摄像头,通过5G网络回传实时高清视频,进行RTG场桥转场、集装箱抓放装卸等一系列远程控制操作,无人机在码头巡检时回传实时视频,AI对驾驶员行为进行实时预警分析等。

轮胎式龙门吊远程控制是传统港口最典型的应用场景之一。在实现远程控制之前,操作龙门吊的司机必须爬到龙门吊顶部的司机室进行作业,用90度角向下俯视操作重型机械。如今,龙门吊司机坐在码头中控室,借助5G回传的高清视频就能远程完成作业,不仅工作环境得到改善,还能一个人操作多台龙门吊,作业效率有了很大提升。据悉,目前妈湾智慧港36台远控轮胎吊已全部上线投产,累计完成超过300万标准箱。基于5G轮胎吊远控的成功实践,将助力传统作业码头成为全球单一码头5G轮胎吊远控最大规模的应用场景。

40年前,招商局在深圳蛇口开山填海,开始建设妈湾港。作为传统散杂货码头,妈湾港通过运输钢筋、水泥、沙石等基建材料,助推了深圳经济特区的城市建设,为深圳的繁荣发展做出了积极贡献。2017年9月,招商港口启动妈湾智慧港建设项目。经过三年建设,妈湾智慧港三号泊位交工验收,从传统散杂货码头华丽变身为融入了9大智慧元素的智慧港。

据了解,妈湾智慧港项目计划总投资为43.7亿元,改造后的妈湾智慧港泊位岸线总长1930米,共有5个泊位,年设计吞吐量300万标箱,可供靠泊世界最大型的集装箱班轮。通过搭建5G技术创新平台,应用全自动化"无人港"、快速集装箱自动装卸、无人拖车等技术,妈湾智慧港实现了港口运作、港航管理智能化,打造了粤港澳大湾区第一个及至全国领先的由传统多用途码头升级而成的智慧型港口,成为国内外传统码头智能化升级的典范。

二、构筑以港口为核心的智慧生态圈

在深圳经济特区40年的发展进程中,港口扮演了举足轻重的角色。深圳港从零起步,目前已经成为我国最大的远洋集装箱干线港、全球超大型集装箱船舶首选港和全球第四大集装箱港口。

如今,作为传统产业的代表,港口行业向数字化、智能化升级是大势所趋。妈湾港历经40年的发展壮大,如今华丽变身为"妈湾智慧港",成为招商港口全球港口运营管理中心,正是顺应时代的潮流。

2019年6月,招商港口联合10多家头部企业在深圳成立了5G智慧港口创新实验室,宣告5G智慧港口建设全面启动。5G智慧港口创新实验室不仅是一个技术实验室,也是一个产业聚集地。一方面,招商港口携手华为、中国移动等5G技术标杆企业共同推进5G智慧港口建设,可以加速5G技术在港口应用方面的成果转化;另一方面,实验室也是产业创新中心,5G技术、自动驾驶技术、AI技术、码头吊机远程控制技术等集成于港口这个应用密集的场景。

妈湾智慧港是粤港澳大湾区的第一个5G智慧港口,也是5G通信技术在港口应用的第一批试验田。邵泽华是妈湾智慧港操作部作业现场的一名岸桥操作司机,从2003年入职至今已有17年。邵泽华告诉记者,过去岸桥操作人员都需要去现场作业,在几十米高空的一个狭小驾驶室内进行起钩、触桩、过箱等操作。只要一上操作台就要连续工作8小时以上,没有特别紧急的情况操作员不能离开设备,因为只要人离开,设备就必须停机。

在5G技术的"加持"下,妈湾智慧港完成了首台远控岸桥进入CTOS(集装箱码头核心管理系统)实用测试。邵泽华说,现在只要站在岸桥远控操作台前,通过主显示屏的信息就可以实时掌握岸桥各个机构的状态,通过触摸按钮和主令手柄操控岸桥,实现远程装卸作业。

随着5G独立组网全覆盖,深圳市已在全国率先进入5G时代。站在信息技术的前沿,5G将深圳带入了一个高速率、低时延、大容量的新世界。在妈湾智慧港建设过程中,招商港口与中国移动、华为、北斗、平安等科技龙头企业强强联手,共同构筑以港口为核心的智慧生态圈,引入5G技术、卫星导航以及区块链技术,助力妈湾智慧港打造粤港澳大湾区智慧港平台,推进港口运营管理智能化建设,构建高效港口通关模式,实现了港口运作智能化、港航管理智慧化,打造了世界一流的智慧港,在自动化、智能化方面引领着港口行业新标准。

三、让智慧港口的"中国方案"走向世界

港口是关系各国经济建设和对外贸易的重要基础设施,而港口、产业和城市的联动发展更是一种常见的经济现象。据统计,全球一半以上的经济总量都集聚在海岸线附近100公里的范围内。因此推动港口智慧化升级,不仅可以提高港口自身的工作效率,降低运营成本,对周边地区的经济发展也能起到重要的拉动效应。

专业人士认为,智慧港口建设作为新基建 5G 创新应用提升工程的重要一环,在降本增效、提升港口运营效率等方面有着重要意义。在国际贸易需求不减、航运重要性显著、智慧港口赋能的情况下,尽管疫情给港口行业带来了一定压力,但从各大港口运营商已披露的数据情况来看,疫情对港口行业整体冲击有限。

目前全球各国都在积极推进智慧港口的转型升级,深圳依托本地发达的人工智能、大数据、物联网、5G 产业和基础设施,在发展 5G 智慧港口方面拥有得天独厚的优势。与此同时,5G 智慧港口建设也形成了一个高科技密集应用的综合场景,可以为多种多样的 5G 应用创新提供实践场所,为深圳乃至全国 5G、人工智能、云计算、大数据、物联网等产业带来难得的发展机遇。此外,以 5G 技术引领港口数字化转型升级,也大大提升了中国港口的核心竞争力。

智慧港口是 5G 赋能千行百业的重点推进领域之一。建设智慧港口,不仅是践行国家"新基建"战略的重要使命,也是招商港口"科技引领、拥抱变化",实现传统港口转型升级的重要举措。作为招商局集团的"智慧母港"和"海上丝绸之路"桥头堡,升级改造后的妈湾港是一个智慧港口技术、模式的孵化器,也是招商港口积极打造现代智慧港口建设的"中国方案"。

参考数据显示,妈湾智慧港配载效率比人工提升 15~20 倍,现场作业人员减少 80%,综合作业效率提升 30%,安全隐患减少 50%,碳排放量减少 90%,进出口通关效率提升 30% 以上,比全自动码头建设成本减少 50%。

招商局集团副总经理、招商港口董事长邓仁杰表示,妈湾智慧港将通过构建商流、信息流、物流和资金流四流合一,建成一个基于智能化的港口生态圈,成为多元化航运中心的重要载体,对于提升港口行业影响力和竞争力有着重大意义。招商港口将以妈湾智慧港为试验田,将成功经验复制到粤港澳大湾区乃至招商港口在全球范围内的其他港口,输出行业级智慧港口综合解决方案,让智慧港口的"中国方案"走向世界,推动 5G 智慧港口相关技术和成果在国内乃至全球港口的可复制应用。

当前,深圳正朝着世界级集装箱枢纽港和全球海洋中心城市阔步迈进,随着招商局集团贯彻实施"一带一路"和"粤港澳大湾区"国家发展战略,招商港口将"妈湾智慧港"模式推行到"一带一路"沿线国家,充分发挥智慧港口产业孵化效能,辐射带动港口生态圈产业升级,为深圳建设"全球海洋中心城市"提供重要支撑,助力深圳更好地发挥"一带一路"重要支点作用。

(资料来源:http://energy.people.com.cn/n1/2020/0908/c71661-31853386.html,有改动)

任务二　物　流　系　统

零售业的翘楚:沃尔玛无缝点对点物流系统

在物流运营过程当中,要尽可能降低成本,因为降低成本之后就可以让利于消费者,这是沃尔玛的经营哲学,就是以最低的成本,提供高质量的服务。

为了做到这一点,沃尔玛向自己提出了一些挑战。其中的一个挑战就是要建立一个无缝点对点的物流系统,能够为商店和顾客提供最迅速的服务。无缝的意思是指使整个供应链达到一种非常顺畅的链接,从工厂到商店的货架,产品的物流应当尽可能平滑,就像一件没有接缝的外衣。但是,沃尔玛真正的挑战是能够提供顾客所需要的服务。由于物流业务要求比较复杂,例如有的时候可能会有一些产品出现破损,那么在包装方面就需要有一些针对产品的特殊运销能力。

沃尔玛之所以能够取得成功,是因为有一个补货系统。它使得沃尔玛在任何一个时间点都可以知道,某个商店当中有多少货品,有多少货品正在运输过程当中,有多少是在配送中心等。同时它可以使沃尔玛了解,某种货品上周卖了多少,去年卖了多少,并预测将来可以卖多少这种货品。沃尔玛之所以能够了解得这么细,就是因为沃尔玛商场中所有的产品都有一个统一的产品代码,即 UPC 代码,在中国叫 EAN 码。沃尔玛认为这种代码是非常必要的,因为可以对它进行扫描,可以对它进行阅读。在沃尔玛的所有商场中,都不需要用纸张来处理订单。沃尔玛的自动补货系统可以自动向商场经理订货,这样就可以非常及时地为商场提供帮助。经理们在商场里走一走,看一看各种商品,挑选其中一种货品,对它扫描一下,就知道现在商场当中有多少这种货品,有多少订货,还能知道有多少这种货品正在运输到商店的过程当中,会在什么时间到,所有关于这种货品的信息都可以通过扫描产品代码得到,不需要其他人再进行任何复杂的汇报。

沃尔玛还有可以让供货商们通过零售链接直接进入沃尔玛的系统。任何一个供货商都可以进入这个系统来了解他们的产品卖得怎么样,然后根据卖的情况决定生产状况。他们可以对将来的卖货情况进行预测,以决定他们的生产情况,这样也可以降低他们的产品成本,从而使整个过程实现无缝连接。

除此之外,沃尔玛还拥有自己的集中配送中心和运输系统。沃尔玛所有的子系统都是基于 UNIX 系统的一个完整的配送系统,系统运行采用传送带,产品代码以及自动补货系统和激光识别系统都放在一个非常大的开放式的平台中,这些都为沃尔玛节省了相当多的成本。简而言之,一个比较合理的物流系统可以使运作成本更低、效率更高。沃尔玛采用先进的现代化系统,进行合理的运输安排,通过使用电脑系统和配送中心,使得零售业更加成功。

任务分析

沃尔玛的快速发展不得不说是零售业的一个奇迹。沃尔玛的成功中最引人关注的莫过于沃尔玛的物流系统,堪称难以模仿的经典物流系统。对沃尔玛这个大型零售企业物流的研究结果显示,大型零售企业要从每一个环节进行成本控制,尤其是物流系统,保证整个供应链、仓储、运输和管理的流畅,并且需要建立自己的具有规模的配送体系,达到降低成本、加强管理、及时更新信息的目标。

一、物流系统的要素

1. 物流系统的基本要素

物流系统的基本要素由三方面构成。

1) 劳动者要素

它是所有系统的核心要素、第一要素。提高劳动者的素质,是建立一个合理化的物流系统并使它有效运转的根本。

2) 资金要素

交换是以货币为媒介。实现交换的物流过程,实际也是资金运动的过程。同时物流服务本身也需要以货币为媒介,物流系统建设是资本投入的一大领域,离开资金这一要素,物流不可能实现。

3) 物的要素

物的要素包括物流系统的劳动对象,即各种实物,少了劳动对象,物流系统便成了无本之木;物的要素还包括劳动工具、劳动手段,如各种物流设施、工具,各种消耗材料(燃料、保护材料)等。

2. 物流系统的功能要素

物流系统的功能要素指的是物流系统所具有的基本能力,这些基本能力有效地组合、连接在一起,构成了物流的总功能,就能合理、有效地实现物流系统的总目的。

一般认为物流系统的功能要素有运输、储存保管、包装、装卸搬运、流通加工、配送、物流信息等,如果从物流活动的实际工作环节来考查,物流由上述七项具体工作构成。换句话说,物流能实现以上七项功能。

功能要素中,运输及储存保管分别解决了供给者及需要者之间场所和时间的分离,分别是物流创造"场所效用"及"时间效用"的主要功能要素,因而在物流系统中处于主要功能要素的地位。

3. 物流系统的支撑要素

体制、制度:物流系统的体制、制度决定物流系统的结构、组织、领导、管理方式,国家对其控制、指挥、管理方式以及这个系统的地位、涉及的范畴,是物流系统的重要保障。

法律、规章:一方面限制和规范物流系统的活动,使之与更大的系统相协调,一方面给予物流系统保障。

行政、命令:物流系统和一般系统的不同之处在于,物流系统关系到国家军事和经济命脉,所以行政、命令等手段也是支持物流系统正常运转的重要因素。

标准化:它是保证物流环节协调运行,保证物流系统与其他系统在技术上实现连接的重要支撑条件。

二、物流系统的功能

1. 运输功能

运输是物流的核心业务之一,也是物流系统的一个重要功能。选择何种运输手段对物流效率具有十分重要的意义,在决定运输手段时,必须权衡运输系统要求的运输服务和运输成本。可以将运输机具的服务特性作为判断的基准,包括运费、运输时间、频度、运输能力、货物的安全性、时间的准确性、适用性、伸缩性、网络性和信息等。

2. 仓储功能

在物流系统中,仓储和运输是同样重要的构成因素。仓储功能包括了对进入物流系统的货物进行堆存、管理、保管、保养、维护等一系列活动。仓储的作用主要表现在两个方面:一是完好地保证货物的使用价值;二是为将货物配送给用户,在物流中心进行必要的加工活动而进行的保存。随着经济的发展,物流由少品种、大批量进入到多品种、小批量或多批次、小批量时代,仓储功能从重视保管效率逐渐变为重视发货和配送作业的顺利进行。流通仓库作为物流仓储功能的服务据点,在流通作业中发挥着重要的作用,它将不再以储存保管为主要目的。流通仓库包括拣选、配货、检验、分类等作业,并具有多品种、小批量和多批次、小批量等收货配送功能,以及附加标签、重新包装等流通加工功能。

物流系统现代化仓储功能的设置,以生产支持仓库的形式,为有关企业提供稳定的零部件和材料供给,将企业独自承担的安全储备逐步转化为社会承担的公共储备,减少企业经营的风险,降低物流成本,促使企业逐步形成零库存的生产物资管理模式。

3. 包装功能

为使物流过程中的货物完好地运送到用户手中,并满足用户和服务对象的要求,需要对大多数商品进行不同方式、不同程度的包装。包装分工业包装和商品包装两种。工业包装的作用是按单位分开产品,便于运输,并保护在途货物。商品包装的目的是便于最后的销售。因此,包装的功能体现在保护商品、单位化、便利化和商品广告等几个方面。前三项属物流功能,最后一项属营销功能。

4. 装卸搬运功能

装卸搬运是随运输和保管而产生的必要物流活动,是对运输、保管、包装、流通加工等物流活动进行衔接的中间环节,以及在保管等活动中为检验、维护、保养所进行的装卸活动,如货物的装上卸下、移送、拣选、分类等。装卸作业的代表形式是集装箱化和托盘化,使用的装卸机械设备有吊车、叉车、传送带和各种台车等。在物流活动的全过程中,装卸搬运活动是频繁发生的,因而是产品损坏的重要原因之一。对装卸搬运的管理,主要是对装卸搬运方式的运用,对装卸搬运机械设备的选择、合理配置与使用,以及装卸搬运合理化。应尽可能减少装卸搬运次数,以节约物流费用,获得较好的经济效益。

5. 流通加工功能

流通加工功能是物品从生产领域向消费领域流动的过程中,为了促进产品销售、维护产品质量和实现物流效率化,对物品进行加工处理,使物品发生物理或化学变化的功能。这种在流通过程中对商品进一步的辅助性加工,可以弥补企业、物资部门、商业部门生产过程中加工程度的不足,更有效地满足用户的需求,更好地衔接生产和需求环节,使流通过程更加合理化,是物流活动中的一项重要增值服务,也是现代物流发展的一个重要趋势。

流通加工的内容有装袋、定量化小包装、拴牌子、贴标签、配货、挑选、混装、刷标记等。流通加工功能的主要作用表现为:进行初级加工,方便用户;提高原材料利用率;提高加工效率及设备利用率;充分发挥各种运输手段的最高效率;改变品质,提高收益。

6. 配送功能

配送功能的设置,可采取物流中心集中库存、共同配货的形式,使用户或服务对象实现零库存,依靠物流中心的准时配送,而无须保持自己的库存或只需保持少量的保险储备,减少物流成本的投入。配送是现代物流的一个最重要的特征。

7. 信息服务功能

现代物流需要依靠信息技术来保证物流体系的正常运作。物流系统的信息服务功能,包括进行与上述各项功能有关的计划、预测、动态(运量、收、发、存数)的情报及有关的费用情报、生产情报、市场情报活动。对物流情报活动的管理,要求建立情报系统和情报渠道,正确选定情报科目和情报的收集、汇总、统计、使用方式,以保证其可靠性和及时性。

信息服务功能的主要作用表现如下:缩短从接受订货到发货的时间,库存适量化,提高搬运作业效率,提高运输效率,使接受订货和发出订货更为省力,提高订单处理的精度,防止发货、配送出现差错,调整需求和供给,提供信息咨询等。

一、物流系统分析

1. 物流系统分析的定义

物流系统分析是指从对象系统整体最优出发,在优先系统目标、确定系统准则的基础上,根据物流的目标要求,分析构成系统各级子系统的功能和相互关系,以及系统同环境的相互影响,寻求实现系统目标的最佳途径。

2. 物流系统分析的目的

物流系统分析的目的在于通过分析,比较事先拟定的各种方案的功能、费用、效益和可靠性等各项技术、经济指标,向决策者提供帮助做出正确决策的资料和信息。所以,物流系统分析实际上就是在明确目的的前提下,来分析和确定系统所应具备的功能和相应的环境条件。

3. 物流系统分析的内容

根据物流系统分析的基本含义,物流系统分析的主要内容有系统目标、系统结构、替代方案、费用和效益、系统模型、系统优化、系统的评价基准及评价等。

4. 物流系统分析的地位

物流系统分析在整体系统的建立过程中处于非常重要的地位,它起到承上启下的作用,特别是当系统中存在不确定因素或相互矛盾的因素时,更需要通过系统分析来保证,只有这样,才能避免技术上的大量返工和经济上的重大损失。

5. 物流系统分析的步骤

系统分析首先要对现有系统进行详细调查,包括调查现有系统的工作方法、业务流程、信息数量和频率、各业务部门之间的相互联系,在从时间和空间上对现有系统的信息状态进行详细调查的基础上,分析现有系统的优缺点,并了解其功能。一般来说,对物流系统进行分析需要回答下面几个问题。

(1) 为什么要进行这项工作?

(2) 进行该项工作能增加什么价值?

(3) 为什么要按照现有程序进行该项工作?

(4) 为了提高效率,能否改变作业步骤的次序?

(5) 为什么要由某一个小组或个人来完成这些工作?

(6) 其他人可以完成这项工作吗?

(7) 还有更好的系统运行方式吗?

二、物流系统规划的基本知识

1. 物流系统规划的概念

物流系统规划顾名思义就是针对整个物流系统的计划,即对交通运输、货运代理、仓储管理、流通加工、配送、信息服务、营销策划等领域进行规划。规划的内容主要有发展规划、布局规划、工程规划三个方面,可以说物流系统规划是对物流战略层面的计划与决策。

2. 物流系统规划实施中面临的问题

物流系统规划实施过程中,可能会遇到很多影响因素,包括内部因素和外部因素。内部因素包括组织结构、规章制度、管理流程和项目实施计划等,其中最重要的是人的因素,人的意识和人的积极性将占重要主导作用;另外,外部因素,如环境的变化、市场的波动和技术的发展也会带来影响。经验表明,组织的高层领导对系统的重视、期待和参与程度是系统实施成功的关键因素。因此,在系统规划实施过程中,企业高层领导的作用是非常重要的。其重要性表现在如下六个方面:投资项目的决策力、推进员工的思维方式和行为方式的改变、保持项目的较高有限级别、组织协调和推进项目的发展、对项目实施的最终结果负责及项目的管理控制和反馈调整。

3. 区域物流系统规划和企业物流系统规划

区域物流的一般含义是在一定的区域地理环境中,以大中型城市为中心,以区域经济规模和范围为基础,结合物流辐射的有效范围,将区域内的各类物品从供应地向接受地进行有效的实体流动。区域物流系统规划是为实现区域经济社会的可持续发展,对区域物资流动进行统筹协调、合理规划、整体控制,实现区域物流各个要素的系统最优目标。目前,国内外物流业的发展已经进入综合物流系统的新阶段,加强区域物流系统的规划与建设,已经成为振兴区域(国家或地区)经济的一项重要内容。

我国区域物流系统格局具体如下。

(1) 环渤海物流圈:以北京、天津、沈阳、大连和青岛为中心。

(2) 长江三角洲物流圈:以上海、南京、杭州和宁波为中心。

(3) 环台湾海峡物流圈:以厦门和福州为中心。

(4) 珠江三角洲物流圈:以广州和深圳为中心。

企业物流是具体的、微观的物流活动典型领域,企业物流系统规划与设计就是根据企业物流的功能要求,以提高服务水平、运作效率和经济效益为目的,制定各要素的配置方案,最终建立起企业物流系统所要求具备的能力,即快速响应、最低库存、集中运输、最小变异、质量以及生命周期支持等。

在对企业进行物流系统设计规划之前,还应对以下几个方面进行充分调研分析。

(1) 市场情况:随时跟踪物流市场总体状况,有助于把握宏观形势,找准本企业的市场定位。

(2) 行业状况:掌握行业基本物流水平,进行同业对比,对行业内主要竞争对手进行竞争力分析,从而合理规划企业物流,发展自身的核心竞争力。

(3) 企业自身情况:包括本企业的物流业务流程、管理制度、人员素质、客户信息、物流技术运用现状、成本费用等,绘出整个企业物流系统的关系图,为实现企业物流作业一体化、提高企业物流效率奠定基础。

(4) 其他非物流因素:包括地区市场差异、经济发展状况、工业标准、政策法规等。这些都对物流的规划有着直接的影响。

> 相关知识扩展

叱咤中国农牧，揭秘健安物流产业领航者底色

第十八届（2020）中国畜牧业博览会9月4日—6日在长沙国际会展中心隆重举行。本届畜博会以"净化复产保供给、扶贫增效惠民生"为主题，在当时的特殊环境之下，展位数量不仅没有缩减，还超过上届近8%，参展企业达到1200多家。参展范围涵盖国内外畜牧业全产业链各环节的产品、信息与服务。

由于2020年全球新冠肺炎疫情来势汹汹，畜牧业这个关系到每个家庭一日三餐的完整链条再度引起了大家的重视。

纵观本届畜博会，除了延续以往大会的职能外，农牧物流板块成为整个大会的焦点，不仅成立了中国畜牧业协会物流分会，还接连发布了一系列重磅行业战略和标准，共同探寻产业未来。

近些年，伴随整个物流行业的发展与农牧产业转型升级的态势，农牧物流市场的需求急剧提升，但受限于起步晚、行业标准不完善等一系列因素，我国农牧物流行业的发展正处于产业升级变革的风口。

风口之下必有敢为人先、破旧立新的企业崭露头尖，厚积薄发数十年的健安物流，因其在疫情期间的出色表现和在本次大会上的出色表现，引起了整个行业的关注。健安物流董事长杨团结先生在会上当选为中国畜牧业协会物流分会执行会长。

身处于这样的时代变革和危机中，本届中国畜牧业博览会的召开，将引领、推动和服务整个畜牧业的转型发展，进一步提升畜牧业的产业地位，提振行业从业者的信心与动力。

一、强农牧必先强物流，健安成中国农牧产业新引擎

中国是人口大国，也是农业大国，目前我国家禽存栏总量与禽蛋产量跃居世界第一位，人均禽蛋占有量远远超过世界平均水平，达到发达国家水平。但由于整个农牧物流环节欠缺发展，导致我国当前还处于从畜牧业大国向畜牧业强国过渡的阶段。

近些年，我国畜牧业产值和规模的增长有目共睹，在养殖端已经形成了比较标准的规模化体系，但物流运输层面相对落后，存在着巨大的发展空间。此次疫情，也让大家再次将目光投向农牧物流中的生物安全、疫病防控等痛点，农牧物流的市场需求与行业服务价值被提升到战略高度。

没有现代化畜牧业物流，何谈畜牧业强国的出现？

本届中国畜牧业博览会的召开，将健安物流推到了舞台中央。在刚刚过去的中国畜牧业协会物流分会成立大会上，健安物流董事长杨团结当选为执行会长，他在就职演讲中表示："农牧物流必定是农牧现代化进程中不可或缺的重要环节，物流分会成立后，首要任务便是发布'中国农牧物流标准发布暨团体化标准倡议书'，以此来重塑市场秩序，规范行业标准，也为分会后续行业标准与规范工作的开展奠定基础。"

除了当选为物流分会执行理事，杨团结还被授予第六届中国畜牧行业先进工作者大奖。据了解，这是整个农牧物流行业从业者首次获得该奖项，这不仅是对健安物流与杨团结个人的褒奖，也是对整个农牧物流行业发展的认可和重视。

农牧产业的发展不同于互联网行业，需要长久的沉淀和产业规模的累积，这是个精耕细作

的过程,绝非朝夕间的一蹴而就。细数健安集团的发展历程,早在1995年健安以养殖贸易入局农牧行业,至2011年成立江苏健安物流,专注农牧物流,一路开疆拓土。

作为农牧物流方面的代表企业,健安物流深耕行业20余年,凭借着超前的行业洞察力和改变中国农牧产业的初心,把握住时代脉搏,得以成为产业变革的受益者和行业引领者。

二、规范化、智能化、集群化,健安物流的行业破局之道

农牧业是传统产业的代表,身处移动互联网与经济形势剧变的当下,其"破"与"立"之间的路径正在加速变短。

当前,我国农牧物流行业面对着中美贸易摩擦、非洲猪瘟、新冠疫情、生物安全等多方面的挑战,并且企业发展各自为政,缺乏统一规范的标准约束,这不仅使得整个市场乱象频生,企业发展也受到极大阻碍。

在物流分会成立大会上,健安物流以协办单位的身份出现,积极为行业分会的成立出力,董事长杨团结当选为物流分会执行会长,健安势必将在行业标准建立方面有更多的建树。

在大会演讲中,杨团结表示:"物流分会成立以后,首先会推进以下三项工作。

一是发起制定农牧物流行业标准。与发达国家相比,我国的现代化农牧发展水平较低,近年起步的农牧物流行业仍处于野蛮生长的初级阶段,行业缺乏科学、现代的行业标准。我们将发起制定农牧物流行业的国家标准,通过规范化引领,推动行业高起点、高质量发展。

二是科技赋能,提升农牧物流现代化水平。与普通物流相比,农牧物流承载着更高、更严的生物安全要求。我们将以"智能化"为核心,引领行业积极攻关物联网和大数据技术在农牧产业的创新应用,在智慧物流平台、动态监管体系、智能物流装备升级等方面,推进传统农牧产业的现代化转型。

三是凝聚合力,推进农牧物流产业集群化发展。农牧产业规模巨大、辐射广泛,农牧物流是保障供应链畅通的重要环节,我们将发挥行业协会的权威性,凝聚起全国农牧物流企业的发展合力,走专业化、规范化、集群化发展道路,以服务、共享、共赢为理念,开拓创新、抱团发展,以农牧物流行业的率先发展,为中国农牧行业注入新的动能和活力。"

这并非健安首次积极助力整个行业发展,2020年2月份,中国首个区块链食品溯源白皮书《2019中国物流与供应链产业区块链应用白皮书》上市,健安农牧积极参与和指导了该标准从起草到发布的全过程,并且率先在养殖和物流运输环节实践和应用。

另一方面,与普通物流相比,农牧物流承载着更高、更严的生物安全要求,对智能化管理水平的要求极其严苛。但受限于刚起步、标准不完善等因素,生物安全事故频发,之前的"三文鱼"事件,就是典型代表。如果不能守护好生物安全这条红线,整个农牧物流行业的发展将陷入巨大的漩涡。

近几年,国家大力推进畜牧产业区域布局,并指出畜牧业正处于规模速度型向质量效益型结构转变的新阶段,科技应成为推进畜牧业供给侧结构性改革的重要支撑,基于物联网大数据的智慧物流将是现代农牧物流的发展方向。

然而早在国家大力倡导之前,健安物流就已深谙互联网技术将在整个农牧物流产业发挥的巨大作用。自2011年成立之初,健安物流一直秉承着科技互联网的发展理念,自主研发智慧运力和生物安全监管平台,通过全国29个省1116个项目点的运力覆盖,实现了农牧养殖企业与承运运力的高效协同和生物安全全程管控。

当前健安物流不仅是国内首家专业农牧物流企业，也被认定为整个行业发展的标杆与模范。根据此前，前瞻产业研究院发布的《中国农产品冷链物流行业市场前瞻与投资战略规划分析报告》统计数据显示，2012年中国农产品物流总额已达3.03万亿元，到了2017年中国农产物物流总额增长至3.7万亿元，同比增2.78%。截止至2018年底中国农产品物流总额达到了3.9万亿元，增长3.5%。

连年增长的数据无疑是市场向好的有力证据，然而与庞大的经济数据不匹配的产业断链问题依旧突出，农牧物流是供应链保障的重要环节，只有专业化、规范化、集群化的发展路径，才能实现更大的经济效益。

此前在接受媒体采访报道时，杨团结多次强调规模化与集群化模式在中国农牧产业发展中的重要性。在整个健安发展壮大的过程中，我们也总能瞥见集群化的助推力。

不难看出，通过农牧物流产业上下游的融会贯通，链条上每一个分支将取得更大的发展，随着分支的壮大，整个产业自然也将迎来巨大的腾飞。

大浪淘沙，一些缺乏核心竞争能力，依靠原有非合规车辆的运输企业逐步出局。而专业化、规模化、智慧化的健安物流将凭借此次机遇，扩大企业规模，集合行业资源，占领农牧市场的半壁江山。

三、科技赋能产业，建立农牧产业新型生态链

本次大会上，健安物流的科技化水平惊艳了整个行业，而其之所以能够引领行业，除了依靠对市场敏锐的感知和洞察力，还得益于整个集团深耕农牧行业多年，在技术领域的优势为产业赋能所带来的巧功。新时代商业脉搏的跳动，离不开技术这层底色，深谙此道的健安农牧对科技的注重，从其自称新型农牧科技公司便可见一斑。

农牧物流的智能化改造，能彻底盘活农牧物流产业生态链这盘棋，生态链上下游供需深度链接、资源互通、信息共享，这对促进区域经济的快速发展，加快农牧物流的行业变革，都具有划时代意义。

中国人民大学中国畜牧饲料产业研究中心首席战略官姚民仆提出，未来一定要建立跨界的、融合创新的农牧物流产业生态链，要让每一位生态链参与者，都能够借助这个生态链，放大产能，提高效益。只有促进行业合作，打破行业闭环，才能实现我国畜牧业高质量可持续发展。健安物流以"科技、创新、互联网+"的思维构筑农牧行业新模式，以产业集群+产业金融+创新生态的新农牧、新供应链发展模式，聚焦智慧物流、智慧养殖、数字化供应链金融三大战略板块，构建农牧互联网+产业集群生态圈，打造农牧产业集群化的智能科技综合型服务商。

在2020年经济下行，各行各业哀号不断之际，健安物流却逆流而上，得到资本青睐，获得"国投物流与供应链产业发展基金"数千万元Pre-A轮投资。此次国投体系的进入，必将进一步加快国内畜牧流通行业转型升级，构建健康安全的特种智慧农牧供应链服务平台。

二十年弹指一挥间，在中国农牧行业转折的重要时期，催生出了像健安这样的农牧互联网科技企业，站在变革的风口上踏浪前行。当水滴凝聚成大潮，就足以引领潮向，显然，现在的健安也已成长为足以引领中国农牧产业发展的领航者。

农牧运输行业一片向好，健安更是未来可期。希望健安能在进一步强化原有资源配置效率、提升综合服务能力、保持领先地位的同时，带领其他中小物流企业共同进步，推动农牧物流产业升级，促进中国农牧物流的变革与发展。

（资料来源：人民网）

实例分析

福建武平"信息平台＋统一配送" 农产品有销路 年轻人有奔头

2020年9月的武夷山百里飘香、硕果累累，位于山脉最南端的福建省武平县早已瓜果围城，穿城而过的357国道旁，龙洲物流园区车来车往，百香果、蜂蜜、茶叶等农产品走出深山，发往全国各地。近年来，地处闽粤赣三省交界的武平县，采用"信息平台＋统一配送"模式，整合县域客货运输资源，密织农村物流网络，成为福建省唯一上榜的全国首批农村物流服务品牌。如今，县、乡、村三级农村物流体系已初具规模，农产品有了销路，年轻人回乡创业，昔日的贫困山村散发出前所未有的活力与魅力。

一、"乡村运达"串起"地网＋天网"

美丽的乡村公路上，时常看到印着"乡村运达"的小货车往返于农户、乡村站点、物流园之间。让我们跟随"乡村运达"司机一起，去看一看货物是如何沿着公路在乡村里流通起来的。

清晨，"乡村运达"司机李师傅从龙洲物流园闽粤赣边电商物流产业园区发车。这个园区是武平县的县级物流中心，拥有全省首条县级全自动分拣流水线，入驻了45家电商企业、物流及快递企业。"百香果、茶叶、金线莲，我们村里的特产太多了，以前没人知道，现在网络发达，全国各地都能品尝到我们村的特产。"李师傅说。

转眼，车辆驶入客运站，这里不仅仅是客运站，还是集"农村电商""农产品展示交易""汽车维修""仓储物流"等多功能于一体的乡镇综合运输服务站。据武平县有关负责人介绍，该县共投资737万元，在城区外改造了14个类似的农村客运站，全力构建起好用、管用的农村物流体系。

李师傅的车继续下行，来到捷文村服务站，把从客运站带来的快件卸下，再把村民们需要寄的件装车。像捷文村这样的服务站，全武平县一共有214个。"小时候过年过节才进城买东西，看什么都觉得新奇，现在家家都会网购，农村人的生活和城里的差别也越来越小。"

农产品进城，工业品下村，填满了农村物流的业务链；1个县级物流园区，14个乡镇综合运输服务站，214个村级物流服务站点，铺就一张"地网"，实现了全县物流网络的全覆盖。那么物流信息如何进行共建共享呢？

武平县依托原客运站信息系统，结合物流信息系统和订单管理系统，研发出县、乡、村三级物流信息系统，并开发运用信息系统配套的手机app"乡村运达"，将客户、车辆、场站、收派件员等相关资源进行链接，形成一张"天网"，实现货物收派的安全、准确。此外，将县、乡、村三级物流配送车辆纳入道路运政信息管理系统，对配送车辆实行有效的动态监管，保障农村物流市场的安全、平稳、高效运行。

二、打通上行通道，带动村民增产增收

一大早，捷文村村民谢春荣就骑着三轮车来到村里的物流服务站，将自家的蜂蜜、灵芝寄给客户，看着满载农产品的"乡村运达"物流车慢慢驶离，谢春荣十分满足。"最早卖东西要么是自己挑担到城里，要么是靠朋友介绍，进村的路太远，慢慢地，来的人就少了。"谢春荣是村子里的种植能手，每到收成的时候，销路却成了最大的难题。"自从有了物流服务站点，把货送到这里，就等于送到客户手里。"靠着销售这些农产品，3年前还是贫困户的他成功摘帽，现在每年都有十来万元的收入。

自从各村自建或与农村淘宝、邮政、京东物流等公司合作设立了村级物流服务站之后,农产品上行的通道变得更为畅通。"村级物流服务站,就像乡村物流网的神经末梢,一方面方便村民们直接发货,有效节省农户的时间和寄递成本,卖东西变得没有那么'难'了,另一方面调动了农户生产销售的积极性。"武平县交通运输局运管所负责人肖立仁介绍。

湘店乡店下村的邱德育则选择以上门收货的方式寄出农产品,他说:"现在点开乡村运达app或者微信小程序就可以下单了,操作简单,价格也不贵,快递员直接上门取件,通过订单号就可以查询物流信息,实在太方便了。"

四通八达的农村物流网络不光让个别村民脱贫致富,也带动了当地农村经济的发展。尧禄村曾经是县里的贫困村,武平鹰嘴桃就产自此处。种植户陈立强说:"虽然村里的种植条件好,但物流没有搞起来,我们都不敢多种,种多了桃子都卖不出去。"尧禄村驻村第一书记王立生介绍:"通过物流,我们把美味送了出去,把名声打了出去,村里鹰嘴桃的种植由原来的几百亩扩展到现在的1000多亩,不但当地村民实现了增产增收,连带着也红火了家乡的旅游业。"

三月,桃花朵朵浪漫,七月,枝头硕果累累。鹰嘴桃走出"深闺",许多游客循香而来,尧禄村完成了从贫困村到远近闻名的网红村的华丽转身。

三、补齐物流短板,吸引大学生回乡创业

武平龙洲物流园区的传送带上,一箱箱统一包装的百香果徐徐向前输送。今年第一批成熟的百香果刚完成发货,王秀珍一扫连日来的疲惫,兴奋地说:"我们在薇娅直播间,1秒内2万多箱一抢而空,当天一共发货5万多箱!"王秀珍是武平县回乡创业的大学生代表,也是桃溪镇"第一个吃螃蟹的人"。家乡的东西非常好,为何不借助电商平台,把农特产品销往全国各地?带着这样的信念,6年前,她从北京一家互联网公司辞职回家,创办起属于自己的农村电商。

"刚创业的时候,农村物流还不普及,村民们不懂什么是电商,我就一家家上门谈收果子的事。"提起创业伊始,王秀珍记忆犹新,"起初物流信息不对称,运输派送速度缓慢,销售渠道过于传统,不敢接单、不能及时发货的事情时有发生。加上竞争不过大平台,一开始很不容易。这几年政府把路修起来,把物流服务中心引到县里来,电商的生意也逐渐红火了。现在不光家里人支持我,村里的乡亲们也都支持自己的孩子回乡创业!"

近年来,武平县注重筑"巢"引"凤",配套出台的招商优惠政策,吸引了县内45家电商企业、物流及快递企业入驻物流园区,11家物流快递企业抱团经营,共同组建武平供销通世达快递公司,共同分拨、取派,实现资源综合利用,有效降低运营成本。

此外,两条货运班线,为运输业务代办服务兜底,补足偏远乡镇、建制村物流短板。肖立仁介绍:"我们还结合农村民俗风情,创新乡村众包物流模式,利用社会个体运力捎带货物的形式来完成终端派送与收件,解决了乡村物流业务量小、业务分散造成的成本高、收派难的问题。"

据统计,2020年上半年,武平物流园区快件出港约68.25万件,进港约425.34万件;货运出港约18 452.8吨,进港约28 093.4吨。其中农产品快件上行约49.6万件,货运上行约1832吨,合计营业收入约2452.22万元,同比增长30.9%。

如今,40多万人口的武平县,全县注册电商企业306家,开设网店360余家,入驻正统网(福建省电子商务与服务外包统计公共服务平台)企业86家,直接从业人员近2300人,全县实现电商交易额52亿元。展望未来,王秀珍充满自信地说:"我对武平的农村电商发展前景十分看好,我们的'大生意'才刚上路呢!"

(资料来源:中国交通新闻网,有改动)

项目小结

随着现代信息化技术和物流业的不断发展,与先进管理思想相结合的信息技术给传统物流带来了根本性的变化。物的流动伴随着信息的流动,而信息流又控制着物流。正是先进信息技术手段的应用,使得原先独立的各个物流环节能有效地整合在一起,满足了不断发展的物流服务要求。而通过计算机技术、网络技术、电子数据交换技术、条码技术、全球卫星定位系统、地理信息系统等信息技术实现的物流管理信息系统,使得物流管理的自动化、高效化、及时性得以实现。现代物流只有在信息系统的支持下,才能实现物流网络四通八达,规模效益日益显现,社会物流成本不断下降。

同步训练题

(1) 简述物流信息的含义及特征。
(2) 论述物流信息的分类与作用。
(3) 论述物流信息的相关技术。
(4) 简述物流系统的含义与构成要素。
(5) 论述物流系统的功能。
(6) 论述物流系统的规划与设计方法。
(7) 论述"信息平台+统一配送"模式的好处。

实训项目

1. 实训目的
实训目的是使学生熟悉并掌握物流信息系统的相关技术与应用。
2. 实训方式
实训方式为物流实训室仿真模拟操作。
3. 实训内容
(1) 订单业务处理流程。
(2) 库存信息系统业务流程。
(3) 运输与配送系统业务流程。
(4) 客户管理信息系统的应用。

项目九
物流技术及其装备

WULIU
GUANLI
JICHU

(1) 掌握各种物流技术及其装备的特点、配置原则。
(2) 熟悉使用各种物流技术及其装备。
(3) 了解 GPS、GIS、物联网等物流新技术的发展趋势。
(4) 能够根据实际情况选择各种物流技术及其装备。

古语说得好:"工欲善其事,必先利其器。"要想实现物流运作的低成本和高效率,就需要借助相关的物流技术和装备。例如:高速公路建设加快及其网络的不断完善,铁路技术的提高以及列车的多次提速,民航、港口等基础设施的建设,极大地提高了物流网络的系统能力和作业效率;自动化立体仓库的使用,不但能够有效利用空间,减少占地面积,而且能够有效提高作业效率,大大节省了人力成本。

在国家标准《物流术语》中,上述方法、技术和设备被统称为"物流技术"(logistics technology),即物流活动中所采用的自然科学与社会科学方面的理论、方法,以及设施、设备、装置与工艺的总称。国家标准中所指的"物流技术",也就是人们通常所说的"物流技术及其装备",后者实际上是人们的一种习惯叫法,它清晰地把物流硬技术和软技术并列提出。下面将采用这种习惯用法,对相关设施设备及技术做全面介绍。

一、物流技术及其装备在物流系统中的地位和作用

物流技术与装备系统是物流系统的重要子系统之一,担负着物流作业的各项任务,影响着物流活动的每一环节,在物流活动中处于十分重要的地位。离开物流技术及其装备,物流系统就无法运行,或服务水平及运行效率极其低下。

(一) 物流技术及其装备是物流系统的物质技术基础

作为物流系统的生产力要素,物流技术与装备是进行物流活动的物质技术基础,对促进物流现代化、强化物流系统能力,具有十分重要的支撑和推动作用。

(二) 物流技术及其装备是提高物流系统效率的主要手段

物流技术是推进物流科技进步、加快物流现代化的重要环节,也是提高物流效率的根本途径。实践证明,先进的物流技术与装备、先进的物流运作与管理是提高物流能力、推动现代物流迅速发展的两个车轮,缺一不可。

(三) 物流技术及其装备是反映物流系统水平的主要标志

现代化的物流技术及其装备是现代物流与传统物流的主要区别之一,也是物流系统水平较高的主要表现,对提高物流系统的运作效率,降低物流系统的运作成本,具有十分重要的作用。物流技术及其装备的应用和普及程度直接影响着物流技术整体水平。因此,物流技术及其装备是物流系统水平先进与否的主要标志。

(四)物流技术及其装备是构筑物流系统的主要成本要素

物流系统的成本主要包括固定成本和变动成本,在固定成本的构成中,物流技术和装备的投资占有相当大的比重,是物流系统成本的主要构成部分。

二、物流技术及其装备的应用配置原则

物流技术及其装备的应用配置必须根据物流系统的成本目标、服务水平和质量进行综合考虑。

(一)物流技术装备配置的合理性原则

合理选用物流技术及其装备,设备先进程度、数量多少要以适用为主,使设备性能满足系统要求,以保证设备得到充分利用,防止设备闲置浪费。为此,要对物流技术及其装备进行科学规划,要认真研究分析设备需求种类、配置状况、技术状态,做出切实可行的配置方案,并进行科学合理的选用,充分发挥物流机械设备的效能。

(二)物流系统运作的快速性、及时性、准确性和经济性原则

合理利用物流技术及其装备,以最低的物流成本,提供高效、优质的服务,是赢得持久竞争优势的关键。顾客在购买不同产品时对供货时间的要求也有所差异。而生产系统为保证生产需要,有时需要快速地供应生产所用的原材料。这对物流技术及其装备提出了更高的要求,要求快速、及时、准确、经济地把物料或货物运送到指定场所。快速是为满足生产和用户需要,以最快时间运送。为保证物流速度,就需要合理配置物流设备,广泛应用现代化物流设备。

(三)选用物流器具和设备的标准化原则

在物流系统中,采用标准化物流技术及装备、器具,可以降低设备和器具的购置和管理费用,提高物流作业的机械化水平,提高物流系统的效率和经济效益。特别是选用标准化集装单元器具,有利于搬运、装卸、储存作业的统一化和设施设备的充分利用。

(四)具有较强的灵活性、适应性原则

在物流系统中,所采用的物流技术及其装备应能适应各种不同物流环境、物流任务和实际应用的需求,应满足使用方便、符合人体工程学原理等要求。例如,物流技术及其装备的使用操作要符合简单、易掌握、不易出错等要求。

(五)充分利用空间

利用有效的空间进行物流作业,如架空布置的悬挂输送机、立体库、梁式起重机、高层货架等。还可使用托盘和集装箱进行堆垛,向高空发展,这样可减少占地面积,提高土地利用率,充分利用空间。

(六)减少人力搬运

从人机工作特点来看,有些地方还需要人力搬运,但应尽量减少体力搬运,减少人员步行距离,减少弯腰的搬运作业。例如,可以用手推车减少体力搬运,用升降台减少或消除弯腰搬运作业。应尽量减少搬运、装卸的距离和次数,减少作业人员上下作业、弯腰次数和人力码垛的范围和数量。

任务一 装卸搬运技术和装备

双鹤药业（云南公司）的装卸搬运成本分析

双鹤药业（云南公司）是北京双鹤这艘医药航母部署在西南战区的一艘战舰，是一个以市场为核心，以现代医药科技为先导，以金融支持为框架的新型专业医药公司，是西南地区经营药品品种较全、较多的医药公司。

虽然双鹤药业（云南公司）已形成规模化的产品生产和网络化的市场销售，但其流通过程中物流没有得到应有的重视，造成物流成本居高不下，不能形成物流规模化，以至于不能形成价格优势。这严重阻碍了物流服务的开拓与发展，成为公司业务发展的"瓶颈"。

装卸搬运活动是衔接物流各环节活动正常进行的关键，而云南双鹤恰好忽视了这一点。由于搬运设备的现代化程度低，只有几个小型货架和手推车，大多数作业仍处于以人工作业为主的原始状态，工作效率低，且易损坏物品。另外仓库设计不合理，造成长距离的搬运，并且库内作业流程混乱，形成重复搬运，大约有70%的无效搬运，这种过多的搬运次数，损坏了商品，也浪费了时间。

要改变这一现状，就要减少装卸搬运环节，改善装卸作业，既要设法提高装卸作业的机械化程度，还必须尽可能地实现作业的连续化，从而提高装卸效率，缩短装卸时间，降低物流成本。其合理化措施如下。

1. 防止和消除无效作业

减少装卸次数、提高被装卸物品的纯度、选择最短的作业路线等都可以防止和消除无效作业。

2. 提高物品的装卸搬运活性指数

企业在堆码物品时应事先考虑装卸搬运作业的方便性，把分好类的物品集中放在托盘上，以托盘为单元进行存放，既方便装卸搬运，又能妥善保管物品。

3. 进行正确的设施布置

采用"L"形和"U"形布局，以保证物品的单一流向，既避免了物品的迂回和倒流，又减少了搬运环节。

4. 积极而慎重地利用重力原则，实现装卸作业省力化

装卸搬运使物品发生空间位移，必须通过做功才能实现。由于我国目前装卸机械化水平还不高，还离不开人工作业，劳动强度大，因此必须在有条件的情况下利用重力进行装卸。可以将设有动力的小型运输带（板）斜放在货车、卡车上进行装卸，使物品在倾斜的输送带（板）上移动，这样就能减轻劳动强度和能量的消耗，进而实现省力化，提高作业速度。

如果说物流硬件设备犹如人的身体，那么物流软件解决方案则是人的灵魂，灵与肉的结合

才构成了完整的人。同理,要想构筑先进的物流系统,提高物流管理水平,单靠物流设备是不够的,还需要先进的物流软件和物流思想。

一、装卸搬运的定义

在整个物流过程中,装卸搬运是不断出现和反复进行的活动。它的出现频率远远高于其他物流功能,同时每次装卸搬运都要占用很多时间和消耗很多劳动力。装卸搬运不仅是决定物流速度的关键,而且是影响物流费用高低的重要因素。

根据我国的国家标准,装卸是指物品在指定地点以人力或机械装入运输设备或从运输设备卸下的活动,搬运是指在同一场所内将物品进行空间移动的物流作业。那么,装卸搬运就是指在同一地域范围内进行的、以改变物料的存放状态和空间位置为主要目的的活动。装卸搬运设备向机械化、自动化、智能化的方向发展,这对于提高物流效率、降低物流成本、加强现代物流发展具有非常重要的作用。

二、装卸搬运技术和设备的作用

装卸搬运技术和设备的作用具体表现在以下几个方面。
(1) 提高装卸效率,节约劳动力,减轻装卸工人的劳动强度,改善劳动条件。
(2) 缩短作业时间,加速车辆周转,加快货物的送达和发出。
(3) 提高装卸质量,保证货物的安全。
(4) 降低物料搬运作业成本。
(5) 充分利用货位,加速货位周转,减少货物堆码的场地面积。

装卸搬运机械是用来搬移、升降、装卸和短距离移动货物的机械,常用的装卸搬运机械主要包括两大类:起重机械设备和搬运机械设备。

一、起重机械设备

起重机械设备的品种很多,如门式起重机、桥式起重机、汽车起重机、轮胎起重机和堆垛机。它们适合在多种条件下进行起重作业,如码头、车站、货场、仓库、车间等。

1. 手动葫芦

手动葫芦是多用途的手动起重牵引机械,如图9-1所示。它广泛用于工矿、运输、建筑、电力、造船及林业等部门的设备安装、散件捆扎、起重货物、拉紧线路及焊接对位等,尤其适合在无电源的狭小场站用于牵引。

2. 电动葫芦

电动葫芦是用来起落重物的一种起重设备,如图9-2所示。其主体可固定安装或通过小车悬挂在工字钢轨道上做直线或曲线运动,还能搭配在单梁起重机、门式起重机、悬挂起重机和悬臂起重机等多种起重机上使用,使作业面积扩大,使用场合增多。因此,电动葫芦是工厂、矿山、码头、仓库、货场和商店等场所常用的起重设备之一。

3. 门式起重机

门式起重机如图9-3所示,多用于专用线、车辆装卸货场和堆垛等露天作业环境,特别是用

图 9-1 手动葫芦

图 9-2 电动葫芦

图 9-3 门式起重机

于装卸铁路货车时作业效率较高。它可以在负荷下做长时间的纵向运行,具有场地利用率高、作业范围大、适应面广、通用性强等特点。但门式起重机只能在轨道所及的范围内作业,机动性较差。

4. 桥式起重机

桥式起重机在构造和用途方面与门式起重机相似,主要区别在于桥式起重机必须在固定桥墩上的轨道运行。这种起重机多用于大型库房内,通常称为"天车"或"行车"。

5. 履带起重机

履带起重机如图 9-4 所示,机动性非常强,可广泛用于建筑、交通、港口、能源等部门,以完成吊重、安装及搬运物料等作业。

6. 轮胎起重机

轮胎起重机如图 9-5 所示,它较履带起重机而言,机动性更强,广泛应用于车站、码头和货场等场所的装卸。

7. 汽车起重机

汽车起重机如图 9-6 所示,主要用于起重装卸、堆垛、拆垛和交通、建筑工程作业等。

8. 巷道堆垛起重机

巷道堆垛起重机如图 9-7 所示,它在货架之间的巷道内运行,相当于一部可沿轨道移动的

图 9-4　履带起重机

图 9-5　轮胎起重机

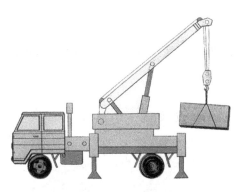

图 9-6　汽车起重机

图 9-7　巷道堆垛起重机

活动电梯,主要用于搬运装在托盘上或货箱内的单元货物,也可开到相应的货格前,由机上人员按出库要求拣选货物出库。其特点是堆垛高、通道少、库容利用率高、出入库速度快,是自动化仓库必备设备之一。

9. 叉车

叉车是指对成件托盘货物进行装卸、堆垛和短距离运输、重物搬运作业的各种轮式搬运车辆。在物流系统中扮演着非常重要的角色,是物料搬运设备中的主力军。它广泛应用于车站、港口、机场、工厂、仓库等场所,是机械化装卸、堆垛和短距离运输的高效设备。叉车是唯一既能装卸又能搬运的物流设备,如图 9-8 所示。

二、搬运机械设备

搬运机械设备的种类很多,适合在各种条件的场所搬运不同形态的商品,如在码头、车站、仓库、工厂和建筑工地搬运固体、液体和气体等状态的商品。这些商品有包装的,有散装的,也有集装成大单元的。这些机械都能实现物品水平或垂直位移的变化,所以称为搬运机械,主要使用于小空间、短距离、频繁的往复作业,如载重汽车、平板拖车等。

1. 叉车

作为搬运机械使用的叉车,同时也可作为起重机械使用。

图 9-8　叉车

2. 载重汽车

载重汽车主要在建筑工地、工厂等地使用,具有载重量大、运送速度快的特点,如图 9-9 所示。

3. 平板车

平板车主要在仓库、厂房等地使用,具有方便、省力的特点,如图 9-10 所示。

图 9-9　载重汽车　　　　　　　　　　图 9-10　平板车

4. 带式输送机

带式输送机是一种摩擦驱动的、以连续方式运输物料的机械,主要由机架、输送皮带、皮带辊筒、张紧装置、传动装置等组成。它可以使物料在一定的输送线上,从最初的供料点输送到最终的卸料点,形成一种物料的输送流程。它既可以进行碎散物料的输送,也可以进行成件物品的输送。除输送物料外,还可以与各工业企业生产流程中的工艺要求相配合,形成有节奏的流水作业运输线。带式输送机可以用于水平运输或倾斜运输,使用非常方便,广泛应用于各种现代化的工业企业中,如矿山的井下巷道、矿井地面运输系统、露天采矿场及选矿厂中。

三、辅助设备

为保证仓库各项业务活动的顺利进行,仓库除应具有上述各种设备外,还需具有多种辅助设施,如金属或电缆切割机,以及各种维修、检验、通风、照明、取暖、给排水及安全等方面的设备。

实例分析

以服务细节赢客户，临江坪作业区焦炭装卸作业案例

临江坪作业区隶属于宜昌港务集团六大港区，在目前市场竞争日益激烈的情况下，临江坪作业区凭着优质的服务态度，通过关注细节来影响客户，取得了非凡的成就。2012年5月以来，国内钢材价格持续上涨，引起焦炭市场价格上涨。宜昌焦化煤气公司与江西萍钢集团、九江钢铁公司签订了每月供货量一万吨的长期供货合同。为了降低物流成本，焦化煤气公司选择了水运的运输方式。湖南微科、长江货代、宜昌外轮三家物流代理公司，分别在汇洋临江坪作业区、泰和、林业三个港口码头同时装船发货，需从中挑选合适的发运港口，竞争在三个码头之间展开。为抓住这一新货源，公司副总经理牛君朝带领公司人员到代理公司详细了解产品特性、运输方式、路线等信息，并请客户（包括代理公司、货主）到码头参观生产作业线，增加客户对作业区的了解，以争取这一装卸货源。

6月13日，首船焦炭在临江坪作业区十七码头装船。作业前，临江坪作业区针对焦炭价值高、质量轻、易碎的特性，制订了一整套装卸作业方案，对十七码头进行了全面整改，准备了二十一条码头皮带机备用作业线。为防止与其他货物混杂而影响质量，作业区专门清理了约300平方米的作业平台，专供焦炭卸车用。工人师傅们用高压水枪，对300多米的皮带机进行了彻底冲洗，使整个运输线干净、整洁、无杂物。为最大限度地减少焦炭在皮带机运输过程中的撒漏，作业区安排专人对皮带机料口、接头部位的胶皮进行了更换，并用塑料布将料斗接头四周全面封闭，在皮带机线下垫上塑料布，以保证撒漏货物能"颗粒归仓"。

在作业中，当班司机精心调试设备，使皮带机运输线始终处于正中位置运转，未出现"跑偏"现象，在作业中无一撒漏，当天仅用8个小时就优质高效地完成了1500吨焦炭装船作业。

三个码头的装卸作业效果对比显示，不论是装卸质量，还是装船速度，临江坪作业区的装卸效果最好，以组织装卸实力和细微服务赢得了货主的信任。至此，焦炭成为临江坪作业区又一大稳定货源。

小结：

通过本案例可以了解到，市场竞争是惨烈的，谁能满足货主要求，维护好货主的利益，谁就能赢得更多市场。"货主是我们的衣食父母，我们是货物的保姆"不是一句口号，而是一项实实在在的行动，是落实在商务、生产作业组织、管理各个环节的行动，是做到为货主提供细微服务的行动。只有货主满意，才能获得货源，使企业在激烈的市场竞争中独占鳌头。

任务二　仓储技术及其装备

河南某物流公司的主营业务是仓储和运输，其仓库的营业面积达30万平方米，主要储存的商品包括食品、家电、饮料、服装及机械制品等。由于公司缺乏现代物流观念，公司经营效益较差，经常出现商品质量问题，如储存的食品超过保质期，家电的包装箱被挤压得严重变形，牛奶

的包装膨胀,服装在雨季会发霉甚至腐烂等。这些问题涉及物资在库内的存放方式、装卸搬运采用的设备种类、仓库温湿度的控制、物资堆码采用的方式等。由于公司专业人士较少,专业知识较为缺乏,才导致了这些问题的出现。

另外,公司还面临一个较为头疼的问题,就是无法对运输的车辆实施有效的监控,不能实时掌握车辆的状态,导致物资进出库的时间差异较大,运输成本居高不下,个别车辆甚至在市场上"拉私活",严重影响到公司正常业务的开展,危害极大。带着这些问题,公司管理人员找来物流咨询公司,想找出这些问题的解决方案。现在假设你是这家咨询公司的一位项目经理,公司把这项工作交给你,请针对该公司存在的问题设计一份物流技术及其装备的整体运作解决方案。

仓储技术及其装备的内容很多,怎么选择合理的仓储技术及其装备,要根据物品本身的理化性质及作业要求来选择。比如,怎样对仓库进行规划,仓库物品放在什么地方,采用什么样的货架,仓库的温湿度怎样控制,物品是否需要衬垫和毡盖等;在搬运物品时,选择什么样的搬运设备能够省时省力,涉及集装作业时,是选择托盘集装还是集装箱集装或者其他集装方式。总之,要根据实际情况实施仓储作业,还要注意各种设施设备之间的配合。

一、仓储技术及其装备的作用

仓储技术及其装备是能够满足人们储藏和保管物品需要的技术装置和机具,是构成仓储系统的重要组成因素,担负着仓储作业的各项任务,影响着仓储活动的每一个环节,在仓储活动中处于十分重要的地位。离开仓储技术及其装备,仓储系统可能无法运行或服务水平及运行效率极其低下。

(一)仓储技术及其装备是提高仓储系统效率的主要手段

一个完善的仓储系统离不开现代仓储技术及其装备的应用。许多新的仓储技术与装备的研制开发,为现代仓储的发展做出了积极的贡献。实践证明,先进的仓储技术及其装备和先进的仓储管理是提高仓储能力、推动现代仓储迅速发展的两个车轮,两者缺一不可。

(二)仓储技术及其装备是反映仓储系统水平的主要标志

仓储技术及其装备与仓储活动密切相关,整个仓储活动的过程伴随着存储保管、存期控制、数量管理、质量养护等功能作业环节及其他辅助作业,这些作业的高效完成需要不同的仓储技术及其装备。因此其水平的高低直接关系到仓储活动各项功能的完善和有效实现,决定着物流系统的技术含量。

(三)仓储技术及其装备是构筑仓储系统的主要成本因素

现代仓储技术及其装备是资金密集型的社会财富。购置现代仓储技术与装备要投入的费用相当巨大。同时为了维持系统的正常运转,发挥设备的效能,需要不断地投入大量的资金。仓储技术与装备的费用对系统的投入产出分析有着重要的影响。

二、仓储技术

(一)仓库布局技术

根据仓库生产和管理的需要,对整个仓库的设施进行用途规划,确定生产、辅助生产、行政等场所。一个仓库通常由生产作业区、辅助生产区和行政生活区三大部分组成。

1. 生产作业区

生产作业区是仓库的主体部分,是商品储运活动的场所,主要包括储货区、铁路专用线、道路、装卸台等。

储货区是储存保管的场所,具体分为库房、货棚、货场。货场不仅可存放商品,还起着周转和调剂货位的作用。铁路专用线、道路是库内外的商品运输通道,商品的进出库、库内商品的搬运,都是通过这些运输线路实现的。专用线应与库内道路相通,保证运输畅通。装卸站台是供货车或汽车装卸商品的平台,有单独站台和库边站台两种,其高度和宽度应根据运输工具和作业方式而定。

2. 辅助生产区

辅助生产区是为商品储运保管工作服务的辅助车间或服务站,包括车库、变电室、油库、维修车间等。

3. 行政生活区

行政生活区是仓库行政管理机构和生活区域,一般设在仓库入库口附近,便于业务联系和管理。行政生活区应与生产作业区分开,并保持一定距离,以保证仓库的安全、行政办公的方便和居民生活不受仓储作业的干扰。

仓库内部区域规划的合理与否对仓库内部的物流作业影响重大,仓库内部区域规划应从以下几个方面考虑。

(1) 根据储存任务设置足够的库房和货场。

(2) 制定合理的仓容定额。

(3) 合理设置铁路专用线和装卸机械,一般而言,铁路专用线应沿仓库的长度方向布置,其位置在仓库宽度方向的中间或三分之一处较为合理,铁路专用线和库内道路的交叉口不得少于两个。

(二) 物资堆码技术

商品验收入库,根据仓库储存规划确定货位后,即应进行堆码、苫垫或密封,这是商品保管和保养中的一项重要工作,也是搞好商品管理的一个重要环节。

堆码,也称堆垛,就是根据商品的包装、形状、重量、数量和性能特点,结合地面负荷和储存时间,将商品堆成各种垛形。商品的堆码直接影响着商品的保管。合理的堆码能使物品不变形,不变质,保证商品安全储存,还能提高仓容的利用率,为商品的保管、保养和收发提供便利。

常见的堆码方法有重叠式、纵横交错式、通风式、压缝式、栽柱式、宝塔式、鱼鳞式、"五五化"等。

(三) 货架储存技术

仓库里储存的商品品种、规格繁多,性质各异,形态不同,作业方式也因商品的不同而差别较大。在这种情况下,为了最有效地利用仓容,保证储存商品的数量与质量以及存取作业的便利,可以使用货架来实现这些目的。货架可以分为通用货架和新型货架。

通用货架主要包括层架、层格架、抽屉式货架、柜式货架、U 形架、栅架、悬臂架等。近年来,出现了几种新型货架:调节式货架、装配式货架、转动式货架、活动货架、高层货架。

1. 调节式货架

根据货架调节的部位不同,调节式货架又分为层架调节货架和单元调节货架。

2. 装配式货架

装配式货架又称组合式货架,它是用标准货架配件,如立柱、隔板等,根据需要组装而成的各种货架。

3. 转动式货架

这种货架的外形呈圆筒形,它的每一层皆能围绕主轴转动,故称为转动式货架。

4. 活动货架

活动货架即移动式货架,即在货架底部装上轮子,用人力或电力驱动,使货架沿着轨道方向移动。

5. 滑动式货架

滑动式货架是把静止状态的商品储存变为活动储存。

6. 高层货架

高层货架是20世纪60年代随着自动化立体仓库的出现而发展起来的。

(四)物资苫盖衬垫技术

1. 物资的苫盖

在露天存放物资时,为防止雨淋、风吹及日光曝晒等,垛上需加适当的遮盖物,这便是物资的苫盖。

2. 物资的衬垫

在物资堆垛时,按照垛形的尺寸和负重情况,先在垛底放上适当的衬垫物,这即为物资的衬垫。

(五)库房温湿度控制技术

1. 温湿度变化的观测

温湿度的观测是了解温湿度的主要方法,一般采用干湿球温度计、电子温湿度表等进行观测。

为了准确地测定库房的湿度,通常要根据库房面积的大小、储存物资的性质特点及季节气候情况,适当确定安置温湿度计的地方和数量。一般每日上午与下午各观测1次,并将记录结果作为调节库房温湿度的依据和研究温湿度变化规律的可靠资料。

2. 仓库温湿度的控制和调节方法

当仓库内的温湿度适合物资的储存时,人们要尽力保持这种有利的环境,当不适合物资的储存、保管时,就要考虑调节库房的温湿度。常用的措施包括密封、通风、吸潮和空调器调节等。

仓储工作中所使用的设备按用途和特征可以分为装卸搬运设备、保管设备、计量设备、养护检验设备、通风照明设备、消防安全设备、劳动防护设备及其他用途的设备。在仓库设备的具体管理中,应根据仓库规模的大小进行恰当的分类。

（一）装卸搬运设备

装卸搬运设备用于商品的出入库、库内堆码以及翻垛拆垛作业，这类设备对改进仓储管理、减轻人员的劳动强度、提高收发货效率具有重要的作用。

目前，我国仓库中使用的装卸搬运设备通常可以分为三类。

（1）装卸堆垛设备，包括门式起重机、桥式起重机、叉车、堆垛机、滑车、滑板等。

（2）搬运传送设备，包括电瓶搬运车、输送机械、电梯及小推车等。

（3）成组搬运工具，包括托盘、集装袋和集装箱等。

（二）保管设备

保管设备是用于保护仓库商品质量的设备，主要包括以下两种。

（1）苫垫用品，苫的作用是遮挡雨水和阳光，垫的作用是防潮和通风，包括苫布（塑布、塑料膜和油布）、苫席、枕木、石条等，苫布和苫席在露天货场使用较多。

（2）存货用具，包括各种类型的货架和货橱。

货架，即存放货物的敞开式格架，根据仓库内布置方式的不同，货架可以分为组合式和整体焊接式两种。整体焊接式的制造成本较高，不便于货架的组合变化，灵活性较差，因此在仓库里面较少采用。货架在流通性仓库，特别是立体仓库中起着很大的作用，它便于货物的进出，减少了货物的损耗，提高了仓库的利用率。

货橱即存放货物的格架，主要用于存放比较贵重或需要单独存放的货物。

（三）计量设备

计量设备用于物品进出仓库时的计量、点数，以及存货期间的盘点、检查和复核，常见的有案秤、电子秤、电子计数器、流量仪、汽车衡，以及较为原始的磅秤、卷尺等。随着仓库现代化水平的提高，现代化的自动计量设备会得到更多的运用。

（四）养护检验设备

养护检验设备是用于商品入库验收、在库保管、测试、化验以及出库复验的器具、仪器，如温度计、测潮仪、吸潮器、烘干箱、风幕（设在仓库门口，防止库内外空气进行冷热交换）、商品质量化验仪器等，这类设备在规模较大的仓库使用较多。

（五）通风保暖照明设备

通风保暖照明设备是根据商品保管要求和仓库作业要求而配备的。

（六）消防安全设备

消防安全设备是必不可少的设备，它包括报警器、消防车、消防水带、水源、灭火器、沙土箱及消防云梯等。

（七）劳动防护用品

劳动防护用品主要用于确保仓库职工作业时的人身安全。

▶ 相关知识扩展

物资堆码时的"五五化堆码"：所谓"五五化"，是以五为基本计算单位，根据物资的不同形状，码成各种垛形，其总数均是五的倍数，即"大的五五成方，小的五五成包，方的五五成行，矮的五五成堆,带眼的五五成串"。

实例分析

云南双鹤药业仓储系统的合理化改造

云南双鹤药业在物流管理中面临的主要问题除了装卸搬运费用过高外,还包括下面问题。

(1) 储存费用过高。

目前,云南双鹤药业仓库的平面布置安排不合理,只强调充分利用空间,没有考虑前后工序的衔接和商品的有序存放,混合堆码的现象严重,造成出入库的复杂性和商品的长期存放,甚至一些发生质变的商品和退回的商品没能得到及时处理,占据了库存空间,增加了库存成本。

(2) 运输费用没有得到有效控制。

云南双鹤药业拥有庞大的运输队伍,但由于物流管理缺乏力度,没有独立的运输成本核算方法,因此该企业只追求及时送货,不可能做到批量配送,造成不必要的迂回,也造成人力、物力上不必要的浪费。而且由于部分员工的工作作风不好,乘送货之机办自己的私事,影响了工作效率,也增加了运输费用。

(3) 物流管理系统不完备。

企业物流信息的传递依然采用"批条式"或"跑腿式"的方式进行,电脑、网络等先进设备与软件基本处于初级应用或根本不用的状态,使得各环节间严重脱离甚至停滞,造成不必要的损失。

(4) 人力资源及时间浪费大。

由于公司人员管理松散和用人制度的不合理,一部分员工长期处于空闲状态,拿着工资却不工作,往往是几个员工聚在一起,花几个人的时间做一个人的工作。工作中娱乐成了很自然的事情,没人留意在每一个环节中所用的时间,诸如寻找、拿取、装卡、拆卸、摆放、运输等,这些环节都延缓了工作时间,降低了工作效率,造成了无法计量的成本损耗。

云南双鹤药业针对存在的这些问题,对仓储系统进行合理化改造。

(1) 重视对原有仓库的技术改造,加快实现仓储的现代化。

目前医药行业的仓库类型主要分为生产物流中的制药原料及成品库和销售物流中的战略仓库。大多数企业倾向于采用高位货架结合窄通道高位驾驶三向堆垛叉车的立体仓库模式,如西安杨森、通化东宝、奇化顿制药、中美史克等。在此基础上,根据实际需要,尽可能引进国外先进的仓储管理经验和现代化物流技术,有效提高仓库的储存、配送效率和服务质量。

(2) 完善仓库功能,逐步实现仓库的社会化。

加快实现仓库功能多元化是市场经济发展的客观要求,也是仓库增加服务功能、提高服务水平、增强竞争力、实现仓库社会化的重要途径。在市场经济条件下,仓库不应该只是存储商品的场所,更要承担商品分类、挑选、整理、加工、包装、代理销售等职能,还应成为集商流、物流、信息流于一身的商品配送中心、流通中心。基于云南双鹤目前的规模及实力,企业应实现现有仓库向共同配送的库存型配送中心转化。商品进入配送中心后,先是分类储存,再根据用户的订货要求进行分拣、验货,最后配送到各连锁店和医疗单位。这种配送中心作业简单,只需将进货商品解捆后,每个库区以托盘为单位进行存放即可。

(3) 建立完备的仓库管理系统。

成功经验表明,仓库管理系统(以下简称 WMS)是低风险、高回报的选择,其投资回收期通常不超过一年半,有的甚至在一年以内。也正因如此,WMS受到世人的青睐,大量应用于世界500强企业中,其应用行业的范围也十分广泛,包括制药业、食品业、印刷业、服饰业、出版业、电信业和硬件制造业等。一项由"仓库教育和研究协会"做出的研究表明,最好的仓库运行机制可以获得99.9%的订单准确率和99.2%的准时出货率,"零误差"被认为是可以达到的目标。云南双鹤药业可以根据自己的经济实力和发展需求,有选择地借鉴这些软件。

(4) 培养仓储技术人才,加强物流管理。

要转化就要从引进高素质人才和培训企业员工着手,在广泛吸纳社会上有用人才的同时,更要加速提高现有人员的业务技术和道德素质,建立一支高素质的高科技人才队伍。

任务三　集装单元化技术及其装备

任务引入

托盘作为一种集装设备和技术,在仓储、运输业中已被广泛使用。目前各种材质的托盘同时存在,能满足不同层次、不同条件工作的使用要求。我国目前每年使用的托盘在1亿只以上。按发达国家塑料托盘占托盘总量比例40%的一半计算,国内塑料托盘的需求量将达到200万只,就国内目前塑料托盘的生产能力而言,5至10年后才能达到供需基本平衡。

目前,国内商品流通所需托盘约为每年8000万只,其中港口用2000万只(出口),总需求还会进一步增长。塑料托盘有商品流通运输过程中用的大号托盘,也有超市中装净菜用的小号托盘,这一产业的发展速度非常快。据了解,塑料托盘行业在中国正处于高速增长期。塑料托盘尽管面市较晚,成本相对较高,但每年仍以大于10%的速度增长。20世纪80年代以前几乎是木质托盘一统天下。从80年代后期至90年代初期,出现了其他材质的托盘,如金属、塑料、纸浆模塑托盘等,以后又出现了填充塑料托盘。到20世纪末出现了木塑复合结构托盘。那么除了托盘之外,物流活动还会用到什么样的集装设备及技术呢?

任务分析

在现代物流系统中,托盘被认为是经济效益较高的运输包装方式之一,它不仅可以简化包装,降低成本,提高包装可靠性,减少损失,而且易于实现机械化,节省人力,实现高层堆码,充分利用空间。

一、集装与集装单元

集装就是以实行最有效的物资搬运为基本条件,把若干个物品、包装货物或者零散货物进行适合的组合包装,达到适合装卸、储存、存放、搬运以及机械操作的目的。集装既是一种包装形式,又是一种储存形式,贯穿了物流的全过程并发挥着重要作用。

集装单元是指用各种不同的方法和器具,把有包装或无包装的物品整齐地汇集成一个扩大了的、便于装卸搬运的作业单元,这个作业单元在整个物流过程中保持一定的形状。集装单元的实质就是要形成集装单元化系统,集装单元化系统是由货物单元、集装器具、装卸搬运设备和输送设备等组成的可高效、快速地为物流业服务的人工系统。

集装单元化技术是随着物流管理技术的发展而发展起来的。采用集装单元化技术后,物流费用大幅度降低,同时传统的包装方法和装卸搬运工具发生了根本变革。集装箱本身成为包装物和运输工具,改变了过去对包装、装卸、储存、运输等环节单独负责的做法。集装单元化技术是综合规划和改善物流机能的有效技术,是物流管理硬技术和软技术的有机结合。

二、集装单元化的特点与原则

1. 集装单元化的特点

(1) 通过标准化、通用化、配套化和系统化来实现物流功能作业的机械化、自动化。

(2) 通过物品的简单移动来减少重复搬运次数,缩短作业时间和提高效率,装卸机械的机动性得以增强。

(3) 改善劳动条件,降低劳动强度,提高劳动生产率和物体载体利用率。

(4) 物流各环节便于衔接,容易进行物品的数量检验、清点,交接简单,减少差错。

(5) 货物包装简单,节省包装费用,降低物流成本。

(6) 容易高堆积,减少物品堆码存放的占地面积,能充分利用空间。

(7) 能有效地保护物品,防止物品的破损、污损和丢失。

(8) 间歇性作业需要良好的道路和宽阔的路面,托盘和集装箱的管理烦琐,设备费一般较高,由于托盘和集装箱自身的体积及重量的原因,使物品的有效装载减少。

2. 集装单元化的原则

为了充分发挥货物集装单元化的优越性,降低物流费用,提高经济效益,在实现集装单元化时必须遵循以下几个基本原则。

1) 集装单元器具标准化

集装单元器具标准化是物流系统中相关设备制定标准和规定的基础,集装单元器具标准化是物流合理化的核心问题之一。器具标准化的内容主要有集装技术语的使用和标志的使用,集装器具的形式和质量,强度、刚度和耐久性试验方法等。集装单元器具标准化有利于提高集装器具的使用性能、节约材料;便于大量生产,有利于维修、管理和变换。

2) 集装单元化的通用化、系统化、配套化原则

在设计和组织集装单元时,应站在系统化的高度来规划设计,使之与其他运输方式相适应,实现通用化和配套化,这样不仅可以提高物流效率,加快物资周转,还省时省力,可以降低运作成本。

3) 集装单元化的集散化、直达化、装满化原则

为了提高集装单元的周转效率,需要实现信息的共享,这样可以实现集散化。通过实施直达化和装满化,提高运输工具的实载率,减少无效运输,降低运输成本。

4) 集装单元化的效益化原则

在推广应用集装单元化技术的过程中,必须注意集装箱和托盘等集器具的合理流向及回程货物的合理组织,这样才能充分发挥集装单元化的效益优势作用。

集装单元化器具主要有三大类,即托盘、集装箱和其他集装器具。

（一）托盘

国家标准对托盘的定义：在运输、搬运和存储过程中，将物品规整为货物单元时，作为承载面并包括承载面上辅助结构件的装置。作为一种集装设备，托盘现已广泛应用于生产、运输、仓储和流通等领域，被认为是20世纪物流产业中两大关键创新之一。托盘作为物流运作过程中重要的装卸、储存和运输设备，与叉车配套使用，在现代物流中发挥着巨大的作用。托盘给现代物流业带来的效益主要体现在：可以实现物品包装的单元化、规范化和标准化，保护物品，方便物流和商流。

托盘按基本形态可以分为以下几类。

1. 平托盘

平托盘几乎是托盘的代名词，只要一提托盘，一般都是指平托盘，因为平托盘使用范围最广、数量最多、通用性最好，如图9-11所示。平托盘又可细分为三种类型：①根据台面分类，有单面形、单面使用型、双面使用型和翼型四种；②根据叉车叉入方式分类，有单向叉入型、双向叉入型、四向叉入型三种；③根据材料分类，有木质平托盘、钢质平托盘、塑料质平托盘、复合材料平托盘以及纸质托盘五种。

图9-11 平托盘

2. 柱式托盘

柱式托盘分为固定式和可卸式两种，其基本结构是托盘的四个角有钢制立柱，柱子上端可用横梁连接，形成框架型。柱式托盘的主要作用，一是利用立柱支撑重量，将物品叠高；二是可防止托盘上放置的货物在运输和装卸过程中发生塌垛现象，如图9-12所示。

3. 箱式托盘

箱式托盘是四面有栏板的托盘，有的箱体有顶板，有的没有顶板。箱板有固定式、折叠式、可卸下式三种。四周栏板有板式、栅式和网式，因此，四周栏板为栅式的箱式托盘也称笼式托盘或仓库笼。箱式托盘防护能力强，可防止塌垛和货损，可装载异型的、不能稳定堆码的货物，应用范围广，如图9-13所示。

4. 轮式托盘

轮式托盘与柱式托盘和箱式托盘相比，多了下部的小型轮子。因而，轮式托盘显示出能短距离移动、自行搬运或滚上滚下式的装卸等优势，用途广泛，适用性强，如图9-14所示。

5. 滑板托盘

滑板托盘是在一个或多个边上设有翼板的平板，用于搬运、存储或运输单元载荷形式的货物或产品，如图9-15所示。

6. 特种专用托盘

由于托盘作业效率高、安全稳定，尤其在一些要求快速作业的场合，突显了托盘的重要性，

图 9-12　柱式托盘

图 9-13　箱式托盘

图 9-14　轮式托盘

图 9-15　滑板托盘

所以各国纷纷研制了多种多样的专用托盘,如平板玻璃集装托盘、轮胎专用托盘、长尺寸物托盘和油桶专用托盘。

(二) 集装箱

按国际标准化组织(ISO)的规定,集装箱应具备下列条件:①具有足够的强度,能反复使用;②途中转运不用移动箱内货物,就可以直接换装;③可以进行快速装卸,并可从一种运输工具方便地换装到另一种运输工具上;④便于货物的装满和卸空;⑤具有 1 立方米或 1 立方米以上的容积。满足上述五个条件的大型装货容器才能称为集装箱。

为适应装载不同种类货物的需要,出现了不同种类的集装箱,它们在外观、结构、强度、尺寸等方面不尽相同。集装箱可按用途、箱体材料、箱体结构和外部尺寸的不同进行分类。

1. 杂货集装箱

杂货集装箱(或通用集装箱)用来运输无须控制温度的杂货,其使用范围极广,占全部集装箱的 80% 以上,如图 9-16 所示。这种集装箱通常为封闭式,在一端或侧面设有箱门。杂货集装箱通常用来装运文化用品、化工用品、电子机械、工艺品、医药、日用品、纺织品及仪器零件等,不受温度变化影响的各类固体散货、颗粒或粉末状的货物都可以用这种集装箱装运。

2. 开顶集装箱

开顶集装箱没有刚性箱顶,但有由可折叠式或可折式顶梁支撑的帆布、塑料布或涂塑布制成的顶篷,其他构件与通用集装箱类似,如图 9-17 所示。这种集装箱适合装载大型货物和重货,如钢铁、木材。特别是像玻璃板等易碎的重货,可利用吊车从顶部吊入箱内,不易损坏,而且便于在箱内固定。

图 9-16　杂货集装箱

图 9-17　开顶集装箱

3. 台架式集装箱

台架式集装箱没有箱顶和侧壁,有的甚至连端壁也去掉,而只有底板和四个角柱,如图 9-18 所示。这种集装箱可以从前后、左右及上方进行装卸作业,适合装载长大件和重货件,如重型机械、钢材、钢管、木材、钢锭等。台架式集装箱没有水密性,怕湿的货物不能装运,或用帆布遮盖后装运。

4. 平台集装箱

平台集装箱是在台架式集装箱基础上的再简化,是只保留了底板的一种特殊结构的集装箱,如图 9-19 所示。平台的长度与宽度与国际标准集装箱的箱底尺寸相同,可使用与其他集装箱相同的紧固件和起吊装置。这一集装箱的采用打破了过去一直认为的集装箱必须具有一定容积的概念。

图 9-18　台架式集装箱

图 9-19　平台集装箱

5. 冷藏集装箱

冷藏集装箱以运输冷冻食品为主,是能保持一定温度的保温集装箱,如图 9-20 所示。它是专为运输鱼、肉、新鲜水果、蔬菜等食品而特别设计的。目前国际上采用的冷藏集装箱基本分两种:一种是集装箱内带有冷冻机的,叫机械式冷藏集装箱;另一种箱内没有冷冻机,只有隔热结构,即在集装箱端壁上设有进气孔和出气孔,箱子装在舱中,由船舶的冷冻装置供应冷气,叫作外置式冷藏集装箱。

6. 散货集装箱

散货集装箱是一种密闭式集装箱,有玻璃钢制和钢制两种,如图 9-21 所示。前者由于侧壁强度较大,故一般用于装载麦芽和化学品等相对密度较大的散货,后者则用于装载相对密度较小的谷物。散货集装箱顶部的装货口应设水密性良好的盖,以防雨水侵入箱内。

7. 通风集装箱

通风集装箱是为装运水果、蔬菜等不需要冷冻且具有呼吸作用的货物,在端壁和侧壁上设

图 9-20 冷藏集装箱

图 9-21 散货集装箱

有通风孔的集装箱,如将通风口关闭,同样可以作为杂货集装箱使用,如图 9-22 所示。

8. 罐状集装箱

罐状集装箱还可以装运其他液体危险货物。这种集装箱有单罐和多罐数种,罐体四角由支柱、撑杆构成整体框架,如图 9-23 所示。

图 9-22 通风集装箱

图 9-23 罐状集装箱

9. 动物集装箱

动物集装箱是一种装运鸡、鸭、鹅等活家禽和牛、马、羊、猪等活牲畜用的集装箱,如图 9-24 所示。为了遮挡阳光,箱顶采用胶合板遮盖,侧面和端面都有用铝丝网制成的窗,以求有良好的通风。侧壁下方设有清扫口和排水口,并配有上下移动的拉门,可把垃圾清扫出去,还装有喂食口。动物集装箱一般应装载在船舶甲板上,因为甲板上空气流通,便于清扫和保持卫生。

10. 汽车集装箱

汽车集装箱是一种运输小型轿车用的专用集装箱,其结构是在简易箱底上装一个钢制框架。这种集装箱分为单层的和双层的两种,如图 9-25 所示。因为小轿车的高度为 1.35 米至 1.45 米,如装在 8 英尺(1 英尺=0.3048 米)的标准集装箱内,其容积要浪费 2/5 以上,因而出现了双层集装箱。双层集装箱的高度有两种:一种为 10.5 英尺,一种为 8.5 英尺的 2 倍。因此汽车集装箱一般不是国际标准集装箱。

图 9-24 动物集装箱

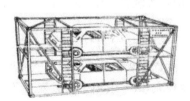
图 9-25 汽车集装箱

11. 组合式集装箱

组合式集装箱又称"子母箱",它的结构是在独立的底盘上安装箱顶、侧壁和端壁,箱体可以分解和组合,既可以单独运输货物,也可以紧密地装在20英尺集装箱和40英尺集装箱内,作为辅助集装箱使用,如图9-26所示。因为它拆掉壁板后形似托盘,所以又称为"盘式集装箱"。

目前在用的几种型号有G32、G64、G66和G132。在一个20英尺集装箱内,可装载24个G32、12个G64、12个G66、6个G132。

12. 服装集装箱

服装集装箱的特点是箱内的上侧梁上装有许多根横杆,每根横杆上垂下若干条皮带扣、尼龙带扣或绳索,成衣利用衣架上的钩,直接挂在带扣或绳索上,如图9-27所示。这种服装装载法属于无包装运输,不仅节约了包装材料和包装费用,而且减少了人工劳动,提高了服装的运输质量。

图 9-26 组合式集装箱

图 9-27 服装集装箱

(三)集装袋及其他集装器具

1. 集装袋

集装袋是一种袋式集装容器,它的主要特点是柔软、可折叠、自重轻、密闭隔绝性强。集装袋的应用领域很广,目前主要应用于水泥、粮食、石灰、化肥、树脂等易变质、易受污染且易污染其他物品的粉粒体的装运。

2. 集装网络

集装网络是使用高强纤维材料制成的集装工具,它的运输方式与集装袋相似。

3. 罐体集装

罐体集装与罐状集装箱类似,但不属于集装箱系列,罐体集装单独构成专用的系列,其集装能力有时超过罐状集装箱。

4. 货捆

货捆是依靠捆扎将货物组合成大单元的集装方式。

5. 滑板

滑板又称薄板托盘或滑片,是托盘的一种变形体。滑板一般用塑料制造,塑料滑板比木质、纸质滑板更好。

6. 半挂车

半挂车适用于集装箱多式联运,是一种集集装与运输功能于一体的集装方式。这种方式以半挂车与车载货物或车载集装箱为一个单元组合体进行物流,运输途中不单独处理车载货物,而是连同半挂车一起进行装卸、换载。所以,利用半挂车可以使整个物流过程浑然一体,充分利用联合运输的优势,从而实现"门到门"的运输。

相关知识扩展

1. 托盘的标准化

托盘的标准化,不单是托盘租赁、托盘流通和循环使用的前提,也是实现装卸搬运、包装、运输和保管作业机械化、自动化的决定因素,没有托盘规格尺寸的统一,没有以托盘为基础的相关设施、设备、装置、工具等的系列化、标准化,只能做到局部物流的合理化,难以达到整体物流的合理化。

虽然目前各国或者地区的标准不一致,关于托盘的国际标准,目前国际标准化组织还在讨论与修改之中。但 1100 mm×1100 mm、800 mm×1200 mm、1000 mm×1200 mm、1016 mm×1219 mm 这几种尺寸均被国际标准化组织(ISO)所认可。

我国托盘的标准化也经过了漫长而曲折的过程,由于历史原因,国家一直没有对托盘实施标准化,但随着我国经济的快速发展,物流行业得到飞速发展,托盘的标准化也逐步提上日程。GB/T 2934—1996 规定了联运通用平托盘的尺寸为 1000 mm×1200 mm、800 mm×1200 mm 和 800 mm×1000 mm 3 种,载重量均为 1 吨,这在一定程度上推进了物流行业的发展。

2. 集装箱的标准化

为了有效开展国际集装箱多式联运,必须使用标准的集装箱。集装箱标准按使用范围可以分为国际标准、国家标准、地区标准和公司标准四种。

1) 国际标准集装箱

1961 年 6 月国际标准化组织集装箱技术委员会成立后,开始着手制定集装箱的国际标准。到目前为止,国际标准集装箱共有 13 种规格,其宽度均一样(2438 mm),长度有四种(12 192 mm、9125 mm、6058 mm、2991 mm)、高度有四种(2896 mm、2591 mm、2438 mm、2438 mm)。

2) 国家标准集装箱

各国政府参照国际标准并考虑本国的具体情况,制定了本国的集装箱标准。我国现行国家标准《集装箱分类、尺寸和额定质量》(GB 1413—2008)中规定了各种型号的集装箱的外部尺寸、允许公差及额定质量。

3) 地区标准集装箱

集装箱的地区标准是由地区组织根据该地区的特殊情况而制定的,地区标准集装箱仅适用于该地区。如根据欧洲国际铁路联盟(VIC)制定的集装箱标准而建造的集装箱。

4) 公司标准集装箱

某些大型集装箱船公司,会根据本公司的具体情况和条件而制定集装箱的公司标准,这类公司标准集装箱主要在该公司运输范围内使用,如美国海陆公司的 35 英尺集装箱。

此外,目前世界上还有不少非标准集装箱。比如,非标准长度集装箱有美国海陆公司的 35 英尺集装箱、总统轮船公司的 45 英尺及 48 英尺集装箱;非标准高度集装箱主要有 9 英尺和 9.5 英尺两种高度的集装箱;非标准宽度集装箱有 8.2 英尺宽度集装箱等。由于经济效益的驱动,目前世界上 20 英尺集装箱总重达 24 英尺的越来越多,而且普遍受到欢迎。

实例分析

北京华力方元科技有限公司：基于北斗的集装箱位置服务平台解决方案

一、公司简介

北京华力方元科技有限公司成立于2016年，是深交所上市公司北京华力创通科技股份有限公司旗下专门从事轨道交通行业业务的国家高新技术企业，公司坚持创新驱动、合作共赢，致力于为轨道交通行业提供先进技术、解决方案及服务。

公司业务聚焦卫星应用、基础设施监测、智能装备，涉及仿真测试、虚拟现实、云计算、大数据等领域，目前公司已通过高新技术企业认证、ISO 9001认证、进出口权备案，经过技术上的不断积累，拥有多项软件著作权。

二、项目建设背景和解决的问题

（一）建设背景

自2008年中欧班列首次试运行至2018年10月中旬，据统计，中欧班列已经累计开行1.1万列，累计运送货物92万标箱，运行线路已达65条，覆盖了欧洲15个国家的44个城市，产生了巨大的社会效益。随着中欧班列开行线路的增加和欧洲回程货流市场的培育成长，更多城市能通过铁路直通欧亚国家，但在市场容量有限的情况下，多条线路必将产生同质竞争、重量轻质和去回失衡等问题，严重阻碍了各地中欧班列的资源共享、互联互通、货运接续和运输组织优化。

近年来，国家发改委、交通运输部等部门先后出台了一系列支持多式联运发展的政策措施，以铁水联运、国际联运为重点，积极推进多式联运示范项目工程建设。2017年4月国家发改委、交通运输部、中国铁路总公司印发的《"十三五"铁路集装箱多式联运发展规划》中明确提出，要构建信息共享服务平台，加强物联网、云计算、大数据、RFID、EDI、铁路TMIS等技术应用，加快集装箱铁水联运公共信息服务平台、全程货物追踪信息系统建设，实现集装箱多式联运物流信息交换、开放、共享。

（二）解决的问题

过去，铁路集装箱管理所使用的全路集装箱管理信息系统主要依托铁路车号自动识别系统，实现了集装箱在运输途中的节点式追踪管理，但该系统目前存在很大的局限性：

一是不能连续、动态地对集装箱进行追踪，车号系统采用节点式追踪方法，通过某些固定位置时才会通过铁路线路上预设的识别装置识读到车载标签，进而得到车辆或箱子的位置；

二是集装箱位置信息相对滞后，绝大多数情况下不能及时更新，特别是集装箱位于堆场内或者未经过识别地点时，就无法实时掌握集装箱在站堆存情况，影响集装箱的周转；

三是无法追踪公铁、水铁联运及中欧班列境外集装箱的位置信息，对铁路集装箱的资产管理来说是非常不利的；

四是集装箱站场管理信息依靠人工录入，导致箱车信息匹配差错率高。

三、系统推进过程

（一）方案论证

集装箱定位监控系统是为中欧班列集装箱运输而提出的综合性解决方案。该系统中的定位终端相较于市面上其他产品，重点要突破的有：一是适应"一带一路"沿线众多国家通讯制式的限制;二是适应亚欧大陆从城市到平原、从沙漠到草原、从山区到高原等多样的环境;三是在任何恶劣情况下,不管是寒冷地区、高温地区还是潮湿地区,设备都能稳定地工作;四是设备既要功耗低,还得结实耐用,在不更换电源的情况下至少保证5年以上的正常运行时间。

国内外在集装箱追踪方面用到的技术主要有人工识别、图像识别、RFID识别、有源定位等多种方式,其中人工识别无须外部设备,但是人力成本高,出错率也高,不适合作业量较大的集装箱堆场;图像识别、RFID识别等非接触类的技术,适合作业量较大的场站,适合做出入场识别,建设周期长,场站改造费用高,并且对于物流来说只能做节点式追踪;有源定位建设工程量少,周期短,见效快,但需要更换电池。

随着低功耗芯片技术、节能控制技术、高性能电池技术的进步,以及我国北斗卫星导航系统的大规模商业化运用,追踪器的稳定性更好,工作时间更长,价格成本进一步降低,使得大规模运用成为可能。综合以上各种因素,最终选定了"4G全网通+多频点GNSS"的解决方案。

(二) 技术验证

在确定地位终端的基本思路后,公司研发团队快速搭建了软件测试系统,并定制开发了定位终端产品的原型样机,随即展开了一系列的试验。

为了在"一带一路"沿线的各个国家采集的数据均可以稳定、可靠地回传给数据中心,项目组还开展了"一带一路"沿线国家网络制式、频段、信号强度等一系列的测试实验,最终确定的通信方案可以满足亚欧大陆绝大部分地区的数据要求,支持未来5~10年内移动通信制式的升级。

考虑到设备随箱运输,要在各种恶劣环境下使用5年以上,除了在实验室内模拟各种恶劣环境进行测试外,公司还通过真实的中欧班列运输环境,在实际线路上进行了多次检验,证明了产品各项指标均能很好地满足要求。

(三) 系统实现

结合设备的基本功能,云端系统实现了设备生产、配送、领用、装箱、维修、报废等各个过程的管理,解决了设备远程控制和远程监管的难题,系统主要特点有:

①使用低功耗、高性能、高可靠性的物料设计产品,包括MCU、电源管理PMIC、2G/3G/4G全网通通信模组等,实现uA级待机电流及较低的工作电流;

②硬件架构采用高性能的物联网电池包,选用高容量、大脉冲电流、低自放电率的容量型物联网电池;

③集成GIS技术,提供一张图位置服务,方便终端用户使用;

④从设备生产、出厂、运输、装箱到维修、报废整个过程,系统均提供了相应的管理功能,实现了产品全生命周期管理;

⑤根据集装箱运动状态、网络信号、GPS定位状态等动态调整集装箱定位终端的工作状态,同时将上述信息主动上报给云端系统;

⑥基于定位信息的运营大数据分析,方便使用者按地域、辖区、状态等不同维度进行统计分析,生成运营大数据,方便做出资产管理决策;

⑦提供更严格的安装及更换流程管理,系统通过多种手段严格控制设备的安装和拆卸流程,避免错号乱号现象发生;

⑧系统存储采用缓存库、临时库、归档库多种机制,对数据进行分级存储管理,提升了系统的效率;

⑨软硬件通讯采用特有的数据加密和解析机制,采用非阻塞式多线程、多队列设计,极大地提升了系统的安全性和可靠性;

⑩提供接入第三方软件平台的 API 接口,方便系统对接。

四、主要效益分析与评估

(一)提高铁路集装箱运输市场竞争力

提供盯控技术手段,保障货物运到时限,提前推断货物到达时间,提前安排装卸及生产,提高客户满意度。

(二)提升集装箱资产管理水平

提供位置查询、轨迹回放、区域分布、监控报警、流量流向分析等功能,防止集装箱丢失。

(三)掌握场站集装箱保有量,提高调拨效率

实现位置信息自动采集,可根据需要及时将集装箱调拨到有需要的最近场站。

(四)准确掌握集装箱路外停留时间,加速站外周转效率

通过定位信息,自动判断集装箱路外滞留时间,有效督促货主及时还箱。

(五)促进集装箱国际联运和多式联运发展

追踪公铁联运、水铁联运及离开国境的集装箱位置,满足了国际联运、多式联运和现代物流对货物实时追踪的要求。

(资料来源:中国物流与采购网,有改动)

任务四 现代物流技术的新发展 ——物联网技术

物联网冰箱

当你工作一天回到家,想做一份莲子桂圆汤,走到冰箱前查询冰箱外立面上的显示屏时,发现冰箱内现有红枣、莲子,却没有桂圆。没关系,这台冰箱已经通过物联网技术与全球相连接,可以马上访问沃尔玛的网站,那里有很多桂圆可供选购……这就是物联网冰箱带给人们的新生活。

物联网冰箱不仅可以储存食物,还可与冰箱里的食品进行"对话"。冰箱可以获取所储存食物的数量、保质期、食物特征、产地等信息,并及时将信息反馈给消费者。它还能与超市相连,让你足不出户就知道超市货架上的商品信息;能够根据主人取放冰箱内食物的习惯,制定合理的膳食方案。此外,它还是一个独立的娱乐中心,具有网络可视电话功能,能浏览资讯和播放视频。

物联网是一个新兴的行业,被视为比互联网大 30 倍的产业。研究发现,市场上有一个恒定的规律,每 15 年就会有新的技术驱动时代的变革,从计算机诞生到家用计算机、互联网,分别走

过了15年,现在,物联网时代已经悄然而至。物联网正逐渐走进人们的生活,影响人们的生活。如果用一句话来概括未来的物联网生活,那就是"身在外,家就在身边;回到家,世界就在眼前"。

一、物联网的概念

物联网即"物物相连的互联网",指的是通过射频识别(RFID)、红外感应器、全球定位系统、激光扫描器等信息传感设备,按约定的协议,把物体与互联网相连接,进行信息交换和通信,以实现对物体的智能化识别、定位、跟踪、监控和管理的一种网络。其目的是让所有的物品都与网络连接在一起,方便识别和管理。

二、物联网的特征

和传统的互联网相比,物联网有其鲜明的特征。

首先,它是各种感知技术的广泛应用。物联网上部署了海量的、多种类型的传感器,每个传感器都是一个信息源,不同类别的传感器所捕获的信息内容和信息格式不同。传感器获得的数据具有实时性,按一定的频率周期性地采集环境信息,不断更新数据。

其次,它是一种建立在互联网上的泛在网络。物联网技术的重要基础和核心仍旧是互联网,通过各种有线和无线网络与互联网融合,将物体的信息实时、准确地传递出去。在物联网上的传感器定时采集的信息需要通过网络进行传输,由于其数量极其庞大,形成了海量信息,在传输过程中,为了保障数据的正确性和及时性,必须适应各种异构网络和协议。

最后,物联网不仅提供了传感器的连接,其本身也具有智能处理的能力,能够对物体实施智能控制。物联网将传感器和智能处理相结合,利用云计算、模式识别等智能技术,扩充其应用领域。对传感器获得的海量信息进行分析、加工和处理,得出有意义的数据,以适应不同用户的不同需求,发现新的应用领域和应用模式。

物联网的应用极其广泛,遍及智能交通、环境保护、政府工作、公共安全、平安家居、智能消防、工业监测、环境监测、老人护理、个人健康、花卉栽培、水系监测、食品溯源、敌情侦查和情报搜集等多个领域。

一、物联网应用领域——电力电网

1. 减少停电现象

通过在电网中安装先进的分析和优化引擎,电力提供商可以突破"传统"网络的瓶颈,直接转向能够主动管理电力故障的"智能"电网。对电力故障的管理计划不仅考虑到电网中复杂的拓扑结构和资源限制,还能够识别同类型发电设备,这样,电力提供商就可以有效地安排停电检修任务的优先顺序。如此一来,停电时间和频率可减少约30%,停电导致的收入损失也相应减少,而电网的可靠性及客户的满意度都得到了提升。

2. 智能电表

在电力设施的支持下,智能电表可以重新定义电力提供商和客户的关系。通过安装内容丰富且读取方便的设备,用户可了解任何时刻的电力费用,还可以随时获取一天中任意时刻的用电价格(查看前后的记录),这样电力提供商就为用户提供了很大的灵活性,用户可以根据了解到的信息优化用电模式。智能电表不仅可以测量用电量,还是电网上的传感器,可以协助检测波动和停电。它还能储存和关联信息,支持电力提供商完成远程开启或关闭服务,也能远程支持使用后支付或提前支付等付费方式的转换。总而言之,智能电表可大幅度减小系统的峰值负荷,转换电力操作模式,也能重新定义客户体验。

二、物联网应用领域——医疗系统

1. 整合的医疗平台

整合的医疗平台可通过各医院的子系统收集并存储患者信息,并将相关信息添加到患者的电子医疗档案中,所有授权和整合的医院都可以访问平台。通过各医院的管理系统、转诊系统等,资源和患者能够有效地在各个医院之间流动。这个平台满足一个有效的多层次医疗网络对信息分享的需要。

2. 电子健康档案系统

电子健康档案系统通过可靠的门户网站集中进行病历整合和共享,这样各种治疗活动就可以不受医院行政界限的限制而形成一种整合的视角。有了电子健康档案系统,医院可以准确、顺畅地将患者转到其他门诊或其他医院,患者可随时了解自己的病情,医生可以通过参考患者完整的病史为其做出准确的诊断和治疗。

三、物联网应用领域——城市设施

1. 实时城市管理

实时城市管理需要设立一个城市监控报告中心,将城市划分为多个网格,这样系统能够快速收集每个网格中所有类型的信息。城市监控中心依据事件的紧急程度上报或指派相关职能部门(如消防队、公安局、医院等)采取适当的行动,这样政府就可实时监督并及时响应城市事件。

2. 整合的公共服务

新的公共服务系统将不同职能部门(如民政、社保、公安、税务等)中原本孤立的数据和流程整合到一个集成平台,并创建一个统一流程来集中管理系统和数据,为居民提供更加便利和高效的一站式服务。

四、物联网应用领域——交通管理

1. 实时交通信息

道路是减少交通拥堵的关键,当不了解行人、车辆、货物和商品在市内的具体移动状况时,获取数据是重要的第一步。通过随处安置的传感器,可以实时获取路况信息,帮助监控和控制交通流量。人们可以获取实时的交通信息,并据此调整路线,从而避免拥堵。未来,将建成自动化的高速公路,实现车辆与网络相连,从而指引车辆更改路线或优化行程。

2. 道路收费

通过 RFID 技术及利用激光、照相机和系统技术等的先进的自由车流路边系统来无缝地检测、辨识车辆并收取费用。

五、物联网应用领域——物流供应链

1. 供应链网络优化

通过使用强大的分析和模拟引擎来优化从原材料至成品的供应链网络,这可以帮助企业确定生产设备的位置,优化采购地点,也能帮助公司制定库存分配战略。使用后,公司可以通过优化网络设计来实现真正无缝的端到端供应链,这样就能提高控制力,同时能降低成本(交通运输、存储和库存成本),减少碳排放,还能改善客户服务(缩短备货时间、按时交付、加速上市)。

2. 提供可视性供应链

供应链的每个成员都应当能够追溯产品生产者,以及产品成分、包装、来源等特征,也应当能够向前追踪产品的每一项活动。要设计一个对整个价值链具有可追溯性的供应链,公司必须创建流程和基础架构来收集、集成、分析和传递关于产品来源和特征的可靠信息,这应当贯穿于供应链的各个阶段(从农场到餐桌)。将不同的技术解决方案整合起来,使物理供应链(商品的运动轨迹)和信息供应链(数据的收集、存储、组织、分析和访问控制)能够相互集成,有了这样的可视性供应链,公司就能保护和推广品牌,主动地吸引其他股东并降低安全事故的影响。

六、物流网应用领域——食品安全

食品安全是国计民生的重中之重。通过标签识别和物联网技术,可以随时随地对食品生产过程进行实时监控,对食品质量进行联动跟踪,对食品安全事故进行有效预防,极大地提高食品安全的管理水平。

> **相关知识扩展**

物联网要实现万物相连,传感技术是关键媒介。物联网用到的传感技术包括射频识别(RFID)技术、无线传感器网络(wireless sensor network,WSN)技术、红外线、全球定位系统(global posttioning system,GPS)、激光扫描、无线通信、蓝牙技术等。在这些技术当中,又以底层嵌入式设备芯片开发最为关键,引领了整个行业的上游发展。这里重点介绍以下几种技术。

(一) RFID 技术

RFID 技术是物联网中让物品"开口说话"的关键技术。物联网中,RFID 标签上存储着规范而具有互用性的信息,通过无线数据通信网络把它们自动采集到中央信息系统,实现物品(商品)的识别。

(二) 传感器技术

在物联网中,传感器技术主要负责接收物品"讲话"的内容。传感器技术是关于从自然信息源获取信息,并对之进行处理、变换和识别的一门多学科交叉的现代科学与工程技术,它涉及传感器、信息处理和可识别的规划设计、开发、制造、测试、应用及评价改进等活动。

(三) 无线网络技术

物联网中,物品与人的无障碍交流,必然离不开可进行大批量数据传输的高速无线网络。无线网络既包括允许用户建立远距离无线连接的全球语音和数据网络,也包括近距离的蓝牙技术和红外技术。

(四) 人工智能技术

人工智能是研究使用计算机来模拟人的某些思维过程和智能行为（如学习、推理、思考、规划等）的技术。在物联网中，人工智能技术主要负责对物品"讲话"的内容进行分析，从而实现计算机自动处理。

(五) 云计算技术

物联网的发展离不开云计算技术的支持。物联网中终端的计算和存储能力有限，云计算平台可以作为物联网的"大脑"，实现对海量数据的存储、计算。

实例分析

中外运化工国际物流有限公司：物联网技术在危化品仓库中集成应用

一、中外运化工国际物流有限公司简介

中外运化工国际物流有限公司（简称：中外运化工物流）属于生产性服务业的货物运输、仓储服务种类，是招商局集团旗下为化工行业客户提供综合化工供应链物流服务的专业子公司，拥有专业的化工物流团队、完备的资质和资源、完善的运营网络、先进的信息系统、严格的HSEQ管理体系以及完善的应急反应机制，秉承可持续发展理念，为化工行业客户提供绿色供应链解决方案。

中外运化工物流的网络覆盖全国及部分海外地区，近年来一直致力于东南亚海外通道的建设。形成了集国际国内海运、危险品道路班线运输、Tank等液体物流服务、国内仓储与样品管理、水路及铁路多式联运、罐装线及危废运输等增值服务于一体的较为齐备的化工物流服务体系，积累了丰富的专业经验，为客户提供全程供应链整体解决方案。公司作为一家肩负重大社会责任的国有企业，先后通过了 ISO 9001、ISO 14001、OHSAS 18001 和 RSQAS 体系，建立了完善的 HSEQ 管理体系，并率先在国内建立全国救援网络，为客户提供安全高效的物流服务。

自2008年以来，该公司与主要大客户建立了战略合作伙伴关系，为适应战略合作的逐步推进，形成了事业部制矩阵式管控模式。未来公司将成为拥有核心成熟公共物流产品，具备专业核心资源网络优势的化工垂直领域内全供应链运营平台型公司。

本案例中的技术实施单位为南通中外运化工物流有限公司（简称：南通中外运化工物流），是中外运化工物流下属子公司。其经营的仓储物流基地坐落于南通市经济技术开发区江海化工园区通顺路19号，总占地面积 85 467 m^2，项目一期包含丙类仓3栋，约 16 000 m^2，乙类库2栋，约 5770 m^2，以及综合楼、公用工程及事故池等。

二、企业通过信息化技术要解决的突出问题

物流公司经营成本主要包含仓储、运输、管理三个部分，从数据看，我国物流的仓储和管理占比高，但效率偏低。目前各国都通过降低库存成本、加快流转速度来达到最高效率，除了物流本身，高新技术、信息技术等产业的发展也是降低物流成本的一大促因。

我国物流成本高、效率低，主要有以下因素制约着物流的发展。

1. 基础设施建设缓慢

我国现有物流仓储设施中，超过70%建设于20世纪90年代之前，不能满足现代化的需要；目前5.5亿物流仓储设施的供应量，达到国际化标准的不足1000万平方米；自动化程度低，多靠人工分拣搬运，自动化技术没有得到好的应用，耗时耗力；物流信息网络平台建设缓慢，物流信息共享困难。

2. 体制和政策不完善

物流企业各自为营，都有一套自己的标准，使得物流标准化推进困难，短时间内体系难以完善。在法律层面缺乏监管和管控，难以避免不正当竞争，外部控制欠缺，政策层面没有给予足够的便利性，税收、交通、海关存在很多政策性障碍。

3. 企业运营效率低

我国大大小小的物流企业超过30万家，小、散、弱，彼此缺乏合作，而有整合、链式管理能力的第三方和第四方物流企业少。企业自身的物流设施、管理、技术、人员等都有待提升，同时各方面成本如生产要素、逆向物流等持续增长。

4. 运输成本高

我国主要的运输方式是公路运输，2016年的调查数据显示，公路运输承担了中国76.4%的运输量。而公路货运个体户居多，行业分散、无系统、信息度低，同时空载率高、需缴纳过路费等，也是造成运输成本高昂的原因。

目前，"互联网+"的运营管理模式正推动各个传统行业的经济形态不断地发生演变，为企业的改革、创新、发展提供了广阔的网络平台。而数字化管理作为"互联网+"的基础，是当代企业必须经历的变革。

南通中外运化工物流地处南通市经济技术开发区，开发区四周江河海连成一体，紧靠南通港和南通兴东机场，海陆空运输便捷，具有十分优越的交通条件。依托外运的专业优势及化工仓储的强势资源，南通中外运化工致力于为区内企业提供标准化、专业化、智能化的化工供应链服务平台。先后投入建设了监控、消防、安防、智能出入口道闸、WMS仓储系统等多套智能化管理平台及应用软件，较传统的人工管理，在安全管理与业务管控方面有了明显提高。

然而在日常经营管理方面，公司仍需投入不少人力去管理各个平台和应用软件。各管理系统数据相对独立，不能进行联动分析以达到综合管理的目标，并没有达到建设初期预想的"1+1>2"的成效。仍有以下几点亟须改善：

（1）需要继续加强对日常巡检及检查情况的监管力度。检查结果需要专人复核，同时设置检查疏漏提醒。

（2）货物禁忌性的人为控制缺乏有效监管。通过货物禁忌性计算，确保所有货物分区域放置，避免因化学反应引发事故。

（3）手工记录存在滞后性，数据正确性暂未达到百分之百。需通过各个步骤的实施记录，确保进出库作业的每个步骤都能做到有效控制，从而降低操作风险。

（4）员工具体工作量统计不准确。需系统地记录仓库内部入库、上架、出货、调拨、移库、盘点等作业的完整历史，建立人员绩效的完整记录，以实现准确的人员绩效考核。

（5）货物存储动态监测难。

（6）现场人员定位及独立作业区域内的人员数量统计难。

三、企业信息化进程

1. 实施中遇到的主要困难、问题

传统仓储作业主要依赖客服的单证和现场人员的经验，差错率高。由于缺乏对作业量的统筹分析，导致现场作业人员任务分配不均衡且人员流动性高。仓储资源没有可靠数据进行分析，使得经营策略得不到优化。另外，化工物流是高度重视安全生产的一个行业，各类事故的处理及隐患的排查和预警亟须灵活的控制系统。面对目前实际运营中的难点,公司先后投入WMS、综合安防平台、综合消防平台等信息化管理系统。然而由于系统数量多、专业性强,使得管理成本居高不下。另一方面,各系统管理数据相对独立,使得业务、资源、安全的综合分析相对片面。

在仓储日常运营中,合理的资源调配在降本增效层面显得尤为重要。从人员调配、车辆调度、作业量分配到风险控制等,都需要科学、统一的规划。通过一年多的仓储运营,公司各部门集中分析了目前生产管理的风险和难点,最终着手考虑集成各管理系统,将各环节的管理进行统一并制定出标准化管理流程。从而实现从车辆入场到完成作业离场,一整套作业均能做到风险预控、责任到人、操作量化,形成闭环。

2. 公司推进、组织信息化实施方案来解决上述问题

在项目实施前期,公司通过多次多部门的需求沟通,整理并确认了各部门的实际需要,成立了由仓储部牵头、各部门协同配合的信息化推进工作小组,汇集各部门业务骨干和技术专家等进行核心问题的攻坚,并且在主要业务部门中专门指定对口人员,保证信息化建设的及时、有效推进。由于信息化专业性特征比较明显,公司与行业内著名的 IT 企业进行合作探讨,在系统设计阶段就让系统开发服务商参与项目,让专业人做专业事。在采购技术方面积极探索世界上的最新技术,在整个平台打造上采取模块化、简约化的产品设计,傻瓜式的操作流程,降低操作难度,减少推广的复杂性。

信息技术并不能彻底解决物流最底层的问题,即货物的搬运。线上可以完成单据的流转和商务的流转,但实际物品的流转需要线下科技的支撑。中外运化工物流解决这个问题的思路是物联网技术的深度融合。在线下高效运营技术方面,公司采用专用物联网技术创新:

(1) 条码技术,将传统物流跟踪到单的模式转变为物品最小包装单位;

(2) 各类传感器,目前在 GPS 设备的基础上扩展 3G 视频、主动安全防范系统及温度记录仪;

(3) 中转场站配置自动化设备来提升作业效率和安全保障,如智能叉车和自动传送履带等设备。

本项目通过各系统集成管理,较原设施新增了以下几项主要核心功能:

(1) 手机 app 培训考试模块:对司机的违规行为进行分类量化统计,一方面可为供应商提供考核依据,另一方面在外来人员风险上实现针对性预防。

(2) WMS 预约管理模块:解决现场车辆到场时间不可控的问题,通过有序的排班,使得现场作业有条不紊,人员分配更加科学,作业效率大幅提升。

(3) WMS 订单管理模块:提供实时、宏观的仓储业务数据,规避了在 WSM 中导出数据列表的传统统计方式,使得管理者能直观地分析并调整管理策略。

(4) 3D 仿真式货位管理模块:提供直观的仓库货位实时情况,并在库存管理方面提供准确的宏观数据,为仓储策略、化学品禁忌管控提供有效依据。

(5) 智慧消防管理模块:通过为所有消防设施绑定唯一的二维码的方式,在后台建立独立的设施巡检记录数据库,并按巡检记录分析设施状态,做到设施状态的实时监测和巡检工作的量化管理。

(6) 出入口管理模块:通过接入企业的门禁系统、车牌识别系统、车辆检查系统、访客系统,能够实现外来人员数据和车辆信息的查询与统计。

(7) 事故应急指挥调度模块：首先提供强大的应急业务管理和应急智能决策能力，在突发事故时，能够为应急救援工作提供支持信息，其次满足了企业日常应急资源管理、应急培训演练的需要。

(8) GIS 模型仿真展示模块：将仓库现场地图以 3D 模型等比例展示，并集成消防、安防等设备的位置信息，实时监测各系统报警信号，一旦发生报警或设备故障，均能在地图模型中直观地给予警告。

由于项目实施时间的要求，项目小组也大力学习同行先进的系统实施经验，不仅在外运系统内调研兄弟单位的先进理念和思想，还和行业内知名物流系统服务商探讨各种业务场景下的最优解决方案，为系统实施提供强有力的支持。

四、信息化主要效益分析与评估

1. 信息化实施前后的效益指标对比、分析

效益指标体现如表 9-1 所示。

表 9-1 效益指标

效益指标	项目实施前	项目实施后	提升效果
订单准确率	92%	99%	上升 7%
计划时效性	—	—	整体误差 1 小时以内
货位准确性	90%	97%	上升 7%
拣货准确率	95%	99%	上升 4%
日均装车量	13 辆	18 辆	上升 38%
外来车辆平均等待时间	3 小时	1 小时	下降 67%
单车货物上架均时	45 分钟	30 分钟	下降 33%
单车货物拣货均时	60 分钟	40 分钟	下降 33%
安全预警时效性	—	1 分钟	报警信息实时接收
客户投诉率	—	—	整体下降 70%

2. 信息化实施对企业业务流程改造与竞争模式的影响

随着全球互联网技术和信息技术的发展，仓储行业也进入了创新发展的新时代。信息技术是优秀的生产力，仓储企业也应该与时俱进，重视信息化改造和建设为企业带来的红利。

通过定制化电子单据、量化工作内容、各系统数据接驳等技术手段，逐步淘汰纸质单据、人工表格、数据传递等传统的业务管理方式，运用信息化手段优化传统业务流程。目前整套管理流程减少了人工录入、计算的次数，作业过程全程监控，增加了预警和纠错功能。整体上各环节都规避了人为因素带来的错误和风险，大大降低了管理成本，提高了人均作业效率。

3. 信息化实施对提高企业竞争力的作用

此次项目建设通过信息化技术手段切实做到提质增效，不仅易于管理，同时能有效提高工作效率，降低人工成本，节省人力、物力、财力，进而取得较大的经济效益。安全管理联动消防、安防等平台，做到事前预警，从而提前发现隐患，从根本上杜绝事故的发生。

目前化工物流领域的安全要求远远高于传统物流行业，导致 3C 设备成本相对高昂，因此业内企业总体信息化水平不高。此次智慧园区集成管理平台的落地，在行业内也是为数不多的

信息化管理案例,在企业形象宣传、大客户体验上均有很大的提升空间。

五、信息化实施过程中的主要体会、经验与教训,及其推广意义

1. 主要体会、经验与教训

信息化建设不能照搬别人的成果,必须从自身实际出发,通过长期经营和总结,找到切合实际的需求,由点及面地解决问题。

公司初期针对实际问题投入了多套系统,确实也解决了一部分管理上的难题,然而在统筹规划上有所缺失,导致信息化建设不能全面覆盖公司整体的经营和管理。而这次集成化管理平台项目的落实,切实、有效地实现了全方面、全流程的信息化管理,能实时、精准掌握企业相关的经营、市场、技术、质量信息,从根本上全面提高了企业的社会效益和经济效益。

2. 推广意义

伴随时代的进步,传统行业进行信息化改造是大势所趋。从管理层面来看,信息系统甚至信息本身,不仅仅起着支撑企业战略的作用,更有助于决定企业的发展战略。从操作层面来看,未来依靠信息技术规范和量化的操作流程,因人的差异导致结果不可控的局面也会彻底消失。

面对不可回避的信息化改革,只有在行业内走在前列,才会赢得更大的市场。本次南通中外运化工物流集成平台的实施,已在南通市场得到了客户的肯定和青睐。未来,该公司也将依托成熟的信息化管理平台,在化工物流行业内树立优质、高效的企业品牌形象。

(资料来源:中国物流与采购网,有改动)

项目小结

本项目涉及的知识点包括装卸搬运技术和装备、仓储技术及其装备、集装单元化技术及其装备、现代物流技术的新发展——物联网技术等。学生在掌握以上知识点的前提下,可以参考实例分析,对一项具体的货运任务进行分析,设计整体的物流技术及其设备的选择方案。在设计整体的物流技术及其设备方案的时候,还要考虑各种物流技术及其设备的特点和多种物流技术及其设备的结合使用。

本项目的学习,可以使学生对物流技术及其设备有整体的感性认识,为以后的学习打下一个良好的基础。

同步训练题

(1) 物流技术及其设备都包括什么?
(2) 简述物流技术及其装备的应用配置原则。
(3) 简述装卸搬运的设备种类。
(4) 论述仓储技术的种类。
(5) 简述集装单元化技术及其装备。
(6) 论述物流信息技术的内容及在物流中的应用。
(7) 请举例说明物联网在食品安全领域的运用。

实训项目

1. 实训目的

(1) 通过对物流企业的参观,让学生了解物流技术及其设备在现实中的应用,如托盘、集装

箱、叉车、起重设备及物流信息技术设备,增强对物流技术及其设备的感性认识。

(2) 通过专业人士的讲解与现场演示,了解物流技术及其设备的使用及安全操作流程。

(3) 通过参观,让学生做到理论与实践的结合。

(4) 培养学生与人沟通的能力,提高学生的职业素质及团队意识。

2. 实训方式

实训方式为实地参观调研。

3. 实训内容

(1) 以班级为单位分小组,由老师带队到当地物流企业进行参观,邀请专业人士进行现场讲解。

(2) 参观企业可选择第三方物流公司、快递公司或大型连锁超市的配送中心等。

(3) 企业管理人员讲解本企业的物流概况、物流经营模式、具体的作业流程及物流技术及其设备在本企业的运用情况。

(4) 参观完毕,各小组针对参观情况制作PPT,在课堂上交流分享。

(5) 老师按PPT及小组讲解情况进行评分和存档。

项目十
电子商务与国际物流

WULIU
GUANLI
JICHU

(1) 熟悉电子商务环境下的物流管理。
(2) 掌握电子商务环境下的物流运作模式。
(3) 熟悉国际物流的基本业务。
(4) 掌握国际物流运输方式的选择。

一、电子商务的概念

随着因特网(Internet)的快速发展和网络经济、信息经济等概念的提出,电子商务逐渐进入人们的视野。电子商务(E-commerce)在 20 世纪 90 年代兴起于美国和欧洲,目前已成为网络生活中的一个重要组成部分。国际标准化组织(ISO)认为电子商务是企业之间、企业与消费者之间信息内容与需求交换的一种通用术语。联合国国际贸易法委员会则认为电子商务是采用电子数据交换(EDI)技术和其他通信方式增进国际贸易的一种运营模式。

我国的电子商务热潮开始于 2000 年之后,电子商务是指人们利用电子手段进行商业、贸易等商务活动,是商务活动的电子化。其中电子手段指电子工具、电子技术、设备及系统,包括电报、电话、传真、电视、电子函件、电子计算机、电子数据交换、信用卡、通信网络、电子货币及因特网等。商务活动包括询盘、报价、磋商、签约、履约及支付等经济活动。电子商务主要是指网络上的商务活动,是一种新的商业运作模式。

二、电子商务的特征

1. 便捷性

在电子商务环境中,人们不再受地域的限制,客户能以非常便捷的方式完成过去较为繁杂的商务活动,如能够通过网络银行全天候地存取账户资金、查询信息等,同时企业对客户的服务质量得以大大提高。

2. 普遍性

电子商务作为一种新型的交易方式,将生产企业、流通企业以及消费者和政府带入了一个数字化生存的网络经济新天地。

3. 整体性

电子商务能够规范事务处理流程,将人工操作和电子信息处理集成为一个不可分割的整体,这样不仅能提高人力和物力的利用率,也可以提高系统运行的严密性。

4. 安全性

在电子商务中,安全性是一个至关重要的问题,它要求网络能提供一种端到端的安全解决方案,如加密机制、签名机制、安全管理、存取控制、防火墙、防病毒保护等,这与传统的商务活动有很大的不同。

5. 集成性

电子商务以计算机网络为主线,对商务活动的各种功能进行高度的集成,同时对参加商务活动的各商务主体进行高度的集成。高度的集成性使电子商务进一步提高了效率。

三、企业对企业(B2B)电子商务的交易流程

(1)买卖双方将各自的需求及供应信息通过网络提交给网上电子交易中心,网上电子交易中心对外公开发布供求信息。

(2)买卖双方根据网上电子交易中心提供的信息,自行选择合适的贸易伙伴,网上电子交易中心从中撮合,促使买卖双方成交。

(3)买方在网上电子交易中心按市场支持的支付方式完成支付手续。

(4)指定银行通知电子交易中心买方货款到账。

(5)网上电子交易中心通知卖方将货物发送到离买方最近的交易中心配送部门,配送部门将货物送达买方。

(6)买方验证货物后通知网上电子交易中心并提交收货信息。

(7)网上电子交易中心通知银行买方收到货物,银行将买方的货款转交给卖方。

(8)卖方将回执送交银行,交易流程结束。

四、国际物流的概念

国际物流(international logistics,IL)是指不同国家(地区)之间的物流活动。国际物流的实质是按国际分工协作的原则,依照国际惯例,利用国际化的物流技术、物流设施和物流网络,实现货物的国际流动和交换,以促进区域经济的发展和国际资源的优化配置。国际物流的总目标是为国际贸易和跨国经营服务,即选择最佳的途径与方式,以最低的费用和最小的风险,保质、保量地将货物从某国的供方准确地送到另一国的需方。国际物流与国际贸易、国际分工之间有着密不可分的联系。

任务一　电子商务与现代物流

黑龙江邮政对俄跨境电商物流逆势增长

2020年8月,黑龙江俄速通国际物流有限公司发寄的饰品、儿童玩具、生活用具等百吨货品,顺利地通过黑龙江邮政对俄通道运往莫斯科、叶卡捷琳堡等地。截至2020年7月底,黑龙江邮政哈尔滨对俄跨境电商物流通道累计执飞对俄包机69架次,发运陆运邮车53班次,承运对俄国际邮件473万件,累计重量1993吨,同比增长7.8%,实现了疫情期间的逆势增长。

黑龙江邮政国际业务分公司表示,受疫情影响,国际航空运能紧张,运价上涨,中国飞往俄罗斯的航班大幅减少,黑龙江省对俄国际物流通道一度受阻。

面对疫情不利影响,黑龙江邮政勇于创新,不断提升工作质效。充分利用万国邮联框架下

的国际资源优势,积极与陆运承运商和航空公司反复协商,全力多地争取运能资源,对于短缺的航空运能资源,利用俄罗斯航空公司"客改货"包机运载模式,实现小批量、多批次邮件发运,保证了运能、运价、时效的稳定。

因疫情原因,进口防疫物资邮件激增,黑龙江省邮政国际业务分公司在第一时间设置专用窗口,开通绿色通道,对进口药品、消毒用品等进行单独记录,需要商业报关的防疫物资,免费提供报关服务,并以最快速度配合海关开展清关业务。

哈尔滨对俄跨境电商物流绿色通道的稳定运营,为俄罗斯网民带来了福音。俄罗斯网民对我国日用品、防疫产品、服装、塑料等产品的购买需求大幅提升。省邮政分公司紧盯市场需求,利用现有哈尔滨至俄罗斯叶卡捷琳堡货运专机时效稳定、运能充足的优势,首次尝试业务突破,打通了黑龙江省对俄非邮商业渠道,吸引了大量出口防疫物资客户进行发寄。

(资料来源:中国物流与采购网,有改动)

一、电子商务对物流的影响

1. 电子商务助推了物流技术的革新

现代物流技术包括各种规划技巧、管理技能与操作方法,如物品包装技术、物品标识技术、物品流通加工技术、物品实时跟踪技术等。物流技术也包括物流规划、物流设计、物流评价及物流策略等。随着电子商务的飞速发展,物流技术中又整合了更多新兴的技术,如 GPS(全球卫星定位系统)、GIS(地理信息系统)、Bar Code(条形码)、EDI(电子数据交换技术)等。现代物流技术水平的提高,迅速提升了物流系统的快速反应能力。通过优化电子商务系统的物流中心、配送中心网络,重新设计适合电子商务的流通渠道,可以有效减少物流环节,简化物流过程,提高物流系统的快速反应能力。

2. 电子商务丰富了物流企业的服务内容

电子商务打破了传统经营方式下的地理范围限制,服务范围迅速扩展,电子商务在为众多企业拓展市场边界的同时,对企业的物流配送也提出了全球化的要求。物流全球化的趋势必然要求物流组织的网络化,促使物流企业在全球范围内设立物流组织。物流企业只有不断地完善自己的物流网络和配送渠道,形成反应灵敏、步调一致、信息沟通快捷的物流运作体系,才能适应电子商务提出的"三准原则",即在准确的时间,将准确的货物送到准确的地点,并以尽可能低的成本和尽可能短的时间为全球客户提供优质、高效的物流服务。

3. 电子商务推进物流标准化的进程

物流标准化是指以物流为一个大系统,制定系统内部设施、专用工具、机械装备等的技术标准和包装、装卸、运输、配送等各类作业的作业标准和管理标准,以及作为现代物流突出特征的物流信息标准,并形成全国以及和国际接轨的标准化体系,推动物流业的发展。

4. 电子商务贯穿现代物流全过程

传统的物流把物流分割成运输、仓储、包装、装卸等若干个环节,以商流为中心,从属于商流活动。现代物流的运作则以信息为中心,为企业提供包括运输、仓储、装卸和包装在内的服务,还提供加工、分发和配货等服务,使物流成为连接生产企业和用户的重要环节。在现代物流运作的整个过程中,通过网络上的信息传递,实现对物流的实时控制,电子商务将物流的各个环节作为一个完整的系统进行统筹协调、合理规划,使物流服务的功能多样化,可以更好地满足客户的需求。

二、物流对电子商务的作用

1. 物流的畅通是完成电子商务活动的保证

在电子商务过程中,消费者通过网络平台购买商品,完成了商品所有权的转移。但电子商务活动并未结束,只有商品和服务真正到达消费者手中,商务活动才告以终结。在整个电子商务的交易过程中,物流实际上是以商流的后续者和服务者的姿态出现的,没有现代化的物流,轻松的商流活动将成为一纸空文,而"以顾客为中心"的理念也无法得到保证。

2. 物流配送制约着电子商务的推进

用"成也配送,败也配送"来形容电子商务与物流的关系是再恰当不过的了。当人们庆幸终于实现了网上订货、网上支付的同时,也开始抱怨起了货款已经支付,货却迟迟不来。为了送货,有的网站动用了EMS,有的网站动用了快递公司,有的网站甚至打起了居委会大妈的主意。这只是电子商务遭遇的尴尬之一。众所周知的世界直销大王——戴尔电脑公司面临的最大问题也是物流方面的问题,在收到顾客的要货订单后,如何及时采购到电脑的各种零配件,电脑组装好了以后如何及时送到顾客手中,这些都需要一个完整的物流系统来支持,而迅速成长起来的戴尔公司缺乏的也正是这个。正如海尔集团物流推进本部的周行先生所说:"电子商务是信息传送的保证,物流是执行保证,没有物流,电子商务只能是一张空头支票。"

3. 物流是电子商务的重要组成部分

在电子商务中,一些电子出版物,如软件等可以通过网络以电子文件的方式送达客户手中,但绝大多数商品仍要通过其他各种方式完成送货。消费者浏览网页后,轻松点击即可完成网上购物,但所购买的物品有时迟迟不能送到客户手中,电子商务的跨地域及时效优势就一点也没有了,其结果可想而知,消费者势必会放弃电子商务,选择更为安全可靠的传统购物方式。

三、物流与电子商务相互依赖、相互促进

物流是电子商务运作的前提和保障,而电子商务的发展进一步促进了物流的发展,使物流走向信息化、网络化、现代化和集成化。在电子商务飞速发展的环境下,有些物流企业逐步集成了管理咨询和现代物流的能力,融入企业管理之中,包括和企业商务活动深层次的协调、集成,了解客户的专业技术和专业知识,为客户提供一整套完善的供应链解决方案,管理电子商务的整个供应链,满足最终消费者的独特需求,与企业共同分享电子商务下的供应链管理的利益和风险等。物流与电子商务形成相互依赖、相互促进的良性循环。

四、电子商务物流体系的运作模式

电子商务的具体实施有多种模式可以选择,完整的电子商务应该具有商流、物流、信息流和资金流。在商流、信息流、资金流都可以在网上进行的情况下,物流体系的建立应该被看作电子商务的核心业务之一。我国的电子商务物流体系有以下几种模式。

1. 自己组建物流公司

国内的物流公司大多是由传统的储运公司转变而来的,还不能真正满足电子商务的物流需

求,因此,国外企业借助于它们在国外开展电子商务的先进经验在中国开展物流业务。对于国内的企业来说,投资这类物流公司应十分慎重,因为电子商务的信息业务与物流业务是截然不同的两种业务,企业必须对跨行业经营的风险进行严格的评估,新组建的物流公司必须按照物流的要求来运作才有可能成功。

2. 电子商务与普通商务活动共用一套物流系统

对于已经开展普通商务活动的公司,可以建立基于因特网的电子商务销售系统,同时可以利用原有的物流资源,承担电子商务的物流业务。

3. 外包给专业物流公司

将物流外包给第三方物流公司是跨国公司管理物流的通行做法。将非核心业务外包给从事该业务的专业公司去做,从原材料供应到生产,再到产品销售等各个环节的各种职能,都和在某一领域有专长或核心竞争力的专业公司互相协调和配合来完成,这样所形成的供应链具有最大的竞争力。因此,Compaq 和 Dell 分别将物流外包给 EXEL 和 FedEx。Amazon 在美国国内的电子商务物流业务由自己承担,美国市场以外的业务则外包给 UPS 等专业物流公司。中国境内的跨国公司在从事电子商务时,物流业务一般都外包给中国当地的第三方物流服务商。

4. 第三方物流企业建立电子商务系统

区域性或全球性的第三方物流企业具有物流网络上的优势,它们成长到一定规模后,也想将其业务沿着主营业务向供应链的上游或下游延伸,向上延伸到制造业,向下延伸到销售业。比如,1999 年美国联邦快递公司(FedEx)决定与一家专门提供 B2B 和 B2C 解决方案的 Intershop 通信公司合作开展电子商务业务。FedEx 一直认为该公司从事的不是快递业而是信息业,公司进军电子商务领域的理由有两个:第一,该公司已经有覆盖全球 211 个国家的物流网络;第二,公司内部已经成功地应用了信息网络,这一网络可以使消费者在全球通过因特网访问服务器跟踪其发运包裹的状况。该公司认为,这样的信息网络和物流网络的结合完全可以为消费者提供完整的电子商务服务。像 FedEx 这样的第三方物流公司开展的电子商务业务,完全有可能利用现有的物流和通信网络资源,使两个领域的业务都做到专业化,实现公司资源的最大利用。

五、我国 B2C 电子商务企业的物流模式

1. 企业自建物流体系

物流服务是否是其核心竞争力所在,自建的物流体系是否能够充分发挥其核心功能,是 B2C 电子商务企业考虑运用这一物流模式的关键。从我国企业的具体情况来看,不少药业企业、家电企业、大型制造企业以及连锁商家等在全国范围内有多年的经营经验和庞大的商品营销渠道,自身拥有良好的物流网络与现代化的物流技术和管理经验。随着网络经济的发展,这些企业在经营电子商务时可以通过不断整合自身资源,吸收外界资源,搞好自身物流网络建设,形成适合自己的物流配送体系。

2. 携手物流代理企业,共同完成物流配送

在电子商务环境下,市场竞争的优势不再是企业拥有资源的多少,而在于其能调动、协调和整合多少社会资源来增强自己的市场竞争力。灵活采用物流自理和代理模式是 B2C 企业更有效地发挥自身竞争力的法宝。从企业的长远发展考虑,企业应注重在经济可行的基础上与专业

物流公司建立长期的战略合作伙伴关系,加强库存控制、商品在途信息跟踪、商品销售信息与服务、信息系统之间的整合,从更高层次实现商流、物流信息的共享。

3. 虚拟物流联盟模式

由于国内网络覆盖广、物流成本低、信息化程度高、经营理念先进、服务水平高的专业物流企业不多,B2C 企业往往难以在众多物流代理企业中选出一家各方面都符合本企业物流业务需求的合作方来实现物流配送。"虚拟物流联盟"的形式为我国 B2C 电子商务企业组建物流配送体系提出了新的方向。B2C 企业可以在不同地域选择合适的物流代理公司,通过计算机网络技术将位于各地的仓库、配送中心连接起来,使之成为"虚拟联盟",通过各物流代理企业之间商流、物流信息的共享以及一系列的决策支持技术进行统一调度和管理,使得物流服务半径和货物集散空间变大,从而实现对消费者的配送。企业和物流代理公司之间畅通无阻的信息化高速平台是构建"虚拟物流联盟"的基础。同时,这一虚拟联盟对于企业的物流技术、组织结构等都有较高的要求。B2C 企业应建立联盟伙伴之间的评估与淘汰机制,不断优化联盟内的资源组合。这一方式对解决我国企业物流配送的跨区域合作、整个物流系统的资源优化配置具有重要的作用。

4. 企业＋第三方物流共建模式

由于"最后一公里配送"覆盖面积广、运作烦琐,电子商务企业往往将其交给物流代理公司来完成。而出于对库存成本、信息的掌控、防止突发情况带来的缺货损失、企业战略发展等的考虑,B2C 企业会考虑建立和管理自己的仓库和配送中心。在这种模式下,B2C 企业一般通过建模与实证分析,在适宜的地方自建大型的存储仓库和配送中心,不断调整和优化仓库、配送中心的布局,通过信息化平台和网络技术实现与物流代理公司的合作,将后面环节的物流配送业务交由专业物流公司来完成,共同实现对消费者的物流配送。双方之间信任机制的构建、双向信息对接及整合等问题对 B2C 企业提出了新的挑战,而 B2C 企业通过发挥自身和代理公司的双重优势来实现低成本、高效率的物流配送。

5. 物流全部外包模式

物流全部外包模式即 B2C 企业将非核心的物流业务全部交由物流代理公司承担,而 B2C 企业自身集中优势资源发展核心业务。目前,由于我国"大而全、小而全"的原有经济体制的影响,我国第三方物流企业大都处于起步或转型阶段,同时出于对外包活动及相关的关键业务丧失控制的顾虑,只有极少数 B2C 电子商务企业采用这一模式。随着我国物流产业经济环境的改善,专业物流企业将进行全新的变革,而随着全国性物流配送体系的构建,适合物流全部外包的社会环境亦将逐步形成。在全球电子商务竞争不断加剧和提倡核心竞争力的时代,物流全部外包模式将成为不少 B2C 企业最终采用的方式。

任务实施

电子商务的飞速发展极大地提升了物流管理的水平,而物流管理也在不断地适应和配合电子商务的迅速扩张。当代电子商务活动中的物流管理是指在社会再生产过程中,根据社会现有设施和技术,遵循物质资料实体流动的规律,应用管理的基本原理和科学方法,对电子商务环境下的物流活动进行计划、组织、控制、协调和决策,使各项物流活动实现最佳的协调与配合,以降低物流成本,提高物流效率和经济效益。

一、电子商务物流管理的特点

1. 全面性特点

从管理的范围看,物流管理依托电子商务企业,不仅连接买卖双方,实现了商品所有权的转移,而且囊括了物流供应链的各个环节;从覆盖的领域看,它涉及生产、消费、服务、营销、信息和技术等众多领域;从管理的方式方法看,它兼容传统的管理方法和新兴电子商务的过程管理及虚拟管理。

2. 技术性特点

电子商务下的物流体现了新经济的特征,它以物流信息为其管理的出发点和立足点。电子商务活动本身就是信息科技高度发达的产物,对信息活动的管理是一项全新的技术性挑战,也是对传统管理的优化和提升。如物流要不断适应因电子商务而改变的交易方式,因此需要不断实现物流服务的移动化、终端化、实时化等。

3. 智能型特点

电子商务物流的实物位移自动化、半自动化程度高,物流供应链的状态处于实时监控之中,而物流系统中的传统管理内容,如人事、财务、计划和物流控制等都需要实现智能化,故电子商务物流管理的重点是自动化、智能化的物流系统设计创造过程。一个智能化的电子商务物流管理系统可以模拟现实,可以发出指令、实施决策,根据物流过程的特点采用对应的管理手段,真正实现电子商务物流管理柔性化和智能化。

二、电子商务物流管理的内容

电子商务物流的业务范围可以进行更加全面的拓展和延伸,其涵盖的内容包含仓储保管、装卸搬运、包装、流通加工、运输、协同配送以及物流信息等,其对应的管理也涉及这些方面。

1. 电子商务物流运输配送管理

配送是电子商务物流典型的表现模式,它是指物流企业按用户订单或配送协议进行配货,然后通过科学的统筹规划,选择经济合理的运输路线与运输方式,在用户指定的时间内,将符合要求的货物送达指定地点的一种商品供应方式。电子商务物流管理首先涉及物流运输配送管理。要搞好配送服务,就必须根据配送的特点,加强这项业务的计划、组织、指挥、协调及控制。配送管理的基本流程如下。

(1) 充分掌握、透析服务区内的服务诉求。深入本经济区(由电子商务物流服务半径决定)的用户,进行周密细致的调查研究;掌握和了解各用户的基本情况,在此基础上,进行科学的预测,并通过网络在物流信息系统建立用户配送档案;明确配送的目标和方向,为配送服务提供良好的条件。

(2) 建立稳定的资源基地和用户。稳定的资源基地是配送持续稳定发展的关键。物流企业要改变现买现卖、只管买卖的做法,通过与资源单位密切联系,建立一批稳定的资源基地,为配送打下物质基础。通过各种形式的联合,保证配送有正常的资源渠道。此外,还要与用户建立稳定的供需关系,保持配送的相对稳定。

(3) 加强配送的计划管理。生产的连续性和计划性决定了配送有很强的计划性。从配送业务本身看,这是一项需要多方面密切协作配合的工作,需要制订严密的计划。这就要求在掌握用户需求的基础上,制定配送的总目标和分阶段目标,以及实施步骤和措施,做到有计划地分期订货和采购,确定合理的库存储备。

（4）科学地组织配送。要按经济区来规划配送的半径和范围,在按用户要求及时、齐备地组织配送的前提下,按电子商务物流供应链的要求,科学地确定配送路线和批量,在用户比较集中的地区做到定线送货,降低配送成本。在组织配送作业时,要科学地安排人力、物力和财力,衔接各环节的作业活动,合理调度和指挥各要素的运动,使整个配送业务迅速、协调地进行。

（5）建立与配送相适应的组织结构。适当的组织结构是搞好配送的保证。一是应逐步在一些中心城市改造和建立一批购销、储运、加工、配送一体化的配送中心组织;二是要在企业内部建立与配送相适应的组织结构。

（6）争取各方面的协作和支持。配送是一项系统工程,涉及资源单位、用户和运输部门等部门和单位,需要得到各方面的支持,才能做好这项工作。物流企业要协调好各方面的关系,争取它们的协作和配合,共同搞好配送活动。为使配送正常运行和发展,有关管理部门还要研究和制定有关配送的政策、法规、管理措施和办法,使配送逐步规范化。

2. 电子商务物流仓储保管管理

物流仓储保管管理是指商品仓储部门从接运商品开始,经过验收入库和保管保养,直至将商品供应到用户指定的地点为止,按照一定程序进行作业的整个过程,如表10-1所示。

表10-1 电子商务物流仓储保管管理表

管理项目	具体管理内容
商品入库管理	（1）商品进入仓库储存时所进行的商品接收、卸货、搬运、清点数量、检查质量和办理入库手续等。 （2）包括商品接运、商品验收和建立商品档案三方面。 （3）要求:保证入库商品数量准确,质量符合要求,包装完整无损,手续完备清楚,入库迅速
商品保管业务管理	（1）合理储存、科学养护。 （2）要求:确保商品在保管期间质量完好、数量准确,降低损耗,节约费用,提高仓容利用率
商品出库业务管理	（1）根据使用单位或业务部门开出的商品出库凭证,按所列的商品名称、规格、数量、时间和地点等项目,组织商品出库登账、配货、复检、点交、清理、送货等。 （2）要求:保证先进先出,近期失效先出,把好出库审核关,以完备的手续将质量完好、数量准确、包装牢固、标识正确清晰的商品及时准确地发运给收货单位
物流仓库管理	（1）管理理念现代化。仓储管理的目标是"零库存",要求仓储管理树立"没有仓库的仓储""一体化仓储"等理念,充分利用电子商务物流的信息优势与运输、配送和流通加工等环节共同实现物流效益。 （2）管理方法网络化。把库存管理中的ABC分类法、库存控制理论、决策论、线性规划、动态规划、图论等数学方法和信息论等方法与物流信息系统完全融合,实现仓储管理的自动化、智能化、网络化和在线化。仓储人员的主要工作将由过去的出入库、保管等转向人机对话和仓储参数的改变、控制等管理工作上。 （3）仓库管理人员高素质化。重视和加强对仓库管理人员的培训和考核,培养一支专门从事仓库建设和仓储管理的、具有现代化科学管理水平和掌握现代管理技术的队伍。 （4）仓储作业技术自动化。以作业机械设备配套为基础,以自动化操作为中心,最大限度地减少作业人员的体力和脑力消耗,实现仓储作业的高效率和高效益

三、电子商务物流配送的特点

1. 物流配送信息化

信息化设备和理念武装了配送的全过程。具体表现为信息收集的数据库化和代码化、物流配送信息的商品化、信息处理的电子化和网络化、信息传递的标准化和实时化、信息存储的数字化等。条码技术、数据库技术、电子订货系统、电子数据交换、快速及有效的客户反映、企业资源计划等在物流管理中得到了广泛应用。

2. 物流配送网络化

物流配送网络化有两层含义：一是组织网络化，即所谓的企业内联网（intranet）。如台湾电脑业在20世纪90年代推行的"全球运筹式产销模式"，就是按照客户订单组织生产，生产采取分散形式，将全世界的电脑资源都利用起来，采取外包的形式，将一台电脑的所有零部件、元件和芯片发往同一个物流配送中心进行组装，由该物流配送中心将组装的电脑迅速发给客户。二是物流配送系统的计算机通信网络，包括物流配送中心与供应商或制造商的联系要通过计算机网络，与下游顾客的联系也要通过计算机网络。比如配送中心向供应商提出采购计划这个过程，就可以使用计算机通信网络，借助电子订货系统（EOS）和电子数据交换技术（EDI）来自动实现，物流配送中心通过计算机网络收集下游客户的订货信息的过程也可以自动完成。

3. 物流配送柔性化

柔性化原来是生产领域为实现"以顾客为中心"而提出的，但要真正做到柔性化即真正根据消费者需求的变化来灵活调节生产工艺，没有配套的柔性化的物流配送系统是不可能实现的。20世纪90年代以来，生产领域提出的FMS、MRP、ERP等概念和技术的实质就是将生产、流通进行集成，根据客户端的需求组织生产，安排物流活动。柔性化物流正是适应生产、流通与消费者的需求而发展起来的新型物流模式。它要求物流配送中心根据消费者的需求实现"多品种、小批量、多批次、短周期"，灵活组织和实施物流作业。

四、电子商务物流配送模式

电子商务下的物流配送模式是企业对配送所采取的基本战略和方法，结合国外的发展经验及我国目前的探索与实践，电子商务物流配送模式目前主要有以下几种。

1. 自营配送模式

规模较大的公司通常采取自营配送模式。自营配送模式是指企业物流配送的各个环节由企业自身筹建并组织管理，实现对企业内部及外部货物进行配送的模式。这种模式有利于企业供应、生产和销售的一体化作业，系统化程度相对较高。既可满足企业内部原材料、半成品及成品的配送需求，又可满足企业对外进行市场扩展的需求。其不足之处表现在企业建立配送体系的投资规模将会大大增加，在企业配送规模较小时，配送的成本和费用也相对较高。

2. 共同配送模式

共同配送是多个物流配送企业为了提高配送效率以及实现配送合理化所建立的一种功能互补的配送联合体。进行共同配送的核心在于充实和强化配送的功能，共同配送的优势在于有利于实现配送资源的有效配置，弥补配送企业功能的不足，促使企业配送能力的提高和配送规模的扩大，更好地满足客户需求，提高配送效率，降低配送成本。

共同配送的实施步骤如图 10-1 所示。

图 10-1　共同配送的实施步骤

3. 第三方配送模式

与传统第三方配送模式一样，电子商务下的第三方配送模式是指交易双方把自己需要完成的配送业务委托给第三方来完成。随着物流产业的不断发展及第三方配送体系的不断完善，第三方配送模式将成为电子商务网站进行货物配送的首选模式。

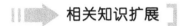　相关知识扩展

2020 年中国电商物流行业市场现状及发展前景分析：
跨境电商将有力推动行业持续增长

2019 年，全球电商物流行业的市场规模达 71 700.9 亿元，同比增长 7.01%。在电子商务蓬勃发展的态势下，我国电商物流行业也迎来了广阔的发展机遇，2019 年，我国电商物流行业的营收规模突破 7000 亿元。

未来，在相关政策的引导和市场交易需求增长的趋势下，我国跨境电商物流将有力地推动电商物流行业的增长。

一、2019 年全球电商物流行业市场规模突破 7 万亿元

电子商务物流利用电子化的手段，尤其是利用互联网技术来完成物流全过程的协调、控制和管理，从而实现网络前端到最终客户端的所有中间过程服务。数据显示，2011—2019 年，全球电商物流行业呈总体增长趋势。2019 年，全球电商物流行业的市场规模达 71 700.9 亿元，同比增长 7.01%。

二、2019 年中国电商物流行业营收规模突破 7000 亿元

国内方面，近年来，我国电商产业发展迅速，数据显示，2010—2019 年，我国电子商务交易规模从 4.55 万亿元增长至 34.81 万亿元，年均复合增速达 25%。

在电子商务蓬勃发展的态势下，我国电商物流行业也迎来了广阔的发展机遇。据网经社披露的数据显示，2019 年，我国电商物流行业的营收规模突破 7000 亿元，同比增长 15.92%。

三、跨境电商将推动电商物流持续增长

跨境电商作为电商行业的细分产业之一，在相关鼓励政策的推动下，迎来了较好的发展机遇。一方面，政策引导国内城市开展跨境电商零售进口试点建设；另一方面，随着"一带一路"政策的逐步深入，国内越来越多的城市陆续开行了"中欧班列"。

数据显示，2019 年，中欧班列开行数量 8225 列，同比增长 29%；2020 年上半年，多地中欧班列在疫情期间的开行数据均实现逆势增长，中欧班列开行数量大幅增长，累计开行 5122 列，同比增长 36%。

此外，除了政策的引导，我国跨境电商的交易需求也为电商物流行业带来了增长动力。数据显示，2010年以来，我国跨境电商行业的交易规模几乎保持了20%以上的增速，2019年，据网经社的统计数据显示，我国跨境电商交易规模达10.5亿元，同比增长16.7%。

（资料来源：前瞻产业研究院）

实例分析

跨境电商"一体两翼多点全平台"上线

在2020年中国国际服务贸易交易会中国电子商务大会的跨境电商论坛上，由北京海关数据分中心承建的北京跨境电商综试区线上综合服务平台正式发布。该服务平台打通了"关""税""汇""商""物""融"之间的信息壁垒，可以实现跨境电商"一次注册、一网通看、一网通查、一网通办"，为跨境电商企业与政府监管部门提供信息化支撑。

据了解，该服务平台自7月试运行以来至9月中旬，共计处理进出口相关数据380万条。

"这个服务平台打造了信息共享、智能物流、金融服务、电商信用、金融风控、统计监测和风险防控七大体系，形成'一体两翼多点全平台'的产业布局，为跨境电商综合服务企业、物流服务企业、金融服务企业等市场主体提供一站式综合服务。"北京海关数据分中心主任汪万春介绍说。

服务平台功能格局中的"一体"是提供企业备案、通关工具、数据查询统计、业务咨询办理等线上综合服务的一站式门户，同时支持PC端和移动端双通道；"两翼"的其中一翼承载跨境电商"B2C进出口"和"B2B进出口"四种核心业务模式；另一翼则汇聚跨境电商平台、进出口、物流、金融、支付、医药等企业，以及监管场所、体验店、线下自提门店等各类市场主体；"多点"即北京15家市级跨境电商线下产业园，示范带动跨境电商企业集聚化、规模化发展；"全平台"即跨境电商企业、消费者、政府部门等角色全覆盖，成为跨境电商业务办理与资源服务相结合的综合窗口，助力北京综试区跨境电商产业链和生态链建设。

据了解，该综合服务平台依托大数据分析技术，建立大数据"天网"，实现对跨境电商业务的风险预测、风险展示、风险告警等功能，为防止不法企业借跨境电商之名进行刷单、二次销售等不法行为及原产国等情况进行筛查，为相关部门风险研判提供线索，切实保护合法企业的权益，为首都外贸经济高质量发展保驾护航。

"我们按照北京市医药跨境电商试点要求，还打造了跨境综试区综合服务平台跨境电商医药业务板块，为事前监管、事后统计提供信息化支撑，同时具备产品风险防控体系，对电商企业销售的产品具有溯源管理功能。"负责此项工作的北京海关数据分中心软件开发部科长宋堃介绍说。北京市作为目前医药跨境电商全国唯一试点城市，建立符合开展模式要求的电子商务平台交易服务系统至关重要。该平台打造业务信息化"样板间"，助力优化口岸营商环境，为下一步全国推广医药跨境电商模式提供了可复制、可推广的经验。

"目前企业可通过电子口岸IC卡直接登录该平台查询企业申报数据，办理业务备案，海关、税务及金融等业务数据线上报送。"宋堃说。北京跨境电商综试区线上综合服务平台着眼全国，立足北京，重在实效，全面实现"数据多跑路，企业、个人少跑腿"，为疫情背景下北京市跨境数字经济按下"加速键"。

不仅如此，北京综试区线上综合服务平台还拥有丰富的特色应用，综试区平台全面支持跨境电商 B2B 业务、出口退货、网购保税进口线下自提、跨境电商企业所得税征收联网核查以及无票免征等北京地方特色业务模式,为加快形成具有北京海关鲜明特色的监管模式添砖加瓦,助力首都外贸经济高质量发展。

北京宏远到家贸易有限公司的苏先生告诉记者:"以前办理业务还需要个人到现场提交资料、办理手续,现在通过综试区平台可以线上办理这些业务,这为企业提供了很大的便利。"

相关数据显示,北京市跨境电子商务发展保持增长态势,今年 1—7 月北京跨境电商零售进口额同比增长 55%,其中网购保税进口额同比增长超 120 倍。北京海关下一步将继续积极推进系统创新,持续做好平台技术保障,赋能跨境电商企业与政府机构,助力北京市持续优化营商环境,为全面落实"六稳""六保"工作保驾护航。

（资料来源：国际商报,有改动）

任务二　国际物流管理

务实的索尼全球物流运营

索尼公司在全球拥有 75 家工厂和 200 多个销售网点。仅在电子产品方面,索尼公司每年的全球集装箱货运量已经超过 16 万标准箱,是世界上规模比较大的发货人之一。为了充分发挥跨国经营的杠杆作用,扩大其在国际市场上的竞争能力,该公司每年都会与承运人及其代理商展开全球性商谈,以便进一步改善物流供应链,提高索尼公司的经济效益。

一、每年一度的全球物流洽谈

索尼公司每年都会举行一次与承运人的全球物流洽谈会,通过认真谈判把计划的集装箱货运量配送给选中的承运服务提供人。在全球性谈判中究竟要选用哪一家承运人,这不仅要看承运人开出的运价,更要看承运人实质性的东西,即全面评估有关承运人过去三年的经营业绩、信誉程度、交货速度、船舶规范和性能,还有一些对公司命运至关重要的因素,如客户服务、售后服务、经营管理作风、经营风险意识、公司高级职员自身素质等。

二、务实的经营理念与立足长远的物流理念

索尼公司的经营理念是"竭尽全力,接近客户,要想客户之所想,急客户之所急,凡是客户想到的,索尼争取先想到,凡是客户还没有想到的,索尼必须抢先想到"。这种理念也已经渗透到公司的物流活动中,与之相对应的物流理念是"必须从战略高度去审视和经营物流,每时每刻都不能忽视物流,满足客户及市场的需要是物流的灵魂,索尼公司麾下的各家公司必须紧紧跟随市场的潮流"。

三、独特务实的远洋运输业务处理方式

随着国际分工的细化,索尼公司不可能把某一个特定消费市场所需要的所有产品全部生产

出来。为了既能满足市场的实际需求,同时保证产品成本不上扬,务实的索尼公司鼓励各地区的子公司互相协作,尽量从别的地区寻找本地区缺乏而又必需的零部件产品。在处理自己产品的远洋运输业务时,索尼公司往往是与集装箱运输公司直接洽谈运输合同,而不是与货运代理洽谈业务,但是在具体业务中索尼同样乐意与货运代理打交道。索尼公司非常重视电子信息管理技术(EICT)的应用,公司使用比较先进的通用电子信息服务(GEIS)软件,与日本和世界各地的国际集装箱运输公司建立了密切的电子数据交换联系(EDIL)。

四、全球各地物流分支机构联合服务

分布在世界各地,特别是一些主要国家的物流分支机构已经成为索尼物流管理网络中的重要环节,目前这种环节的重要作用越来越显著。

五、组织"牛奶传送式"服务

"牛奶传送式"服务是一种日本人特有的快递服务,高效、快捷、库存量合理,特别受需要的产品数量不多、规格特别的客户的欢迎,因而获得了很好的口碑。这种服务非常灵活,客户可以通过电话,传真和电子邮件申请服务,甚至可以租用"牛奶传送式"服务车辆进行自我服务。

索尼公司向系统内的各家物流公司提出了以下三大要求。

(1) 竭尽全力缩短从产品出厂到客户手中的过程和时间,特别是要缩短跨国转运、多式联运和不同类型运输方式之间的货物逗留时间,必须做到"零逗留时间、零距离、零附加费用、零风险"物流服务。

(2) 大力加强索尼公司和物流链服务供应方的合作关系,始终保持电子数字信息交换联系的畅通。

(3) 当前最紧迫的任务是在东欧地区和中国迅速建立索尼公司的物流基础设施。因为索尼公司认为:"如果物流服务质量低劣,任何严重问题都可能产生。"

任务分析

由于国际化分工的日益细化和专业化,任何国家都不可能包揽一切专业分工,必须有国际合作与交流,以获得所需的资源。随之而来的各国之间的商品、物资流动便构成了国际物流。国际物流是国内物流的进一步延伸和扩展,是不同国家之间的物流,是国际贸易的一个必然组成部分,国际物流是伴随着国际贸易和跨国业务的发展而产生的,各国之间的贸易最终必须通过国际物流来实现。索尼这种知名的跨国企业率先感受到国际物流的复杂和困难,要高效、经济地保障集团的运转就必须准确、娴熟地运用国际物流管理的手段和方法,使得国际物流更加便利并促进集团效益的提升。

一、国际物流的发展历程

第二次世界大战以后,各国之间经济交往越来越活跃,范围也越来越大。尤其在20世纪70年代的石油危机以后,原有的满足运送必要货物的运输观念已不能适应新的要求,系统物流就是在这个时期进入国际领域的。

20世纪70年代中后期,国际物流领域出现了航空物流大幅度增加的新形势,同时出现了更高水平的国际联运。船舶大型化的趋势发展到一个高峰,出现了50万吨的油船、30万吨左

右的散装船。

20世纪80年代前中期国际物流的突出特点,是在物流量基本不继续扩大的情况下出现了"精细物流",物流的机械化、自动化水平提高,同时,伴随新时代的人们需求观念的变化,国际物流着力于解决"小批量、高频度、多品种"的问题。

20世纪80年代和90年代,国际物流领域的另一大发展是伴随国际联运式物流出现的物流信息和电子数据交换(EDI)系统,可以说,国际物流已进入物流信息时代。

20世纪90年代,国际物流依托信息技术发展,实现了"信息化",信息对国际物流的作用,依托互联网平台向相关领域渗透,出现了全球卫星定位系统、电子报关系统等新的信息系统,在这个基础上,构筑了国际供应链,形成了国际物流系统,使国际物流水平得到了进一步提高。

二、国际物流的特点

1. 物流环境存在差异

国际物流的一个非常重要的特点是各国物流环境的差异,尤其是物流软环境的差异,这迫使一个国际物流系统需要在不同法律、人文、习俗、语言、科技、设施的环境下运行,无疑会大大增加物流的难度和系统的复杂性。

2. 物流系统范围更加广泛

国际物流要在传统物流系统的基础上增加不同的要素,这不仅使地域和空间更广阔,而且使涉及的内外因素更多,所需时间更长,这些因素带来的直接后果是物流的难度和复杂性增加,风险增大。

3. 国际物流的流量结构正在发生重大调整和转移

世界产业结构由劳动密集型过渡到资本密集型并升华为技术知识密集型。这种演变规律使得各国进出口商品的结构不断调整,国际物流的流量结构也必须随之进行调整与转移。

4. 国际物流的运输形式以海运为主

由于距离远、运量大,考虑到输送成本,国际物流以海上运输为主。此外国际物流对物流基础设施有特殊要求,如在货物运输中以集装箱运输为主。

5. 国际物流要有高效率的信息系统

由于国际市场瞬息万变,如果没有高效率的信息传递渠道,就会影响物流功能的正常发挥。因此,国际物流对信息的要求更高,必须建立高效率的信息系统。

6. 国际物流客观上要求缩短物流中转过程

由于国际物流是两个不同国家的物流公司或企业相互提供的不同服务,因此,客观上要求缩短物流的中转过程,于是直达运输成为货物运输的一种有效途径。

7. 国际物流的标准化要求极高

要使国际物流畅通起来,统一标准是非常重要的。可以说,如果没有统一的标准,国际物流水平是无法提高的。

一、国际物流的基本业务

国际物流是在不同国家之间进行的物流活动,主要包括发货、国内运输、出口国保管、国际运输、进口国报关、国外运输等业务环节,主要涉及的单证有设备交换单、装箱单、站场收据、提单等。下面介绍相关的概念。

(1) 国际货物运输:国际物流的核心业务环节。整个物流过程可以委托一家国际物流提供商完成,也可以分包给各仓储企业、运输企业和货代企业来完成。

(2) 商品检验:根据商品标准规定的各项指标,运用一定的检验方法和技术,综合评定商品质量优劣,确定商品品级的活动。

(3) 报关:商品进出境时,由出口货物的收发货人或代理人,按照海关规定的格式填报《进出口货物报关单》,随附海关规定应交验的单证,请求海关办理货物进出口手续。

(4) 国际货物储存:从商品流通规律来看,商品流通过程是一个不断由分散到集中,再由集中到分散的过程,因而暂时的停滞是必需的。如跨国交易的商品从生产地集中运到装运港后,有时需储存一段时间,等待装船入舱。国际货物储存一般是在保税区或保税仓库中进行。

(5) 国际货运业务代理:根据客户的指示,为客户的利益而揽取货物的人,其本人并非承运人。国际货运代理业务可以依据这些条件,从事与运送合同有关的活动,如储货、报关、验收、收款等。

(6) 理货:船方或货主根据运输合同在装运港和卸货港收受或交付商品时,委托港口的理货机构代理完成的对商品进行计数、检查商品残损、指导装舱积载、制作有关单证等工作。

二、国际物流的运营方式

国际物流的运营方式包括货主企业的国际化物流运营和物流企业的国际化物流运营,如图10-2 所示。

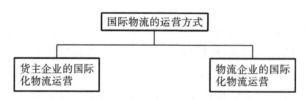

图 10-2　国际物流运营方式

1. 货主企业的国际化物流运营

货主企业的国际化物流运营主要是由于国际物流活动的需要而产生的。国际物流活动主要表现为跨国采购、跨国生产和跨国销售。跨国采购、跨国生产和跨国销售,使跨国公司迫切需要发展国际性物流系统来实现产品的跨国流动。目前,物流已经成为众多跨国经营企业的战略性工具,有效的国际物流运营方式已成为跨国公司降低经营成本、扩大销售市场、增加市场份额的有效手段。

2. 物流企业的国际化物流运营

中国物流企业的国际化物流运营策略主要体现在以下几个方面。

1) 树立现代物流经营理念

首先要增强现代物流企业的市场意识,以用户需求为己任,紧贴市场,准确确立物流企业的市场定位,根据需求并结合自身的情况,对企业进行资产、人员、业务的充实,形成与市场需求相适应的服务系统;其次要增强现代物流业的开放意识,与发达国家相比,中国的物流企业既要看到自己的特色,更要看到差距。加强国际物流合作,积极引进外国的资金、技术、经验是实现国际化战略的捷径。

2) 立足核心主业,拓展全程物流服务

物流供应链服务是跨地区、跨部门、跨行业的一项庞大的系统工程,物流企业的供应链系统能为客户做更多的事情,进入更多的服务环节。但各家企业的资源毕竟是有限的,我国的物流企业也只有在充分挖掘自己核心能力的基础上,利用信息网络等技术,与供应链上的各节点企业进行合作,向综合物流拓展,才能形成逐步发展、以点带面的发展战略。做好一环再进入多环,才能在与国际、国内同行的竞争中保持优势。

3) 强化国际业务能力,建立和完善国际网络

物流企业在战略制定上,必须突破地域、行业的限制,以全球为着眼点,只有这样,才能最大限度地抓住机遇、规避风险。在具体战略的选择上,首先应以中国市场为主要拓展市场,获得本地竞争优势,再由近至远,争取全球竞争优势。物流企业可以依托多年来在国内已经形成的相当规模的网络优势,以及在国内市场享有较高知名度和品牌效应的优势,通过与实力雄厚的国外物流公司合作,引进资金、现金的物流技术和管理经验,达到提高国内物流市场占有率和快速跻身国际物流市场的目的。

4) 开展虚拟经营,实施战略联盟,争做联盟中心

物流企业要发挥自身的优势,弥补自身的不足,只有与其他企业结成联盟,合作进行虚拟经营,实现物流供应链全过程的有机融合,形成一股强大的力量。战略联盟能够在组织上突破有形的界限,实现企业的精简与高效,从而增强企业的竞争能力和生存能力。在缔结联盟的过程中,要争做联盟中心,掌握主动权,避免成为附庸。

5) 建立全球性的物流信息网络

随着世界经济一体化的发展,物流业也正向全球化、信息化、一体化方向发展。高新信息管理技术、电子数据交换技术与国际互联网在物流业中的应用使物流效率得到了大幅度的提高。目前,国外许多大型物流企业都建立了全球物流信息网络,并取得了良好的效果。全球性的信息网络可以系统、有效、快速地组织管理物流的各个环节。我国物流企业要参与国际物流服务市场的竞争,首先必须逐步建立和完善自身的全球物流信息网络,并努力提高全员的物流信息网络化意识,使自身的物流信息网络系统不断向世界先进水平迈进。

6) 培养物流管理人才,建立富有创新机制的企业文化

物流企业能否向现代物流提升与转型,物流专业人才是关键。物流管理者对每一个物流环节都应有足够的了解,不仅是运输专家,还应熟知财务、市场营销和采购工作,必须具备对物流诸环节的协调能力。物流市场国际化不仅要求物流管理者能够管理现有系统,更要求其具有创新意识,包括知识创新和服务创新。利用创新为企业提供技术支持,保证顾客服务在本行业的领先地位;利用创新来产生良好的用人机制,保障物流企业在激烈的竞争中立于不败之地。

三、国际物流运输的主要方式

国际物流运输是指将进出口货物从进(出)口国(地区)运送到出(进)口国(地区)的国际物流活动。我国常用的国际物流运输方式有国际海洋货物运输、国际铁路货物运输、国际公路货物运输、国际航空货物运输、国际多式联运、集装箱运输、陆桥运输等多种方式。

(一)国际海洋货物运输

国际海洋货物运输是利用天然海洋航道进行国际物流运输的方式,简称海洋运输。它是国

际物流运输中使用最广泛的一种运输方式。国际物流运输总量的80%以上、中国进出口货运量的90%左右，都是通过海洋运输完成的。

1. 海洋运输的基本要素

海洋运输包括船舶、航线及港口三要素。

2. 海上货物运输运作流程

货物先集中到出口港口，按积载图装上已订船舱位，按航线运至进口港，按港口的调度指令将货物运至指定位置，完成海上货物运输流程。

3. 海上货物运输种类

海上货物运输种类如表10-2所示。

表10-2 海上货物运输种类

序号	分类依据	海上货物运输分类
1	按货物包装状态分	无包装的散货运输
		集装箱运输
2	按有无中转分	直达航运
		中转航运

4. 国际海洋运输的主要参与者

国际海洋运输的主要参与者包括国际航运企业、港口服务企业、国际船舶理货企业、国际货运代理企业和国际航运经纪人等。

5. 海洋运输方式

按照船舶营运方式的不同，海洋运输可分为班轮运输（liner transport）和租船运输（shipping by chartering）。

1）班轮运输

班轮运输是指在固定的航线上，以既定的港口顺序，按照事先规定的船期表航行的水上运输方式。它是在不定期船运输的基础上逐步发展起来的，是当今国际海洋运输中不可缺少的运输方式之一。

2）租船运输

租船运输又称为不定期运输，是指根据协议，租船人向船舶所有人租赁船舶用于货物运输，并按商定的运价向船舶所有人支付运费或租金的水上运输方式。它与班轮运输不同，没有预订的船期表，船舶经过的航线和停靠的港口也不固定，船舶航行的路线和停靠的港口、运输货物的种类及航行时间等，都按照承租人的要求，由船舶所有人确认，运费或租金也由双方根据租船市场在租船合同中的内容加以约定。租船运输的方式主要有定程租船、定期租船、光船租赁和包运租船四种。

(二) 国际铁路货物运输

我国的铁路运输包括国际铁路联运、内地铁路运输和针对港澳地区货物的铁路运输三个组成部分。另外，还涉及铁路运输进口货物交接与核放、铁路进口货物单据周转程序。

1. 国际铁路联运

国际铁路联运是指使用一份统一的国际铁路联运票据，由跨国铁路联运人办理两国或两国以上的全程铁路运输,并承担运输责任的一种连贯运输方式。

目前,中国对朝鲜和俄罗斯的大部分进出口货物,以及对东欧一些国家的小部分进出口货物都是采用国际铁路联运方式进行运送的。

2. 内地铁路运输

对外贸易货物的内地铁路运输是指海运进口货物由港口经铁路转运到各地,或者海运出口货物由产地经铁路集运到港口装船,以及各省(区、市)之间外贸物资的调拨供应。它们都是按我国铁道部颁布的《中华人民共和国铁路货物运输规程》的规定进行的。

3. 针对港澳地区货物的铁路运输

鉴于一国两制政策的约束,针对港澳地区货物的铁路运输需遵照特有的港澳地区铁路运输政策执行。

4. 铁路运输进口货物交接与核放

(1) 依据相关国际铁路货物联运规章,进口货物的交接工作在交付站和接收站之间进行。

(2) 运至本国的联运货物由口岸代理人办理。

(3) 代理人在口岸对有问题的货物进行处理。

5. 铁路进口货物单据周转程序

当进口物品抵达国境站后,由交付站和接收站双方的交接人员到国境交接站内检查车辆,办理交接手续。由交付站将票据按交接单移交给接收站,由接收站人员填制"联运货物换装清单",交接人员核对交接单所载运单批数、项目无误后,将票据交给铁路人员,由铁路人员直接持票据向海关申报。海关检查无误后,铁路人员登记并通知口岸代理人签领自己代理的票据,代理人持票据向海关申报纳税,代理人填制"进口货物明细表"和"进口货物报关单"。

(三) 国际公路货物运输

国际公路货物运输是指国际货物借助一定的运载工具,沿着公路做跨及两个或者两个以上国家或地区的移动过程。目前国际公路货物运输一般以汽车作为运输工具,所以它实际上也就是国际汽车货物运输,既是一个独立的运输体系,也是车站、港口和机场集散物资的重要手段。

1. 国际公路运输的特点

运量小,机动灵活;直达性能好,可以实现"门到门"的运输;适应性较强,受气候条件影响较小且运行范围广,可以穿街巷,进山区,到工厂,下田间,直接把物资运到仓库、商店、工矿企业和乡村田头,可以广泛地参与到其他运输方式的联运中,是港口、铁路、车站物资集散的必要手段。

2. 当今国际公路运输服务发展的主要经验

美国和日本等工业发达国家,公路运输的蓬勃发展极大地推动并促进了其经济结构的变化和国民经济的发展。归纳起来,当今国际公路运输服务发展的主要经验表现为:

(1) 各国对公路运输在经济发展中的重要性的认识不断深化。

(2) 重视公路网的规划,增加对公路建设的投资。

(3) 多渠道筹集公路建设资金。

(4) 集中专用资金,强化国道主干线,调整公路发展。

(四) 国际航空货物运输

国际航空货物运输是指由跨国航空承运人办理两国之间的全程空运运输,并承担运输责任的一种现代化运输方式。

1. 航空运输的组织方式

航空运输的组织方式主要有班机、包机、集中托运和快件运输四种。

1）班机

班机是指定期开航的，定航线、定始发站、定目的港、定途经站的飞机。一般航空公司都使用客货混合型飞机，既可以搭载旅客，又可以运送货物。一些较大的航空公司会在一些货源较为充足的航线上开辟定期的货运航班，使用全货机运输。

班机固定航线和停靠站，定期开航，定点到达，因此国际货物流通采用班机方式，可以使收、发货人确切掌握货物起运和到达时间，保证货物安全、准时地到达。这对市场急需的商品、鲜活易腐货物及贵重商品的运送是非常有利的。

由于班机一般是客货混装，所以货舱舱位有限，不能满足大批货物的运输要求，只能分期分批运输。因此，大批货物的航空运输应采用其他方式。

2）包机

包机又可分为整架包机和部分包机两类。

包机方式的使用范围比较狭窄，因为各国政府为了保护本国航空公司的利益，往往对别国航空公司的业务实行各种限制，如申请入境、通过领空和降落地点等，均必须得到有关国家的批准。随着区域经济合作的不断加强，包机这种运输方式将会得到越来越广泛的运用。

3）集中托运

集中托运是指航空货运代理公司把若干单独发运的货物组成一整批货物，用一份总运单整批发运到同一到达站，或者运交某一预定的代理人收货，然后统一报关、分拨后交给实际收货人的运输方式。航空货运代理公司对每一委托人另发一份代理公司签发的运单，以便委托人转给收货人，凭运单提取货物或收取货款。

4）快件运输

快件运输即航空快递，是指具有独立法人资格的企业将进出境货物或物品从发件人所在地通过自身或代理的网络运达收件人的一种快速运输方式。采用快件运输的进出境货物、物品叫快件。

快件运输的三种主要形式：①"门到门"服务（door to door）；②"门到机场"服务（door to airport）；③专门派送（courier on board）。

2. 航空货物进出口运输代理程序

(1) 进口运输代理业务程序包括代理委托、交接单证与货物、理货与仓储、到货通知、制单与报关、收费与发货、送货与转运仓储等环节。

(2) 出口运输代理业务程序包括市场销售、委托运输、审核出口货物单证、预配舱与预订舱、接收单证、填制货运单、接受货物、对货物标记与贴标签、配舱与订舱、出口报关、交接发运、航班跟踪、费用估算等环节。

（五）国际多式联运

国际多式联运（international multimodal transport 或 international combined transport）又称国际联合一贯制运输，是在集装箱运输的基础上产生并发展起来的一种新型运输方式，一般以集装箱为媒介，把海、陆、空各种单一运输方式有机结合起来，组成各国之间的连贯运输。

1. 国际多式联运的主要方式

目前国际多式联运的方式非常多,事实上目前五大运输技术的任意组合只要符合多式联运的规定,就可以被认为是多式联运。目前较为常见的组合有以下四种。

1) 海河联运

海河联运一般由船公司提供,虽然经由不同的船舶和不同的实际承运人,但是运输合同只有一份,运费标准统一,承运人即运输合同人。典型的海河联运有我国长江流域各港口对海外各港口的联合运输,欧洲莱茵河各港口对世界各港口的货物运输,美国密西西比河以及五大湖地区对世界各港口的运输等。

2) 海铁联运

这是目前运用较多的一种国际多式联运方式,又称际桥运输。目前较为成功的应用范例为北美大陆桥运输和北美小陆桥运输。人们一直期待的西伯利亚大陆桥目前因为政治、经济和技术等各方面的因素,没有得到充分的发展。

3) 海公联运

几乎所有的海运集装箱都涉及公路运输,从这一点出发,可以认为这是目前国际多式联运中最普遍的运输方式。

4) 公空联运

空运一般无法将货物直接运往货主的仓库,总需要使用道路运输实现"门到门"服务。提供这种"门到门"服务的航空公司承运人就可以被认为在开展公空联运。这也是目前得到广泛应用的多级多式联运的一种方式。

2. 国际多式联运的优越性

国际多式联运是国际货物运输的一种较高级的组织形式,它集中了各种运输方式的优点,将各种运输方式融为一体,组成连贯运输,达到简化货运环节、加速国际货物周转、减少货损货差、降低运输成本、实现合理运输的目的。与传统的单一运输方式相比,国际多式联运具有以下优越性。

(1) 责任统一,手续简便。与单一运输方式的分段托运和多头负责相比,多式联运不仅手续简便,而且责任明确。在运输过程中,不论距离多远,使用多少种运输工具,也不论途中要经过多少次转运,一切运输事宜都由多式联运经营人统一负责办理,而货主只要办理一次托运,签订一个合同,支付一笔全程单一运费,取得一份联运单据,多式联运经营人就要履行全部责任。由于责任统一,一旦发生问题,只要找多式联运经营人便可解决问题。

(2) 提高货物运输效率。在利益驱动下,多式联运经营人在接受货物以后,凭借自己在运输领域的专业知识,在集中多方货主的情况下,可以充分利用已有的运输资源,高效率地完成运输任务。多式联运经营人的优势就在于此。

(3) 减少中间环节,降低运输成本。国际多式联运可有效地减少中间环节,缩短货运时间,降低货损货差,提高货运质量。同时,由于中间环节减少,也能有效地降低运输成本,节省运杂费,有利于对外贸易的开展。

(4) 有效实现"门到门"运输。采取多式联运,可以把货物从发货人所在地仓库运至收货人所在地仓库,为实现"门到门"的直达连贯运输奠定了基础。

(5) 有效保证货运安全。根据《联合国国际货物多式联运公约》的规定,多式联运经营人将承担远大于海运承运人的责任,因此多式联运经营人将比海运承运人更加关心运输途中的货物安全,关心的方法和途径也比货主更为专业,防范风险的手段也更加有效。

(六) 集装箱运输

集装箱运输(container transport)是20世纪货运技术的重要发展,也是一次运输革命,目前已成为在国际上处于支配地位的运输方式。集装箱运输是以集装箱为运输单位进行货物运输的一种现代化运输方式,它适用于海洋运输、铁路运输及国际多式联运等。

1. 集装箱运输的方式

根据货物装箱的数量和方式,可以把集装箱运输分为整箱运输和拼箱运输两种。

1) 整箱运输

整箱运输(full container load)是指以一个集装箱为单位的运输。一般的做法是由承运人将空箱运到货主指定的地点,在海关人员的监督下,由货主把货物装入箱内,加箱封后交承运人并取得站场收据,最后凭站场收据换取提单。货到目的地后,将集装箱直接运到收货人指定的地点,打开箱封,将货物交给持有提单的收货人,承运人收回提单,收货人将货物从集装箱内取出。

2) 拼箱运输

拼箱运输(less-than container load)是指一票不足一整箱货物的运输。一般的做法是承运人或代理人在承运人指定的集装箱货运站接受货主托运的数量不足整箱的小票货物后,直接签发代理提单或联运提单,然后根据货物的性质和目的地进行分类、整理、集中,将来自不同货主的多票货物集中装在一个集装箱内进行运输。货到目的地后,代理人在目的地取得集装箱,运至承运人指定的集装箱货运站进行拆箱,收货人凭代理提单或联运提单向承运人提取货物。

2. 集装箱空箱发放流程

(1) 托运人或拖车公司在船公司(集装箱提供方)办理备案手续,作为提取空箱的依据。

(2) 由拖车公司将空箱拖至集装箱货运站或货主仓库装货。

(3) 货主与拖车公司结算。如全程联运,则拖车费已包含在提单总费用内,拖车费由船运公司与拖车公司结算。

3. 集装箱空箱回运

收货人和集装箱货运站掏箱后,及时将空箱运至集装箱码头空箱堆场。

4. 集装箱运输涉及的主要单证

1) 装箱单

装箱单是由装箱人填制,详细记载每一集装箱内所装货物的名称、数量、包装种类、标志等货运资料和积载情况的单证。装箱单的主要作用包括:①向承运人、收货人提供箱内货物的明细清单;②货物向海关申报的主要单证;③货方、港方、船方之间货箱交接的凭证;④船方编制船舶积载计划的依据。

2) 场站收据

场站收据是由承运人发出,证明已收到托运货物并开始对货物负责的凭证。场站收据在托运人订舱且与船公司达成货物运输协议,船务代理确认订舱后由托运人或货代填制,在承运人委托的集装箱货运站收到整箱或拼箱货后签发生效,托运人凭场站收据向船务代理换取已装船或待装船提单。

3）集装箱提单

集装箱提单是在码头用收据换取的收货待运提单。集装箱提单与普通船舶的货运提单不同，后者是在货物装船完毕后经船方在收货单上签署，表明货物已装船，发货人凭船方签署的收货单向船公司或代理公司换取已装船提单。

5. 集装箱运输的优点

集装箱运输之所以能发展得如此迅速，是因为同传统海运相比，它具有以下优点。

（1）提高装卸效率和港口的吞吐能力，加速船舶的周转和港口的疏港。

（2）减少货物装卸次数，有利于提高运输质量，减少货损货差。

（3）节省包装费、作业费等各项费用，降低货运成本。

（4）简化货运手续，使货物运输变得更为便利。

（5）把传统的单一运输串联成连贯的成组运输，从而促进国际多式联运的发展。

（七）陆桥运输

陆桥运输主要是指国际集装箱过境运输，是国际集装箱多式联运的一种特殊形式。陆桥运输包括大陆桥运输、小陆桥运输和微型陆桥运输。陆桥运输是一种主要采用集装箱技术，由海运、空运、铁路、公路运输组成的现代化多式联合运输方式，是一项系统工程。

1. 陆桥运输的特点

与其他各种国际货物运输方式相比，陆桥运输主要具有以下特点。

（1）属大陆桥运输范畴，采用海陆联运方式，全程由海运段和陆运段组成。

（2）陆桥运输比全程海运运程短，但需增加装卸次数，所以陆桥运输在某一区域能否存在和发展，主要取决于它与全程海运相比，在运输费用和运输时间等方面是否有综合竞争力。

2. 陆桥运输的路线

1）西伯利亚大陆桥

西伯利亚大陆桥东端由日本发展到韩国、菲律宾、中国香港和中国台湾，西端由英国发展到整个欧洲大陆和伊朗、中东各国。

2）美国陆桥

（1）美国微型陆桥是指从日本运至美国西海岸，再运往美国中西部地区，即内陆地区多式联运，因只利用大陆桥的一部分，故又称为半陆桥运输。

（2）美国小陆桥的本质是海陆联运，即利用陆上铁路作为桥梁将美国西海岸和东海岸以及墨西哥连接起来的运输方式，所以称为小陆桥运输，它比大陆桥运输少了一段海上运输。

（3）美国大陆桥主要包括以下两种路线。

第一种：远东、中国、东南亚、美国西海岸（洛杉矶、西雅图、旧金山）、美国东海岸（纽约、巴尔的摩）、欧洲，全长3200公里，运输方式为"海—陆—海"。

第二种：远东、中国、东南亚、美国西海岸、墨西哥湾（休斯敦、新奥尔良）、南美洲，全长500~1000公里，运输方式为"海—陆—海"。

3）新亚欧大陆桥

新亚欧大陆桥东起中国江苏连云港、山东日照等沿海港口城市，西至荷兰鹿特丹、比利时安特卫普等欧洲口岸，是横跨亚欧两大洲，连接太平洋和大西洋，实现"海—陆—海"统一运输的国际大通道。

3. 陆桥运输的优越性

（1）缩短了运输里程。

（2）降低了运输费用。

（3）加快了运输速度。

（4）简化了货物的包装及作业手续。

（5）保证了运输安全。

相关知识扩展

由于现代物流业对国家经济发展、国民生活水平的提高和竞争实力水平的增强有着重要的影响，因此，世界各国都十分重视物流业的现代化和国际化，从而使国际物流呈现出一系列新的趋势和特点。

1. 标准更加趋同化

国际物流的标准化是以国际物流作为一个大系统，制定机械装备、专用工具、系统内部设施等各个分系统的技术标准；制定各系统内分领域的包装、装卸、运输、配送等方面的工作标准；以系统为出发点，研究各分系统与分领域中技术标准与工作标准的配合性，按配合性要求，统一整个国际物流系统的标准；最后研究国际物流系统与其他相关系统的配合问题，谋求国际物流大系统标准的统一。

2. 配送更加精细化

在市场需求瞬息万变和竞争环境日益激烈的情况下，要求物流企业在整个系统必须具有更快的响应速度和协同配合的能力。更快的响应速度，要求物流企业必须及时了解客户的需求信息，全面跟踪和监控需求的过程，及时、准确地将优质的产品和服务递交到客户手中。协同配合的能力，要求物流企业必须与供应商和客户实现实时沟通与协同，使供应商对自己的供应能力有预见性，能够提供更好的产品、价格和服务；使客户对自己的需求有清晰的计划，以满足自己生产和消费的需要。

3. 系统更加集成化

国际物流的集成化，是将整个物流系统打造成一个高效、通畅、可控制的流通体系，以此减少流通环节，节约流通费用，达到实现科学的物流管理、提高流通的效率和效益的目的，以适应在经济全球化背景下"物流无国界"的发展趋势。当前，国际物流向集成化方向发展主要表现在两个方面：一是大力建设物流园区，二是加快物流企业整合。物流园区的建设有利于实现物流企业的专业化和规模化，发挥它们的整体优势和互补优势。物流企业的整合，特别是一些大型物流企业跨越国境展开"横联纵合"式的并购，或形成物流企业间的合作并建立战略联盟，有利于拓展国际物流市场，争取更大的市场份额，加速该国物流业向国际化方向发展。

4. 园区更加便利化

物流园区一般选择靠近大型港口和机场兴建，并依托这些港口和机场，形成处理国际贸易的物流中心，根据国际贸易的发展和要求，提供更多的物流服务。例如报税仓库、港口 24 小时作业、国际空运货物 24 小时运营，在通关和办证方面，提供了许多便利。

5. 运输更加现代化

国际物流的支点离不开运输与仓储，而要适应当今国际竞争快节奏的特点，仓储和运输都需要实现现代化,需要通过高度的机械化、自动化、标准化手段来提高物流的速度和效率。为了提高物流的便捷性,当前世界各国都在采用先进的物流技术,开发新的运输和装卸机械,大力改进运输方式。总之,融合了信息技术与现代化运输手段的国际物流,对世界经济将继续产生积极的影响。

实例分析

重庆市出台中欧班列(渝新欧)建设工作要点,支持邮政快递业"出海"工程

重庆市出台中欧班列(渝新欧)建设工作要点,为邮政快递业"出海"工程带来利好。

一是加强与国际组织合作。进一步加强与国际组织机构的联系,深化与德国、波兰、立陶宛等国的业务合作,探索推动去程俄罗斯、白俄罗斯邮包项目以及邮包回程运输项目,提高中欧班列(渝新欧)国际邮包运输增量。

二是推进货运枢纽扩能改造。按照中欧班列(渝新欧)集结中心的发展要求,完善重庆国际物流枢纽园区冷链配套、邮件、快件、跨境电子商务商品、药品及生物制品等的配套集散设施建设。

三是推动双向运邮和快件运输试点。进一步加深与"一带一路"沿线国家邮包业务交流与合作,开展沿线国家双向运邮测试,探索国际铁路运邮常态化机制,推动中欧班列运邮实现规模化、常态化。成立中欧班列(渝新欧)快件运输工作组,开展中欧班列(渝新欧)快件运输测试。

四是顺畅国家部委沟通机制。定期赴国家发改委、商务部、海关总署、国家邮政局,沟通汇报中欧班列(渝新欧)建设发展情况并争取工作支持。

重庆市邮政管理局表示,将以工作要点出台为契机,进一步引导邮政企业开展双向运邮测试,推动中欧班列运邮实现规模化、常态化,引导国际快递业务经营许可企业开展快件运输测试,逐步实现常态化,引导邮政企业和国际快递业务经营许可企业实现运输跨境电子商务商品规模化、常态化,扎实高效推进邮政快递业"出海"工程。

(资料来源:中国物流与采购网)

项目小结

电子商务的迅速发展有赖于物流运转的流畅和配合,而物流的高效提升有赖于电子商务的有力推动和促进,两者之间形成了相辅相成、互促共进的关系。电子商务模式的分化必然要求物流的操作流程适应它的发展,因此电子商务物流运作模式需根据不同的电子商务形式探索自身的特点,并且形成电子商务物流管理的新特点。全球资源的市场配置加剧了全球一体化,国际物流的高效运转为地球村的新陈代谢提供了保障和动力,逐步形成了国际货物运输、商品检验、报关、国际货物储存、国际货运代理、理货等国际物流运作内容。国际物流的特点:物流环境存在差异,物流系统范围更加广泛,国际物流的流量结构正在发生重大调整和转移,国际物流的运输形式以海运为主,国际物流要有高效的信息系统,国际物流客观上要求缩短物流中转过程,国际物流的标准化要求极高,等等。依据以上内容和特点,重点分析了国际物流中的各种运输方式。

同步训练题

(1) 电子商务物流的运作模式是什么?

(2) 电子商务物流管理是什么?
(3) 电子商务物流配送是什么?
(4) 国际物流运作内容体系是什么?
(5) 国际多式联运的特点和规律是什么?
(6) 论述跨境电商的发展机遇。

实训项目

实训题 1

1. 实训目的

实训目的是使学生了解电子商务下的物流运作。

2. 实训方式

实训方式为到京东、如风达等快递企业进行考察。

3. 实训内容

(1) 了解如风达快递企业的成长情况。
(2) 了解如风达配送点的作业流程。
(3) 了解电子商务物流的配送瓶颈。
(4) 探讨电子商务自建物流的利弊。

实训题 2

1. 实训目的

实训目的是使学生了解国际物流企业运作情况。

2. 实训方式

实训方式为到国际货代企业进行考察。

3. 实训内容

(1) 国际物流的内容体系包括哪些?
(2) 通常的货物到港操作有哪些流程?
(3) 各种国际物流运输方式的比较。
(4) 探析国内现有海关报关制度的优化流程。

项目十一
物流供应链管理

WULIU
GUANLI
JICHU

(1) 了解供应链的概念及基本要素。
(2) 掌握供应链管理的概念和作用。
(3) 熟悉供应链管理的方法和作用。
(4) 熟悉物流系统的规划与设计要点。

一、供应链的概念

供应链是围绕核心企业,通过对信息流、物流、资金流的控制,从采购原材料开始,制成中间产品以及最终产品,最后由销售网络把产品送到消费者手中的将供应商、制造商、分销商、零售商和最终用户连成一个整体的功能网链的结构模式。它通过计划、获得、存储、分销、服务等活动在顾客和供应商之间形成一种衔接,从而使企业能满足内外部顾客的需求。供应链不仅是一条连接供应商和用户的物料链、信息链、资金链,还是一条给相关企业带来收益的增值链。

二、供应链的基本要素

供应链要完整、高效地整合从原材料到成品的整个体系,因此应该包括以下基本要素。
(1) 供应商:给生产厂家提供原材料或零部件的企业。
(2) 厂家:即产品制造商。产品生产的最重要环节,负责产品生产、开发和售后服务等。
(3) 分销企业:为实现将产品送到经营范围的每一角落而设的产品流通代理企业。
(4) 零售企业:将产品销售给消费者的企业。
(5) 消费者:处于供应链的最后环节,也是整条供应链的唯一收入来源。

三、供应链管理的定义

供应链管理(supply chain management,SCM)是一种集成的管理思想和方法,它执行供应链中从供应商到最终用户的物流计划和控制等职能。从单一的企业角度来看,是指企业通过改善供应链上下游的关系,整合和优化供应链中的信息流、物流、资金流,以获得企业的竞争优势。

国家标准《物流术语》(GB/T 18354—2006)对供应链管理的定义为:对供应链涉及的全部活动进行计划、组织、协调与控制。

供应链管理主要涉及需求、计划、物流、供应、回流五个领域。以这五个领域为基础,可以细分为职能领域和辅助领域。

职能领域主要包括产品工程、产品技术保证、采购、生产控制、库存控制、仓储管理、分销管理等。辅助领域主要包括客户服务、制造、工程、会计核算、人力资源、市场营销等。

四、供应链管理的主要内容

供应链管理关心的并不仅仅是物料实体在供应链中的流动,除了企业内部与企业之间的运输问题和实物分销以外,供应链管理还包括以下主要内容。

(1) 供应链产品需求预测和计划。
(2) 供应链的设计(节点企业、资源、设备等的衡量、选择和定位)。
(3) 企业内部与企业之间的物料供应与需求管理。
(4) 基于供应链管理的产品设计与制造管理、生产集成化计划、跟踪和控制。
(5) 基于供应链的用户服务和物流运输、库存、包装等管理。
(6) 企业间资金流管理(汇率、成本等问题)。
(7) 基于互联网的供应链交互信息管理等。
(8) 战略性供应商和用户合作伙伴的关系管理。

智慧物流供应链一体化

山东京博物流股份有限公司是一个以危化品物流为核心,集海上运输、铁路货运、公路汽运、管道运输、港口储运及电商物流、金融供应链物流、外贸物流、汽车后市场于一体,坚持"转方式、调结构、创新发展"的现代物流企业。公司下设浙江京博汇通物流有限公司、黄河三角洲滨南物流有限公司、滨州京博检测有限公司三个全资子公司,控股山东京博云商物流有限公司、龙口京港油品储运有限公司、山东联融物流股份有限公司、烟台联融仓储物流有限公司,参股寿光龙海油品仓储有限公司、日照港港达管道输油有限公司,主要服务于石油化工、热电煤炭、板材加工等制造业企业。

公司是山东省交通与物流协会会长单位、中国物流与采购联合会危化品物流分会副会长单位,通过了环境、质量、职业健康安全管理体系认证,荣获全国5A级物流企业、全国公路运输甩挂试点单位、中国物流示范基地、山东省5星级物流企业、山东省重点服务业企业、山东省服务名牌、中国物流百强企业、中国化工物流三十强、山东省企业上云标杆企业、安全生产标准化三级企业(危化)等荣誉称号,京博牌货运商标是山东省著名商标。由公司承建的黄河三角洲滨南物流园项目是山东省政府重点建设项目,是山东省Ⅲ级物流园区(最高等级),被交通运输部、财政部评定为具有货运枢纽功能的国家级综合服务型物流园区。

公司自有车辆500余辆,可调动各类社会车辆4000余辆;拥有自主产权的铁路专用线8条,公路配送中心2处,油品罐区70余万方,危化品综合物流服务能力位居山东省前列。为进一步降低黄河三角洲区域生产制造业物流成本,提高货物流通效率,增强核心竞争力,公司充分利用并放大自有铁路专用线、油品罐区的优势,联融港口、铁路、管输等资源,搭建港口进出海平台,发展港铁联运、管道输送、陆海联运、国际班列等多式联运模式,打造以降本增效为核心的"管家式"服务模式,实现物流方案的最优化。

未来,公司将以"仁孝"文化为根基,以安全、风控为基础,以"稳中求进、风控改善、联融创新、高质量经营"为工作总基调,以一站式服务和联融思维为核心,搭建物联网+金融商贸物流一体化平台,构建供应链物流生态圈。

一、项目背景

1. 行业背景

在我国物流业发展进程中,资源共享难、互联互通难、业务协同难等问题长期存在,政企间、部门间、行业间、区域间以及国际上均存在"信息孤岛"现象,影响了信息资源的开发利用,制约了物流业整体运行效率的提升。在物流业转型升级的发展形势下,迫切需要综合平台联合各方,解决单纯依靠市场力量难以解决的物流信息化发展难题。

随着我国互联网和供应链的蓬勃发展和互相渗透,物流业正经历从产业供应链、平台供应链到供应链生态圈的演进升级,供应链管理的模式不断创新,有力促进了商贸融通和实体经济发展。智慧物流将引领供应链变革,带动互联网深入产业链上下游,以用户需求推动产业链各环节强化联动和深化融合,助推"协同共享"生态体系加快形成。

2. 公司发展需求

山东京博物流作为有着近20年行业经验的企业,创新管理思维,迎合供应链发展,坚持高质量服务和总体低成本的最佳平衡是现代物流和供应链管理的原则之一。公司致力于用先进的物联网技术与专业的物流运输服务能力来打造新供应链生态圈,为物流行业提供高效公共服务,引领行业的发展。

公司以满足客户的需求为导向,深入企业客户的生产、采购、仓储、装卸、销售等产业全链条,整合企业内外部物流资源,为客户架起与世界各地无缝衔接、高效运转的海、铁、公、管等联运物流黄金通道,加强运营管理,做好服务保障,与大型地炼企业、生产制造企业、商贸流通企业及电商平台企业等合作伙伴,共同打造高效、灵敏、协同的一体化物流及供应链运营体系,进一步推动区域经济更好、更快地发展。

二、信息化建设

1. 平台介绍

智慧物流供应链一体化平台是以安全、风控为基础,以一站式服务和联融思维为核心,借助物联网+大数据+现代信息化手段,依托核心物流服务向供应链上下游扩展,建立国内领先的一站式"供应链一体化智慧平台",实现对供应链信息流、物流、资金流、商流的整合,建设开放性的京博物流智慧物流生态体系。

公司投资建设的MRO工业品电商平台,利用O2O模式,实现工业备品备件的集采、代理、自营、撮合等交易模式,同时实现供应商的生命周期管理及质量考核体系,以咨询行业资讯和维保服务为特色,配套线下展厅产品展示与技术交流场景,依托共享仓储+物流配送+金融的三角支撑,做区域最专业的制造业供应链整合与服务平台。

通过平台形成从供应商渠道管理、寻源比价到支付配送的全流程闭环交易,实现阳光采购。通过在线金融,结合自有资金、银行授信、投资金融机构等,便捷地审批放款流程,满足资金周转需求。增值数据服务,打造行业数据库,提炼数据价值,实现智能分析,生成市场舆情预测,指导优化供销渠道,辅助市场决策。快速资讯服务,展现行业动态,重大新闻、产品专业知识、维保常识等应有尽有。

智慧物流平台(OTM)由三部分组成:智能调度中心、客户中心、承运中心。控制台是平台的核心,以 Oracle Transportation Management 系统为基础,以视频监控平台、主动安全防御平台结合车载终端搭建涵盖物流全过程的信息平台,以 Hadoop 技术为核心建设大数据分析平台,承担运行数据收集、分析、运算及建模,实现物流过程可视化,智能调度、输出运输方案,实现车辆运行安全监控及分析。以 SASS 云技术为核心建设客户和承运商模块,为他们提供便利的信息化工具。客户中心是客户的入口与门户,主要功能包含发布需求,获取报价及运输方案,跟踪货物,进行供应链深度融合。承运中心是运输资源的入口,整合社会运力资源,为承运商提供管理工具以及汽车后市场等服务。

利用"捷运互联"无车承运平台整合车源,做精做透大宗商品行业,推行全程物流服务,搭建物联网+金融商贸物流一体化的供应链物流生态圈,作为大宗商品"孵化器",孕育煤炭、钢铁、纸张、粮油等大宗商品。基于客户提出的复杂、多元化的运输需求,系统通过对所有运输、仓储资源的监控和调配,自动生成最优运输方案,无缝处理复杂的运输线路,包括跨运力(陆海空,铁路,内河)、跨中转,降低人工成本和沟通成本。

2. 平台应用技术

采用虚拟化技术:虚拟架构使操作系统摆脱了和底层硬件驱动之间的紧耦合关系,操作系统和上层应用可在计算资源池内平滑迁移,为应用系统提供具有高性能计算能力、安全稳定、灵活的硬件承载平台。

采用负载均衡技术:可将系统请求进行平衡,分摊到多个应用虚拟服务器上,减少业务等待响应的时间,一旦某个应用服务器发生故障,能够保障系统服务正常访问。

标准 API 接口:结合国家物流信息平台,提供标准 API 接口,为物流链各主体之间的数据交换共享提供"普通话"。接口向全社会开放,不局限于特定行业、特定作业环节和特定服务对象,解决跨国、跨区域、跨行业、跨部门之间信息系统互联对接不统一的问题,打破各类物流信息"孤岛"。

云服务:运用 SaaS 云平台技术,为中小型企业快速搭建物流服务平台,不需要安装软件和购买服务器即可实现不同网点的联网办公。平台支持全渠道接入,其中包括 PC 电脑端、移动 app 端、微信服务号、微信小程序,让用户不受空间和时间的限制,随时随地接入平台,实现运力优化。

3. 平台建设与推广

信息化顺利推进的前提是准确定位信息化,公司坚持"业务引领信息,信息促进业务"的基本原则,信息化工作就是为了支撑组织更好的运营发展而实现的提高信息效率的活动,其目标或绩效,就是看是否让企业运营发展所需要的各项能力有所提升。

形成对信息化的统一认知。现在是一个互联网社会,社会在快速变化,组织的运营发展也在不断变化,所以组织内的员工尤其是关键岗位人员、领导层要不断地学习和提升,才能更好地适应社会环境的变化。而在学习过程中,信息化方面的学习应该是重要的一项内容。要让组织内的每个关键岗位和人员,清楚其工作如何与互联网结合,如何更好地提升或变革,在此过程中如何利用信息化的手段和工具。

构建协同决策机制。在组织内部建立相关信息化工作委员会,赋予其流程改进、能力提升方面的权力。信息化委员会不只是讨论信息化工作,而是一起讨论决策组织内流程相关、组织能力提升相关、变革改进相关的工作。委员会形成例会机制,至少每月召开一次主题会议,以讨论组织综合能力建设、变革为主题,再配合能力建设或组织变革中的信息化手段的应用,每次会议要有结果,要有决策。会议的成果要落地,通过建立项目组,用项目管理的思想,保证决策能实施、能落地、有成果。

建立统一决策流程。该流程可以按照规划、立项、实施、验收、评估、改进(再立项)的步骤进行。在规划阶段,不是统一规划信息系统,而是规划要进行哪方面的能力提升、如何提升、提升的路径、信息化手段如何应用等内容。立项,应根据规划的结果,讨论决策是否要实施某项工作,以投入、产出等综合评价为基础,决策是否立项。实施工作,成立临时项目组,由业务部门、综合部门、信息技术部门相关人员组成,采用敏捷工程等思想,保证项目实施成功。验收工作,可以分为技术验收、使用验收等环节,一是确认技术层面是否达到要求,二是在应用的效果上,看是否真正促进了能力的提升。在评估、改进层面,要在一个季度或半年左右,对整体效果进行评估,查找不足,进行针对性的改进。当然,改进方法有可能是新项目的立项。

另外,要让信息化工作切实落地,信息系统的管理、运维、安全也很重要,依据 ITIL、ISO 2000、ISO 27000、信息安全等级保护、PRINCE2、COBIT 等相关标准和制度,建立信息安全管理体系、运维管理体系、项目管理体系、规划和绩效评价体系等,保障信息技术应用的规范、高效、有序,为信息化提供基础保障。

4. 未来规划

充分利用公司资源优势,以安全、风控为基础,以一站式服务和联融思维为核心,借助物联网+大数据+现代信息化手段,依托核心物流服务向供应链上下游扩展,建立国内领先的一站式"供应链一体化智慧平台",实现对供应链信息流、物流、资金流、商流的整合,汇集物流生态大数据,通过大数据分析技术,洞察客户需求,提供所需服务,实现供应链上下游的共享协同、供给侧分析预测、仓储布点及线路优化、用户信用评价、金融服务等,优化线下产业链,为企业提供各种供应链增值服务,从而打造一站式、开放性的京博物流智慧物流生态体系。

三、平台效益

1. 直击行业痛点,打破信息孤岛

智慧物流平台有效解决传统物流行业的"小、散、乱、差"问题,使他们的管理、运输、协同都走上正轨,同时带来了大量的业务订单和共享车辆,从而更好地支持实体经济发展。通过互联网平台整合全国范围内的货源、运力资源,打破原有物流行业的"熟人经济"与"物流区域化"限制,形成覆盖全国的货源、运力资源池。

平台的发货、运单交易机制,使平台可以从源头上防止货车超载问题的发生。首先,平台对货物运输进行全程在途监控,货主、卡车司机均无法暗中进行货物加载。其次,平台向卡车司机结算运费时,也仅根据最初司机确认发货时所填写的货物数量进行结算,超载部分将无法结算运费。可以说平台将有效推动物流运输向标准化、智能化方向发展,可有效治理货车超载等难题。

此外,平台将个体司机不规范行为损耗的税收转成由企业集中缴纳,为规范国家运输市场发票和税源管理、增加税源提供方便。

2. 赋能降本增效,提升资源管理能力

公司创新地将"运费议价功能"与"无车承运人模式"结合,创造了集专业司机运力、全运途可视化监控、全流程规范化财务、全时段专业化客服为一体的物流运力交易共享平台,推动物流运输与管理标准化、智能化,降低公司产业运营成本,提升产业运行效率。

为满足货主以更优惠价格获取更好的交通工具和优质司机的需求,提升平台司机的运输效率,大数据专家团队为平台引入了智能调度技术,为全国货主提供更为敏捷的运力保障服务。

通过整合供应链各环节物流信息、设备信息等资源,利用互联网对各种技术的融合应用、高度集成,打通各环节信息系统间的信息壁垒,最大限度地实现供应链各环节的信息共享,为货运行业的发展提供了精准化、智能化、系统化解决方案,以技术创新拉动传统物流企业的升级转型,提升企业服务能力。

3. 提供优质服务与安全保障

智慧物流平台通过智能园区与车载智能终端系统集成,实现社会车辆集中调度管控,建设多维度监控中心,通过采集安全防御系统、GPS、各智能调度系统业务数据,实现运输环节全流程数据可视化、运输车辆集中管控、综合调度、预警展示,保证安全运行及高效生产。特别是对危险品物流的统一、规范的标准化管理,使得危险品运输更加安全、优化、准时、实效。

基于平台拥有的大量会员增值服务需求,公司积极研发各类物流金融产品,在车后服务多个业务领域与货车融资租赁、场景化物流保险、运费贷、司机贷、车金融、ETC、油卡、汽车零配件等供应商企业达成战略合作,借助平台积累的大数据,向行业内更多的合作伙伴开放共享,通过数据分析、流量共享、生态合作等方式,共建供应链功能生态圈和服务生态圈,为货运行业平台用户提供优质服务。

4. 降低社会物流成本,缓解城市交通压力

平台成功运营后大大降低了制造业、物流业等各行业的物流运输成本,提高了企业的利润。利用信息平台对多个运输订单进行优化配送,根据路况、车辆健康情况、货物状况,合理安排运输路线,实现货运任务的最低运输成本,缓解城市交通压力。承运人可以通过平台获取可行的回程任务,有效降低车辆的空驶率,减少尾气排放,推进绿色环保产业发展,同时避免交通事故的发生。

5. 有利于促进地方经济和 GDP 的增长

本地钢铁深加工产业集聚,综合产能占全国镀锌、彩涂板的 40% 以上,每年约有 6000 万吨的钢铁周转,目前运输市场散乱,制约了生产企业的周转效率。智慧物流平台针对钢铁深加工产业集聚的情况开展运输,打造以物流云为载体的区域货运打车平台,借助货源和车源的匹配计算,合理调度车辆,规划合理路线,将彻底改变物流难题,助力企业发展。

目前公司已整合社会车辆 3 万余辆。项目未来目标为:5 年内集聚中小物流企业 500 多家,配套服务企业上百家,通过平台全网调度整合社会车辆 120 万辆,服务工商企业 3 万家,实现平台交易额 200 亿。有利于促进地方经济和 GDP 的增长。

6. 引领行业变革,促进新旧动能转换

平台突破传统道路货运模式,利用互联网技术,与物流信息平台、物流枢纽(园区、服务区等)、电子商务、多式联运、重点物流领域、供应链管理等充分融合,形成运贸一体、多业融合的新运输组织结构模式。

随着物流平台大数据的沉淀,基于大数据的分析工具,结合企业自身的实体运作经验,创办物流企业培训机构,帮助物流企业提升管理水平。通过资源共享、优势互补,推动产业转型,聚焦更加精准的智慧物流生态圈,促进物流企业新旧动能转换,为实现物流行业高质量发展赋能。

7. 有助于构建社会诚信体系

以平台会员信用信息的记录、整合和应用为重点,对诚信行为实施多元化协同监管,运行举报响应热线,鼓励用户自主评价,积极、主动地监督诚信问题。大力推动信用信息在全国范围内的互联互通,充分发挥信用信息对失信行为的监督和约束作用,优化金融生态和信用环境,为社会诚信体系的构建提供信息支持。

(资料来源:中国物流与采购网,有改动)

物流是一个社会化体系,制约其发展的因素有很多:客户需求情况、运输环节、物流成本、库存控制等。进入21世纪之后,企业的物流活动所面临的市场空间和形态都与以往不一样,随着信息化的高速发展,信息社会或网络社会已经深入人们的生活,这必然带来物流活动方式的改变,其中最主要的就是消费者的个性化需求越来越明显,产品供给的多样化趋势将势不可挡。多样化需求对企业管理的影响越来越大,而品种的丰富必然增加管理的难度、对资源的依赖程度和成本的增多,要取得良好的效益,就需要将供应链管理思想应用于企业的物流活动中。供应链将所有节点企业看作一个整体,涵盖从供应商到最终客户的采购、制造、分销、零售等职能领域的整个过程,采用集成的管理思想和方法,充分体现了系统的合作性与协调性。

一、供应链管理的结构模型

供应链管理就是使供应链运作达到最优化,以最少的成本,通过协调供应链成员的业务流程,让供应链从采购开始到满足最终顾客的所有过程,包括工作流、物料流、资金流和信息流等均能实现高效的操作,把合适的产品以合适的价格,及时、准确地送到消费者手上。供应链管理主要涉及四个主要领域:供应、生产作业、物流、需求,形成如图11-1所示的结构模型。

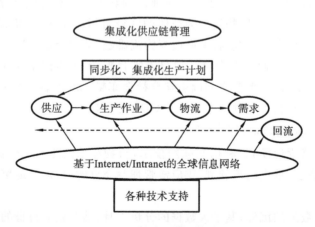

图11-1 供应链管理结构图

二、供应链管理与传统管理的区别及其原则

(一)供应链管理与传统管理的区别

(1) 供应链管理把供应链中的所有节点企业看作一个整体,供应链管理涵盖从供应商到最终用户的采购、制造、分销、零售等整个物流过程。

(2) 供应链管理强调和依赖战略管理。"供应"是整个供应链中节点企业之间共享的一个概念(任何两个节点企业都有供应与需求的关系),它又是一个有着重要战略意义的概念,因为它影响或在某种程度上决定了供应链的成本和市场占有份额。

(3) 供应链管理的关键之处是采用集成的思想和方法,而不是企业各自为政或者是简单的业务衔接。

(4) 供应链管理的目标在于提高顾客价值。与传统管理模式相比,供应链管理的目标不仅仅在于降低交易成本,还在于通过改善服务水平来提高顾客价值。顾客的需求是拉动供应链的原动力,通过供应链实现下游企业到上游企业之间的传递,只有生产出具有较高顾客价值的产品,才能提高整个供应链的竞争力,维持供应链的稳定、运转和发展。

(5) 供应链管理的本质是,通过与企业建立战略合作伙伴关系去实现高水平的客户服务,而不是仅仅通过传统的业务合同实现企业之间的往来。

(二)供应链管理的基本原则

(1) 以顾客为中心的原则。
(2) 合作伙伴之间密切配合、利益共享、风险均担的原则。
(3) 利用先进信息技术的原则。
(4) 根据市场需求的扩大,提供完整的产品组合的原则。
(5) 根据市场需求的多样化,缩短从生产到消费的周期的原则。
(6) 根据市场需求的不确定性,缩短供给市场与需求市场的距离的原则。

三、供应链管理的基本思想和主要目标

(一)供应链管理的基本思想

在由原料供应商、生产制造商、批发商、零售商和用户等多个组织所构成的供应链中,每个组织既是供应链中某个组织的用户,又是另一个组织的供应商。供应链的各组成部分之间相互制约、相互影响,组成一个有机整体,共同实现供应链的总目标。

为优化其性能,供应链各个环节必须协调运作。把供应链看作一个完整的运作过程对其进行管理,这样就可以避免或减少各环节之间的延迟或资源的浪费,在更短的时间内,用更少的成本实现价值,这就是供应链管理的基础思想。

(二)供应链管理的主要目标

在经济全球化的今天,供应链管理覆盖了供应商、制造商、分销商、零售商和最终用户,涉及的领域越来越广,供应链各节点企业在进行战略合作的过程中需要寻找最佳平衡点,以实现供应链绩效的最大化。

1. 总成本最低

由于采购成本、运输成本、储存成本、制造成本等物流成本都是相互联系的,为了实现有效

的供应链管理及整个社会资源效益的最大化,必须将供应链各成员企业作为一个有机整体来考虑,并使实体供应物流、制造装配物流与实体分销物流之间达到高度均衡。换言之,总成本最低并不是指运输费用或库存成本或其他供应链物流运作与管理活动的成本最小,而是整个供应链运作与管理的所有成本的总和最低。

2. 客户服务最优化

通过供应链中的上下游企业协调一致的运作,保证达到客户满意的服务水平,吸引并留住客户,最终实现企业的价值最大化。

3. 总库存最小化

按即时生产的管理思想,库存具有不确定性,任何库存都会造成浪费。因此,在实现供应链管理目标的同时,要将整个供应链的库存控制在最低的程度。"零库存"反映的即是这一目标的理想状态。总库存最小化目标的达成,有利于实现对整个供应链的库存水平与库存变化的最优控制,而不只是实现单个成员企业库存水平的最低。

4. 总周期时间最短化

供应链之间的竞争实质上是时间的竞争,即必须快速、有效地响应客户需求,最大限度地缩短从客户发出订单到顾客满意收货的整个供应链的总周期时间。

5. 物流质量最大化

如果所有业务完成以后,发现提供给最终客户的产品或服务存在质量缺陷,则意味着所有成本的付出将不会得到任何价值补偿,供应链物流的所有业务活动都会变成非增值活动,从而导致整个供应链的价值无法实现。因此,达到和保持服务质量的水平,也是供应链管理的重要目标,而这一目标的实现,必须从原材料、零部件的零缺陷开始,直至供应链管理全过程、全方位质量的最优化。

四、供应链管理的主要方法

(一) 快速反应(QR)

1. 快速反应(quick response,QR)的兴起

由于竞争加剧,零售商开始与制造商合作,研究如何在制造、分销、零售至消费者的过程中缩短产品在供应链上的周期,以达到降低存货成本、增加周转率与降低零售店缺货率的目的。

2. QR物流

QR物流指为了获得时间上的竞争优势所开发的敏捷物流系统。

QR物流在信息系统和JIT物流系统的联合下,实现适时、适地地提供适当的产品的目标。QR物流离不开EDI、条形码以及POS的应用。

3. QR机制的特点

(1) 将时间列为重要的管理和战略目标。

(2) 利用快速反应贴近用户,增强客户对公司的依赖性。

(3) 快速将产品和服务转向更有利可图的客户,迫使竞争者转向不太有利的客户。

(4) 比竞争者成长得更快,获利更多。

4. QR的实施要点

在产品交付或服务提供体系中,许多时间被浪费了,这种时间上的浪费主要表现为三点:一

是流程限制,如日常审批占用了太多时间;二是质量问题,如因设计、操作、检测疏忽等问题造成返工而形成的时间浪费;三是组织缺陷,主要是指因组织结构不合理而导致信息流动和沟通方面的低效率。QR 的实施要点:①加速系统处理时间;②减少累积提前期;③降低库存,减少反应时间。

5. QR 系统的重要组成部分

(1)零售商通过对商品条形码的扫描,从 POS 系统得到准确的销售数据。

(2)经由 EDI 传送,制造商每周或每日共享 SKU。

(3)针对预定的库存目标水准,制造商受委托进行自动或近于自动的商品补充。

6. QR 的市场策略

所谓 QR 的市场策略,即企业抓紧了解市场,搜集市场信息,把市场信息快速反馈到决策者手中,经过认真、科学的论证,明确产品调整的具体目标并采取强有力的手段,快速组织实施,将适应消费者需求和引导消费新潮流的产品快速投放到市场中的一整套相互联系、互为依存、互为促进的企业经营机制。

(二)有效客户反应

1. 何谓有效客户反应(ECR)

ECR 是一个由生产厂家、批发商和零售商等供应链成员组成的,通过各方的协调和合作,以更好、更快的服务和更低的成本满足消费者需要为目的的供应链管理系统。

2. ECR 的优势

ECR 的优势在于供应链各方为了提高消费者的满意度这个共同目标进行合作并分享信息。其战略主要集中在高效率的店铺空间安排、高效率的商品补充、高成效的促销活动和高效率的新商品开发与市场投入四个方面。

3. ECR 的应用范围

(1)需求方面:改善提供给客户的产品种类、产品推广和推出新产品的效率,以及其他相关的需求管理工作的效率。

(2)供应方面:提高产品通过整条供应链的效率,包括原材料的供应,产品的生产、包装,分发给批发商以及经销商,最后到达客户手中。

(3)技术支援方面:利用快速、准确与全面的信息传递(如 EDI 技术),来提供活动所需要的技术。

4. 实施 ECR 的关键因素

1)信息完整

供应链的信息库具有完整的信息,包括需求、供应、技术和市场等各方面的信息。

2)标准化

为了快速响应客户的需求,供应链上的各项信息、数据的收集和传输应实施标准化,这样才能保证信息的快速传递与接受。

3)信息充分共享

实施有效客户反应,供应链上下游企业之间必须实现信息的充分共享,企业间建立相互信任、荣辱与共、共同发展的战略伙伴关系。

4）完善的物流系统

建立一个高效率、低成本、功能完备的物流系统，是确保整个 ECR 体系成功的重要条件。

5. ECR 系统中的物流技术

ECR 系统要求及时配送和顺畅流动。实现这一要求的主要方法有连续库存补充计划（continuous replenishment program，CRP）、自动订货（computer assisted ordering，CAO）、预先发货通知（advanced shipping notice，ASN）、供应商管理库存（vender managed inventory，VMI）、交叉配送（cross docking）、店铺直送（direct store delivery，DSD）等。

（1）连续库存补充计划。利用及时、准确的 POS 数据确定已销售的商品数量，根据预先规定的库存补充程序确定货物补充数量和发送时间。以小批量、多频度的方式进行连续配送，补充零售店铺的库存，提高库存周转率，缩短交货周期和时间。

（2）自动订货。基于库存和需求信息，利用计算机进行自动订货的系统。

（3）预先发货通知。生产厂家或批发商在发货前利用电子通信网络向零售商传送货物明细清单，零售商可以据此做好进货准备，可以省去货物数据输入作业，使商品检验作业效率化。

（4）供应商管理库存。供应商对零售商等供应链下游企业的流通库存进行管理。供应商基于零售商的销售、库存等信息，判断零售商的库存是否需要补充，当需要补充时，会自动向本企业的物流中心发出发货指令，补充零售商的库存。

当采用 VMI 时，虽然零售商商品库存的决策主导权由供应商把握，但店铺的空间安排、商品货架布置等店铺空间管理决策仍由零售商主导。

（5）交叉配送。在零售商设置的流通中心，把来自各个供应商的货物按发送店铺对货物进行分拣装车，向各个店铺发货。交叉配送示意图如图 11-2 所示。

在交叉配送的情况下，流通中心是一个仅具有分拣、装运功能的通过型中心，有利于缩短交货周期，减少库存，节约成本。

（6）店铺直送。商品不经过流通配送中心，直接由生产厂家运到店铺。如图 11-3 所示，采用店铺直送方式可以保持商品的新鲜度，减少商品的运输破损，缩短交货周期和时间。

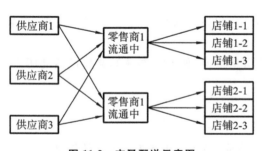

图 11-2　交叉配送示意图

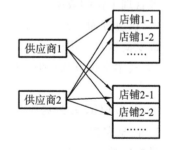

图 11-3　店铺直送方式示意图

（三）供应商管理库存

1. 供应商管理库存（VMI）的含义

VMI 指供应商等上游企业基于下游客户的生产经营、库存信息，对下游客户的库存进行管理与控制。换言之，VMI 就是供货方代替用户（需求方）管理库存，库存的管理职能转由供应商负责。

2. VMI 的原则

1) 合作精神
在实施 VMI 时,相互信任与信息透明是很重要的,供应商和用户(零售商)都要有较好的合作精神,才能够保持较好的合作。

2) 总成本最小
VMI 不是关于成本如何分配或由谁来支付的问题,而是关于减少成本的问题。实施该策略可使双方的成本都得到减少。

3) 目标一致
双方都要明白各自的责任,达成一致的目标,如存放在哪里、什么时候支付、是否要管理费、要花费多少等问题都要予以明确,并且体现在协作中。

4) 利益共享
VMI 的主要思想是供应商在用户的允许下设立库存,确定库存水平和补给策略,拥有库存控制权。而精心设计与开发 VMI 系统,不仅可能降低供应链的库存水平、降低成本,而且用户可以获得高水平的专业服务,改善资金流,与供应商共享需求变化,获得更高的用户信任度。

3. VMI 的实施方法

要实施 VMI 策略,改变传统订单的处理方式,就必须建立基于标准的托付订单处理模式。供应商和批发商要一起确定订单业务处理过程所需要的信息和库存控制参数,建立一种标准的订单处理模式,如 EDI 标准报文,然后把订货、交货和票据处理等业务功能集中在供应商这一侧。

实施供应商管理库存的关键是透明的库存状态。只有库存状态对供应商透明,供应商才能随时跟踪和检查销售商的库存,从而快速地响应市场的需求变化,对企业的生产(供应)状态做出相应的调整。

4. VMI 策略的实施步骤

1) 建立顾客需求信息库
通过建立顾客需求信息库,供应商能够掌握需求的变化情况,把由批发商(分销商)进行的需求预测与分析功能集成到供应商的系统中来。

2) 建立销售网络管理系统
供应商要很好地管理库存,必须建立完善的销售网络管理系统,保证自己的产品需求信息流和物流畅通。销售网络管理系统要解决产品分类、编码的标准化、产品条码的可读性和唯一性、商品储存运输过程中的识别等问题。

3) 建立供应商与批发商(分销商)的战略合作协议
供应商和销售商一起协商,确定处理订单的业务流程及控制库存的有关参数(如再订货点、最低库存水平等)、库存信息的传递方法(如 EDI 或 Internet)等。

4) 组织机构变革
VMI 策略的引入改变了供应商的组织模式,其订货部门产生了一个新职能,即负责用户库存的控制、库存补给和服务水平,因此要进行相应的组织机构变革。

五、供应链管理体系下的物流管理策略

在供应链管理体系下,对物流效率以及服务水准的要求不断提高,为此,企业可以采取如下

措施来加强物流的管理。

1. 树立现代物流管理观念

现代物流管理始终坚持顾客需求至上的理念,引进先进的物流服务理念,针对消费者的需求,通过问卷调查等方式找到市场的制胜点,应对多样化需求。同时基于供应链体系,针对物流活动的各个环节进行有效安排,实现战略协同效应最大化,实现供应链体系下企业物流系统的无缝对接。最终实现绿色物流高效管理流程,使物流业走上绿色可持续发展之路。

2. 利用现代信息技术

供应链管理体系下的物流依赖于大量数据、信息的采集、分析、处理和及时更新。现代信息技术在物流中的应用,如电子数据交换技术、条形码技术、电子商务等使一切变得简单、迅速且准确率高。利用信息技术可以快速、准确地获得所需信息,为客户提供优质的服务,提高客户的满意度,提高供应链节点企业运行状况的跟踪能力,直至提高整体竞争优势。

3. 建立科学、合理、优化的配送网络和配送中心

产品能否通过供应链快速到达目的地,取决于物流配送网络的健全程度。一般情况下,健全的配送网络由以下两个部分组成。

1) 配送中心

企业要在国家总体规划下稳定发展,就要考虑运输条件、配送服务、用地条件等因素,在现有的基础上,进行扩大规模或整合等活动,同时要及时引进先进的技术,提高配送活动的效率。

2) 网络中心

物流网络化是物流信息化的必然结果。在供应链中的节点企业的信息交流,都是通过网络进行传输的,每个企业都需要建立自己的互联网络以及管理信息系统。这就要求企业充分了解所采用的软件、硬件信息系统的内在性能指标和稳定性,只有满足自己需求的技术才是最好的技术,而不是盲目地追求最先进的信息技术。

4. 物流服务内容的创新

由于顾客在服务、价值等方面的期望越来越高,导致了客户需求的多样性,这要求物流管理必须以顾客为导向,重新定义和设计物流服务的内容,在运输、仓储、配送等功能性服务的基础上不断创新服务内容,为顾客提供差异化、个性化的物流服务。物流服务内容的创新主要涉及三个方面:由物流基本服务向增值服务延伸,由物流功能服务向管理服务延伸,由实物服务向信息流、资金流服务延伸。

5. 利用延迟策略

在延迟策略下,分销中心没有必要储备顾客所需的所有商品,只需储备商品的通用组件,当需求产生时,分销中心或配送中心再进行相应的组装和包装,形成个性化的产品。这样就可以大大降低库存成本,提高物流管理效率和物流管理的敏捷性及柔性。另外,使用延迟策略的物流系统也可以采用交接运输方式,交接运输是将仓库或分销中心拉到的货不作为存货,而是为紧接着的下一次货物发送做准备的一种分销系统。

6. 增加物流各环节的透明度

企业在经营过程中有许多不确定性因素,特别是对物资的需求。库存对这些不确定性因素导致的波动起到了缓冲作用。过去供应链的各个节点企业只根据其相邻的下级企业的需求信息做出生产或者供给决策,因此需求信息的不真实性就会沿着供应链逆流而上,使订货量逐级放大,到达源头供应商时,其获得的需求信息就会和实际市场中的顾客需求有很大的偏差,需求

变异就会将实际需求量放大。为了解决这种矛盾，企业需要对自己的需求及上下游企业的需求与供货能力进行预测，要提高供应链企业对需求信息的共享性，提高整个供应链的可视化程度，把不确定性降至最低。

7. 实施科学合理的人才引进、培养、考核战略

物流企业要实现物流管理水平的提高，还需要一批具备综合素质的物流人才，企业发展物流必须重视物流人才的培养。为此，企业必须大力培育现代物流管理人才，可以从高校引进或者是对企业的员工进行专业培训，培养一批高级物流技术人才，建立物流操作示范区，培养技术骨干，并努力在物流方向建立人员竞争机制，优胜劣汰，加强理论工作者与实际工作者的广泛交流。同时学习发达国家先进的物流管理经验，实现吸收、消化、再创新的集成创新，在形成一批具有创新能力的物流管理人才、提高企业物流管理水平的同时，也保证供应链的运作效率。

8. 利用第三方物流

第三方物流是一种实现物流供应链集成的有效方法和策略，它通过协调供应链企业间的物流业务来提供后勤服务。第三方物流企业由于具有人才优势、技术优势和信息优势，可以采用更为先进的物流技术和管理方式，取得规模经济效益。企业可以对一些非核心业务实行物流外包，企业通过物流业务的外包，能够把时间和精力放在自己的核心业务上，从而达到环节最少、时间最短、费用最省，提高产品的配送速度和安全度，降低企业的库存风险。

六、智慧供应链

智慧供应链是结合物联网技术和现代供应链管理的理论、方法和技术，在企业中和企业间构建的，实现供应链的智能化、网络化和自动化的技术与管理综合集成系统。

在传统供应链的发展中，技术的渗透性日益增强，很多供应链已经具备了信息化、数字化、网络化、集成化、智能化、柔性化、敏捷化、可视化、自动化等先进技术特征。在此基础上，智慧供应链将技术和管理进行集成，对技术和管理的综合集成从理论、方法和技术上进行论述，从而系统地指导现代供应链的管理与运营。

智慧供应链与传统供应链相比，具备以下特点：

（1）智慧供应链与传统供应链相比，技术的渗透性更强。在智慧供应链的语境下，供应链管理和运营者会主动地吸收包括物联网、互联网、人工智能等在内的各种现代技术，主动将管理过程适应引入新技术带来的变化。

（2）智慧供应链与传统供应链相比，可视化、移动化特征更加明显。智慧供应链更倾向于使用可视化的手段来表现数据，采用移动化的手段来访问数据。

（3）智慧供应链与传统供应链相比，更人性化。在主动吸收物联网、互联网、人工智能等技术的同时，智慧供应链更加系统地考虑问题，考虑人机系统的协调性，实现人性化的技术和管理系统。

相关知识扩展

一、供应链管理体系下的物流管理功能

1. 库存管理

通过库存管理能够缩短订货—运输—支付的周期，调节供求差异，稳定生产、经营的规模，加快市场反应速度，降低物流成本，有利于整个供应链的协调和运转。

2. 采购管理

采购管理主要包括供应商管理、订购合同管理及订购单管理。通过供应链管理体系，企业可利用配销单据等对整个网络制订补充计划，并向供应链自动发出订货单，通过合同管理使供需双方建立长期关系，将订购单送达供应商并对已接收货物进行支付。

3. 配销管理

对进入分销中心的物资，其管理过程主要有以下几个方面：配销需求管理、实物库存管理、运输车队管理、劳动管理等。

4. 仓库管理

仓库管理除包括入库货物的接运、验收、编码、保管，出库货物的分拣、发货、配送等一般业务外，还包括代办购销、委托运输、流通加工、库存控制等业务。仓库管理的操作强度很大，但条形码技术、射频技术、传输带、自动化仓库控制系统等先进技术的引入改变了传统的工作方式，提高了工作效率，从而实现了电子化物流管理，达到对贸易过程实时跟踪的基本要求。

二、供应链管理下的物流策略在中小企业中的应用

（一）中小物流企业面临的机遇

1. 巨大的潜在市场需求

从市场需求看，我国目前是世界上最富有经济活力的国家之一，是全球最大的消费市场，许多跨国企业正在将更多的业务转向中国，并通过外包物流来降低供应链成本。例如，在北京、上海、深圳、广州、武汉等中心城市，IBM、三星、惠普等跨国企业已经进入了我国物流服务市场。

2. 政府的重视

我国政府积极鼓励物流行业的发展，把发展中国物流业作为工作重点。在此基础上，我国根据各地经济发展状况和特点规划出多个物流中心圈，有效保证了物流行业的快速、稳健发展。各级政府也把物流发展作为当地经济发展的重点来抓，这都为中小物流企业的发展创造了良好的宏观环境。

在当前的供应链管理环境下，企业由于一些内部和外部因素，存在着一定的局限性，从而使企业在供应链管理环境下面临困境。

（二）物流企业面临的问题

1. 传统的管理理念和管理机制影响着物流效率的提高

目前我国相当多的企业仍然保留着"大而全""小而全""产、供、销一体化""仓储运输一条龙"的经营组织形式，物流活动主要依靠企业内部组织的自我服务完成，使采购、仓储和配送职能未能进行充分整合，无法实行一体化的内部供应链管理，不利于社会化专业分工。这种分散的、低水平的管理活动必然会导致物流成本责任主体不清，物流管理效益难以凸现。

2. 物流基础设施尚不完善

首先，设施功能单一，设备陈旧，作业效率较低，作业质量不高，难以适应现代物流产业运营的需要。其次，由于物流基础设施和装备水平低，缺乏统一、规范的标准，致使物品在运输、装卸、仓储环节中难以实现一体化、全过程的流动。

3. 运输环节的装卸搬运次数过多，运输时间较长

中小物流企业缺乏应有的机械和设备，大部分靠人力搬运，叉车数量有限，托盘配备得很

少。有客户到公司发货时的装卸搬运,也有货物装车运往公司时的装卸搬运,还有货物从公司送往顾客时的装卸搬运,货物到达目的地后,收货客户来提货也会发生装卸搬运。这么多装卸搬运工作,不仅会造成物流成本的增加,而且容易导致货损、货差现象发生。从公司利益来考虑,没有凑够整车是不会发货的,而且整车货物的送货地点也不同,这样就延长了运输时间,不仅导致货物延迟交付,也损坏了公司的信誉、形象。

4. 物流的信息化程度低

当前我国物流行业IT应用市场发展迅猛,企业的信息化建设正逐步展开,但我国中小物流企业的信息化发展不平衡,企业间没有建设信息接口。有些企业虽然配备了电脑,但还没有形成系统,更没有形成网络,同时在物流运作中也缺乏对EDI、个人电脑、条形码、扫描等先进信息技术的应用,物流作业自动化水平低。另外,中小物流企业不愿意在信息化人才的培养和引进上投入成本,造成多数中小企业基本没有自己的信息平台,一些比较先进的物流技术很难引进和使用,这成为当前中小物流企业发展面临的又一大瓶颈。

5. 物流人才匮乏,流动性大

目前我国物流人才的教育体系还没有建立起来,大多数中小物流企业的管理人员学历较低,管理水平不高,往往是中小企业引进了先进的物流技术装备,却没有人会用。再加上中小物流企业人员流动性很大,从而使得物流专业人员普遍缺乏,但中小物流企业又不敢也没有能力投入太多的成本来培养人才,这就造成长期工作在物流一线的工作人员对物流前沿理论、发展趋势、管理模式知之甚少,缺乏创新和开拓能力。

6. 资本与信贷问题

企业的资金是企业发展不可缺少的一部分。中小物流企业多属于民营企业,目前经济效益普遍不佳,加上其天然的弱点,使得大多数中小物流企业和其他民营企业一样,常常因为企业信用等级、企业资质等问题,难以筹集到低成本的资金,甚至无法筹到资金,这就直接导致企业建设、发展的停滞。

7. 经营成本高,缺乏信誉度和核心竞争力

能否合理选择运输方式、调度运输车辆,规划运输路线,车辆的装载率如何等都是衡量物流公司运营绩效的重要标志,直接影响到企业的物流成本。我国中小物流企业普遍规模较小,存在技术应用水平低、成本管理意识薄弱、成本管理方法落后、物流成本核算混乱等问题,在实际操作中经常会出现装载率低下甚至空载,司机随意安排路线等现象,造成现有的资源大量浪费、过路过桥费用增加,进而导致物流成本过高。

再则,由于企业内部缺乏必要的管理规程和服务规范,服务质量水平不高,经常会出现一些事故,给顾客造成一些不必要的损失,无形中会丧失顾客的信赖感,也给企业的成本增加负担,这样在市场竞争中必然处于劣势,难以和其他物流企业抗衡。以上各种原因都会导致企业缺乏核心竞争力。

(三)供应链管理体系下的企业发展策略

1. 政府要为发展现代物流创造良好的宏观环境

中小物流企业要想迅速发展,只靠自身的努力是远远不够的,还需要政府发挥推动和调控作用,创造完善的宏观环境和外部环境。

政府要做好以下几点工作。首先,加强交通基础设施建设、信息设施建设,提高企业物流活

动的效率和服务水平,这是保障物流企业发展的基本条件;其次,政府要加强和完善物流法律、法规建设,建立健全的政策法规体系和行业标准,使中小物流企业的发展有据可依、有规可循;再次,要鼓励专业物流企业的发展,推动第三方物流服务市场的形成;最后,发挥组织、协调、规划职能,避免重复建设和资源浪费。

2. 加强物流管理创新研究,提高企业物流运作效率

中小物流企业能够在竞争中脱颖而出,与企业在管理模式中的创新是分不开的。在当前供应链管理的基础之下,物流管理具有战略协同性、信息共享、物流过程更加敏捷等特征,避免了信息失真、缺失等严重问题。物流管理创新的目的就是让企业确立与市场需求相适应的、新的经营管理理念和管理模式,以求在同一阶层的对手中,在服务价格和内容相似的情况下,产生差异化,使客户在付出同样资金的情况下能够获得更良好的服务水平。同时可以使整个企业的成本最小化,有效地提升企业效益,增强企业的核心竞争力,这样企业就可以保证在现有紧张的市场环境下占有自己的一席之地。

3. 提升自身核心竞争力

核心竞争力是指企业开发独特产品、发展独特技术和发明独特营销手段的能力。在供应链管理逐渐被认可时,中小企业必须认真分析、明确自己的核心优势所在,将非核心的部分外包,将主要精力放在如何采取措施提升自身的核心能力上。中小企业除了要识别、形成自己的核心竞争力以外,还要注意核心能力的发展,加强各部门之间的交流与沟通,定期总结,不断完善。

4. 注重物流人才的培养

随着中小物流企业的逐渐成长,企业需要大批各个层次的、受过专业训练的物流从业人员。因此,企业必须重视物流人才的培养,需要大力培养并聘用具有专业素养的物流人才,只有拥有高素质的物流人才,才能够更加有效地提高服务质量,迅速提升品牌形象,促进企业快速发展。近几年来,各大高校也陆续开设了物流管理相关专业。所以,一是可以通过招聘方式,从高等院校物流专业毕业生中引进物流人才。二是要对所有员工开展物流知识和业务培训,提高企业员工的整体素质。物流企业在重视少数专业人才和管理人才培养的同时,还要重视对所有员工的物流知识和业务培训,员工素质是决定企业发展速度的关键因素。许多物流公司人员素质参差不齐,一线工作人员缺少基本的专业培训,员工送货时态度恶劣、衣装不整、野蛮装卸等不良现象时有发生。提高员工的素质,对企业的效益和形象有着重要的意义。三是加强理论工作者与实际工作者的广泛交流,加强对发达国家物流管理先进经验的学习和借鉴,形成一批具有创新能力的物流管理人才。四是为企业员工提供成长的阶梯。内部人才对企业更为了解,更关注企业的长期发展,所以重视从内部选拔人才,更有利于企业内部员工的职业发展,使优秀的人才更有信心去争取更大的发展空间。

5. 引进先进的物流技术

中小企业必须重视使用新的物流管理技术,首先要完善基础设施,保证基本活动可以顺利进行;其次积极采用现代高新技术成果,运用先进的信息技术,使企业物流从操作技术、设施设备、配送工具到物流信息处理等能始终满足现代物流发展和企业生产经营活动的需要。

6. 注重物流成本的控制

对于中小企业来讲,加强物流成本控制主要有以下几种方法。

首先,借助现代化的信息管理系统,控制和降低物流成本。采用信息系统,可使物流作业能

准确、迅速地进行,减少人为过失,进而降低中小企业物流成本。其次,实施物流业务外包。中小企业充分利用现有的第三方物流企业,将非核心的物流业务外包出去,集中主要力量提高核心竞争力。业务外包不仅能减少投资压力,还能大大降低物流成本。最后,加强物流库存成本控制。在整个物流成本中库存成本占主要地位,要想降低库存成本,必须做到以下几点:①存货数量保持在合理范围之内,既不能缺少,也不能过多;②存货存储时间较短,货物周转速度较快;③仓库地理位置的选择要合适,库存硬件配置要合理化;④对库存成本的管理要严格,要有详细的进出库清单,管好库存资金。

7. 发展供应链合作伙伴关系

供应链合作伙伴关系是指供应链与制造商之间在一定时期内共享信息、共担风险、共同获利的协议关系。这样一种战略合作伙伴关系形成于集成化供应链管理环境下,形成于供应链中具有特定的目标和利益的企业之间。合作伙伴关系必然要强调合作和信任。这种关系有利于双方降低库存和管理成本,提高资产利用率,改善相互间的交流状况,实现共同的期望和目标。

8. 树立企业良好形象

中小企业由于自身原因,要想在激烈的竞争形势下屹立不倒,仅仅靠发展自己的实力是不够的。在提升自身核心能力的同时,还要注意树立企业良好形象,以吸引合作伙伴的目光。要树立企业良好形象,首先要树立"推销自我、包装自我"的新思想,利用一切可能的机会推销自己,其次要注意开展公共关系活动,与政府、媒体、顾客建立良好的关系。

(四)智慧供应链管理平台

智慧供应链管理平台旨在以供应链为视角,着眼于当前的业务状况以及未来的业务需求,帮助企业详细梳理各个业务中的操作环节及作业特点,将所有当前涉及的供应链条上的业务内容均呈现在平台上,同时为未来的升级预留迭代空间和接口,有效支持企业对供应链条上相关业务的深化发展。

产业的供应链环节长,涉及众多相关方,各环节之间信息脱节,相关方之间的信息不透明,导致供应链业务开展时信息无法协同,进而导致各环节之间无法紧密衔接,甚至出现错误衔接的情况。生产的产品与市场需求不匹配,畅销产品未生产,滞销产品又新增库存,采购原料不按生产计划和物流特点,致使生产延误、停工停产等情况的出现。对供应链各环节的相关方也无法有效掌控,难以用数据以及标准化的运作流程来实施供应链管理,导致库存积压、资金占用,对产业供应链的整体运营影响非常大。

通过搭建智慧供应链管理平台,可以实现对供应链各环节的平台化管理。将产业链各环节的相关方整合起来,解决各业务环节、各相关方之间的信息不透明、协同不顺畅等问题,掌握业务开展的相关信息,支持企业对供应链管理的优化升级,释放库存压力,减少资金占用,高效利用供应链中的物流、商流、信息流等资源,赋能供应链的高效、透明管理,助力企业再发展。

实例分析

山西快成物流科技有限公司:大宗商品智慧物流·供应链管理平台

山西快成物流科技有限公司(以下简称"快成物流")成立于2017年1月,是北京快成物流科技股份公司的全资子公司。公司位于山西转型综合改革示范区,2017年3月申请成为国家首批"无车承运人"试点企业,并于2018年12月被认定为山西省高新技术企业,于2019年1月被评为全国 4A 级物流企业。

一、平台简介

快成物流的"大宗商品智慧物流·供应链管理平台"属于无车承运人应用类别。该平台是快成物流在无车承运人平台的基础上组织搭建的,融入供应链管理理念,形成物流生态链闭环系统,服务内容更为全面,服务体验更为优质。

平台立足于大宗商品物流行业,依托于"无车承运人"平台,运用互联网、物联网、大数据等技术,可为物流行业上下游提供衍生增值服务。目前,平台可提供运输服务、管理服务、消费服务、金融服务、咨询服务这五大服务。

1. 运输服务

公司针对运输业务的上下游,自主研发"快成物流"app 货主版(Android 移动端、iOS 移动端、PC 端)与"快成司机"app 货主版(Android 移动端、iOS 移动端),从发单、接单、装卸货、在途监控到运费结算等流程为货主企业、信息部、运输公司、司机等提供便捷、安全、高效的线上服务。货主企业也可通过运输管理系统进行总体分配与调度,实时监控货物运输情况,便于进行生产调度。同时快成物流可为企业提供合法合规的增值税发票,降低企业税务风险,推进企业的规范化运作。

2. 管理服务

公司针对大宗商品相关企业的业务特点,自主研发"快慧通"智慧物流管理系统,利用"硬件设备+软件平台"的方式对厂内外物流进行精准控制与管理。系统包含合同、客商、排队、磅房、仓储、化验、结算等七大管理模块,为企业实现物流全流程的无纸化办公,形成商流、物流、数据流、资金流、票据流的五重闭环管理,为企业提供了完整的智慧物流信息化解决方案。

3. 消费服务

公司基于物流运输产业链,为平台司机和车辆提供包括加油、加气、轮胎、ETC、保险、维修、食宿、道路救援等方面的后市场消费服务。公司目前自主研发"快福宝"app 及商户管理系统,为平台上的油气站、饭店、汽配店等商户提供在线销售渠道,同时为店内进出管理提供信息化管理方式。公司推出了"云库"(轮胎无人零售方案)、橇装站(自助加油设备)、油气站联盟、快成流动服务车(为车辆提供自助换胎、换机油等服务)、ETC 在线办理及充值、保险代理服务、油气集中采购等项目,为物流全产业链提供完整服务。

4. 金融服务

公司针对平台用户(包括企业和个人)进行资金需求调研及分析,与银行、保险、租赁公司等金融机构进行深度合作,共同为用户提供融资租赁、运费保理、消费贷款等金融服务,利用金融工具为物流产业链注入活力,提升物流行业运作效率,促进整个行业的降本增效。

5. 咨询服务

公司依托平台大数据进行数据挖掘与分析,为企业提供煤炭及物流咨询服务,可为企业提供最佳运输方案,以达到降本增效的目标,同时可为企业提供公路运价指数、煤焦市场现货与期货研究、洗配煤等服务,增强平台在行业内的服务能力和品牌影响力。

二、平台信息化背景

平台的信息化建设过程,充分结合大宗商品物流行业的特点和发展中存在的问题,考虑大宗商品的产地特点,以解决大宗商品物流行业发展中的难点问题为主要目标,推动企业转型发展,助力物流高效发展。

大宗商品物流行业长期存在着物流成本高、行业信息化水平低、行业监管缺失、增值服务不全面等问题,制约着大宗商品物流行业朝集约化、规模化的方向发展。快成物流针对行业在发展过程中遇到的这些问题,不断进行探索,以期通过信息化技术来变革大宗商品物流行业的发展模式,推动大宗商品物流行业朝着智慧物流的方向发展。

(一)货运行业物流成本高

2018年,全国社会物流总额达到283.1万亿元,增长速度在6.4%左右。中国虽然已成为物流大国,但并不是物流强国,物流绩效并不理想。据国家发展改革委、国家统计局等部门联合发布的数据显示,2018年全国社会物流总费用为13.3万亿元,同比增长9.8%;社会物流总费用与GDP的比率为14.8%,比上年回升0.2个百分点,仍然远高于发达国家,中国物流发展具有很大的上升空间。物流成本过高成为运输企业发展的最大困局。由于缺乏有效、先进的运营组织模式,货运企业小、散、弱,这种高度分散的货运市场经营模式是无法带来规模化的经济效益的。同时,受基础设施建设、信息化水平的影响,货主及车主之间不能互通消息,货车空驶率高,使得区域内的车辆和运力得不到有效的调控,既浪费了资源,又增大了运输成本。

(二)物流企业信息化程度低

大宗商品物流企业一直以来采用传统的运输组织管理模式,信息化水平较低,业务流程大多依靠线下人工记录数据,耗费人力成本的同时,还伴随着准确率低、纸质凭证难保存、难统计、易损毁等弊端。由于大宗商品物流企业信息水平低,致使整个业务操作和管理上存在以下问题:①人工成本高,多节点需要人为监管,人力成本费用高,而且易出错;②数据纸质化严重,存在共享难、查找难、录入难等问题;③企业管理信息化程度低,为后期的核对、统计带来了诸多不便,造成信息的孤岛化;④结算周期长,运费、合同费用等结算周期长,无法满足用户对效率的要求,而且有时存在着较大的人为误差。

(三)货运行业碎片化经营

公路货物运输主要是个体经营,往往一人一车或几人一车,这构成了公路运输经营系统中基本的运营单位,也是目前公路运输企业普遍采用的单车承包经营方式。这种方式由承包者或所有人对自己的车辆负全面的经济责任,自己管理,自己组货,自己营运,行业整体处于碎片化经营状态。这种经营模式直接导致难以统筹建设,难以引入新的技术手段,难以发展先进的货运模式,信息化程度自然无法满足新时代对货运行业的发展要求。

(四)行业监管缺失,行业信誉低

道路货物运输行业一直存在行业信誉低的问题,货物的安全性、付款的及时性、事故的真实性等问题都无法得到完全确认,行业信用度较低。

个体运输户无固定办公场所,经营分散,集约化程度低,自己管理,自己组货,自己营运,道路货物运输安全监管难。尽管目前部分道路危险货物运输企业可通过物流运输平台实现从业人员、车辆及技术数据信息的有效应用和与从业人员、车辆的紧密连接,从而规范企业运输的组织与管理。但是承运企业合作车辆较多,从业人员流动性较大,危险货物托运人不规范运作,导致违法承运、车辆超速、疲劳驾驶等情况依然存在。

另外,货运从业人员整体素质不高,且因驾驶员队伍整体收入不高而不稳定,除非发生安全事故,一般难以严格落实动态监管及退出措施。

三、平台信息化进程

当前,国家积极倡导互联网与各行业的深度融合,"互联网+"货运新业态也在不断推进,以期借助互联网、大数据、云计算等技术手段,推进物流行业向信息化、智能化、数字化方向转型,实现物流行业的高效发展。

快成物流深知大宗商品物流行业发展的痛点和难点。大宗商品物流行业必须变革传统的运输组织管理模式,将互联网与物流行业深度融合,实现行业的转型升级。改变原来物流行业的碎片化经营状态,让物流行业朝着高质量、高效率方向发展的主要途径如下:一要依靠日新月异的互联网和物联网技术;二要在物流业中推行集约化发展。无车承运人正是这种思想的高度提炼和表达。在国家政策的倡导和支持下,快成物流成功申请成为国家首批无车承运人试点企业,采用先进的运输组织方式,促进行业的转型发展。

快成物流依托于无车承运人平台,始终坚持技术创新,聘请高精尖的研发专家,组建专业的研发团队,研发出多款物流软件产品,包括快成物流 app、快成司机 app、快福宝 app、快慧通、客商管理系统、快乐驾等,精准实现了车货匹配,降低了物流成本。同时为大宗商品相关企业提供信息化管理服务以及多项增值服务,实现了企业的转型升级,助力行业降本增效,推动行业的高质量、高效发展。

主要产品:

"快成物流"——为货主端量身打造的移动互联网软件产品,帮助上游企业进行货源发布、运单管理、运费结算。

"快成司机"——专为货物承运端量身打造的移动互联网软件产品,帮助司机免费寻找最优货单,为司机提供订单查询、运费合算、违章查询、车辆维护、加油加气等多样化服务。

"快福宝"——油气、轮胎、维修等商家入驻快成商户平台,为司机在线消费提供便利,并给予一定优惠。

"快慧通"——由合同管理、磅房管理、仓储管理、化验管理、财务管理等组成的企业信息集成化管理系统,给企业提供物流信息化解决方案。

"快成金服"——主要包含融资租赁、商业保理、授信贷款、消费金融等。

"客商管理系统"——用于解决企业物流运输任务的总体分配与调度,实时监控货物运输情况,便于下一步的生产与调度。

"快乐驾"——与北斗完全融合,可实现货物跟踪、呼叫对讲、订单实时查询等功能。

此外,快成物流积极布局汽车后市场、企业物流管理、金融等各项业务和服务,发展完善大宗商品智慧物流·供应链管理平台,形成了完整的物流生态链闭环系统。①包括加油加气、轮胎智能云库、ETC 卡、橇装加油站、车辆融资租赁等在内的汽车后市场业务全面开启;②公司针对大宗商品企业特点,推出"快慧通"企业智慧物流管理系统,为企业量身定制智慧化、信息化的智慧物流信息管理平台,推动大宗商品物流行业转型升级;③在金融方面,公司与中国平安合作推出保险业务,与中国农业银行、中远海运等金融机构取得合作。同时,共同为用户提供融资租赁、运费保理、消费贷款等金融服务。

四、平台信息化效益评估

(一)效益指标

目前,快成物流的加盟公司和分公司已有百余家,主要分布在山西、内蒙古、陕西等主要煤源地和山东、河北、河南、江苏、华南等煤炭消费地。

经济效益指标:截至 2018 年 12 月,快成物流主要运营数据为,总运量 8400 万吨,总交易额 83 亿元,车辆注册量 22 万辆,全国运单数 273 万单。根据国家交通运输部公布的 229 家无车承运人数据统计情况,快成物流在平台总交易额和全国运单数等方面名列前茅,综合排名一直位列山西省第一。

社会效益指标:公司在迅速发展的过程中,对社会经济发展和生态文明建设也做出了巨大贡献。按照目前平台注册运输车辆计算,平台可帮助运输车辆全年减少1亿公里空载里程,并节省燃油费2亿元、减排二氧化碳8万吨。平台的建设还提高了公里里程利用率近50%,降低了司机拉运的等货时间,降低了货主的运营成本,在解决社会就业的同时,还增加了当地政府的税收收入。

(二)创新模式影响

随着信息技术的发展,尤其是物联网技术的快速发展与普及,物流业也逐步朝着信息化、网络化、自动化的现代物流方向发展。现代物流技术的发展既改变了人们的生活,也给企业带来了机遇和挑战。企业的各项生产活动都必须要得到计划、组织、协调和控制,而这一系列的工作可以从现代物流技术发展的角度出发,企业要不断对生产物流管理进行优化和创新,实现对计划、组织、协调和控制这一系列工作的管控,也实现对公司各项生产活动的管控,不断优化企业物流生产效率,以适应现代物流发展的需要。

在这样的背景下,物流企业已经不能满足于陈旧落后的运营模式,必须进行技术创新和组织管理变革。企业不仅要求货物运输高效便捷,还对物流管理的精细化、智能化提出了更高的要求。企业需要智慧化、智能化的管理系统来连接货运两端,使大宗商品物流企业能够更好地适应时代发展的要求。

平台为大宗商品物流企业打造的智慧物流管理系统解决方案,采用"2+7+1"的管理模式,通过移动端和企业物流管理系统相关联,将厂外任务分配、车辆运输监控、货物监控以及运费结算的管理,与厂内七大管理模块相互协同,形成商流、物流、数据流、资金流、票据流的五重闭环管理,帮助大宗商品企业管理实现数据化、信息化、智能化、电子化,为企业提供了完整的智慧物流信息化解决方案。

(三)竞争力

快成物流在发展过程中取得了良好的经济效益,业务范围不断扩大,交易额不断攀升,加盟公司以及分公司遍及华北、西北、西南等各区域。快成物流凭借自身的努力,实现了公司的快速发展,其发展能力和发展前景赢得了各界的肯定。2018年5月,国家交通运输部副部长刘小明一行对吕梁分公司进行了实地考察,并给予了积极的指导意见。2018年6月,快成物流完成了由睿嘉资产领投的亿元级pre-A轮融资。2018年8月19日,快成物流与吕梁市离石区政府签署大数据建设的战略合作协议,共同打造大宗商品(吕梁)大数据中心。2018年10月,成为山西省资源型经济转型促进会会员单位。2018年12月,与山西省资源型经济转型促进会签署战略合作协议。

五、平台信息化的意义

在平台信息化实施过程中,快成物流在无车承运人、企业信息化管理等方面积累了丰富的经验,对企业信息化的实施具有重要意义。

(一)主要经验

物流与供应链的信息化过程就是其与互联网、物联网深度融合的过程,通过数据支撑、网络化共享、智能化协作来实现,涉及互联网、物联网、大数据、区块链等多种先进技术,应坚持技术创新,深挖数据资源,共同打造智慧物流、智慧供应链,并积极推进智慧物流与智慧供应链的应用领域。

1. 采用先进的技术是实现信息化的前提

企业的信息化离不开先进技术的支持，实现信息化必须保证技术的先进性。快成物流密切关注物流行业的技术革新，将互联网与物流行业相结合，采用物联网、大数据、云计算等技术，搭建出大宗商品智慧物流·供应链管理平台。

就物流业务流程信息化而言，平台借助计算机技术、网络技术、电子数据交换技术、条码技术、全球卫星定位系统等多种信息技术，构建物流管理信息系统，使得物流管理的自动化、高效化、可视化得以实现，物流变得更加智慧化。

2. 坚持技术创新是实现信息化的保证

快成物流坚持技术创新，高薪聘请研发工程师，组建了上百人的研发团队，自主研发多款物流软件产品，包括快成物流app、快成司机app、快福宝app、快慧通、快乐驾等产品。技术的创新和发展保证了快成物流信息化的实施，使得包括货源发布、车货匹配、订单管理、轨迹跟踪等在内的业务实现全面智能化管理，大幅提升了公司的运营效率和管理水平。

3. 构建物流大数据是信息化深入发展的关键

在如今竞争激烈的经济环境下，大数据的价值不言而喻。在国家政策的推动下，快成物流成为物流行业率先开展互联网转型升级的企业之一，在数据采集方面具有一定的优势。快成物流不断加强大数据分析体系的建设，夯实平台在数据分析与应用方面的竞争力，以数据驱动智慧物流的发展。

4. 智慧物流是信息化的最终目标

智慧物流是物流行业发展的主要方向，将物流变得智能化是各个物流企业的终极目标。快成物流在发展过程中，将智慧物流应用于多个领域，已取得了较好的效益。

（1）智慧物流与运输管理相结合。

快成物流目前已借助智慧物流的相关技术，实现了运输管理的可视化。通过采用网络、RFID、GPS等技术，运输过程中的数据可实时传送给平台，实现了对运输货物、运输路线、运输时间的可视化跟踪管理，货主、司机可登录平台，及时掌握运输过程中的关键信息，并且可实现运输任务的调度分配、运输信息统计、自动结算等一系列功能。随着智慧物流的进一步升级发展，运输管理也将更加智能化。

（2）智慧物流与企业管理相结合。

针对大宗商品相关企业的业务特点，自主研发"快慧通"智慧物流管理系统，利用"硬件设备＋软件平台"的方式对厂内外物流进行精准控制与管理，产品包含合同、客商、排队、磅房、仓储、化验、结算等七大管理模块，为企业实现物流全流程的无纸化办公，形成商流、物流、数据流、资金流、票据流的五重闭环管理，为企业提供了完整的智慧物流信息化解决方案。智慧物流与企业信息化管理相结合，两者协同发展，助力整个行业的高速发展。

（3）智慧物流与供应链管理相结合。

根据智慧物流平台的数据资源，快成物流对供应链的上下游企业进行分析，针对不同用户的需求，提供差异化、定制化服务，增强其对平台的黏性。同时，快成物流将供应链管理与智慧物流相结合，通过网络统一管理和调度数据资源，实现整条供应链的信息传递和信息共享，有效提高整个供应链系统的运作效率，实现供应链的上下游企业之间的良性互动，降低物流成本。

（二）重要意义

1. 通过信息化实施，实现企业的转型升级

快成物流在发展的过程中，将互联网与物流行业相结合，借助无车承运人平台，自主研发多款物流软件产品，实现企业业务的信息化，实现企业向互联网企业的转型升级。

2. 通过信息化实施，提高企业的管理水平

快成物流针对大宗商品相关企业的业务特点，自主研发"快慧通"智慧物流管理系统，为企业实现物流全流程的无纸化办公，形成商流、物流、数据流、资金流、票据流的五重闭环管理，为企业提供了完整的智慧物流信息化解决方案，提高了企业的信息化管理水平。

3. 通过信息化实施，提升经济与社会效益

快成物流自从实施信息化战略以来，客户量与业务量节节攀升，企业取得了良好的经济效益，并且为社会解决了就业问题，为政府带来了税收。同时，通过降低车辆的空载率，减少燃油使用量，减少了车辆二氧化碳的排放量，对保护大气环境具有积极的作用。

4. 通过信息化实施，助力物流行业高质量发展

快成物流在大力推进信息化建设的过程中，充分地整合社会运力，拥有较强的货源组织能力，对整个物流行业向规模化、集约化发展做出了一定的贡献。同时，信息化的实现降低了车辆的空载率，多项增值服务为用户降低了成本，对整个物流行业降本增效具有重要意义。

六、平台信息化的建议

随着信息技术的快速发展，信息化建设对企业未来的发展与生存具有重要的作用。企业应充分利用现代信息技术，积极开发信息资源，并将其应用于企业业务流程、企业现代管理等方面，提升企业的业务水平，进而推动行业的快速发展。就目前平台的信息化建设情况来看，还有许多需要完善的地方，尤其是随着大数据时代的到来，在竞争激烈的行业环境中抢先拥有数据优势对企业的发展尤为关键。快成物流"大宗商品智慧物流·供应链管理平台"在不断完善发展的基础上，应着力于物流大数据中心的建设。

（一）增强运力供应链服务能力

无车承运人经过两年的探索发展，取得了良好的成绩。但是，无车承运人目前在直接服务货主企业、供应链企业的能力上，有很大的提升空间。

互联网的普及催生出了大量的平台型物流企业，在做好货运平台的基础上，物流平台企业的下一个着力点应该是运力供应链服务，形成更为完整的针对运力的供应链服务。完善精准物流服务生态圈与供应链功能生态圈，发力物流管理系统、重卡租赁、供应链金融服务、ETC、加油加气、车辆救援维保等多个方面，链接全产业链不同的业态，让每一个参与者都能够受益于智能大数据技术所带来的效能提升。

（二）提升平台风险防控能力

目前，相较于一般的信息撮合平台而言，大宗商品智慧物流供应链管理平台承担了全程的运输责任和风险，这也和网约车管理办法有异曲同工之处。未来，快成物流应对线上服务能力提出更高的要求，加强各方面信息的监管，并通过一定的途径来提升风险防控能力。

（三）建立物流大数据分析体系

在"互联网＋"赋能下，平台逐步呈现出规模化、标准化的趋势，已有一大批企业率先抢占了物流大数据这块"大蛋糕"。平台实时、大量的交易为企业与行业研究提供了大量的物流数据，不断积累的数据资料形成了大数据体系。

在如今竞争激烈的经济环境下,大数据的价值不言而喻。在国家政策的推动下,快成物流成为物流行业率先开展互联网转型升级的企业之一,在数据采集方面具有一定的优势。未来,应加强大数据分析体系的建设,夯实平台在数据分析与应用方面的竞争力,以数据驱动智慧物流的发展,为整个物流行业提供数字化的公共服务。

(资料来源:http://www.chinawuliu.com.cn/xsyj/201910/28/344859.shtml,有改动)

项目小结

21世纪,全球物流已经进入供应链时代。物流产业在科技进步和管理创新的驱动下,经历了从量变到质变的过程,通过供应链管理体系下的物流创新来建立新的物流管理模式是现代企业的发展趋势。供应链作为一条增值链条,涉及的主要组织有供应商、制造商、分销商、零售商和消费者,必须将其作为一个整体进行协调运作,充分采用快速反应、有效客户反应、供应商管理库存、联合库存管理等方法才能达到总成本最低、客户服务最优以及总库存成本最小化、总周期时间最短化、物流质量最优化的目的。并且顺应供应链模式下的物流管理趋势,把握其规律,客观面对供应链所带来的变革,采取更多客观、有效的措施加以应对。智慧供应链是结合物联网技术和现代供应链管理的理论、方法和技术,在企业中和企业间构建的,实现供应链的智能化、网络化和自动化的技术与管理综合集成系统。

同步训练题

(1) 简述供应链管理的基本原则和目标。
(2) 论述供应链管理的必要性。
(3) 供应链管理的主要方法有哪些?
(4) 简述供应链管理体系下的物流管理策略。
(5) 论述中小物流企业应对供应链趋势的策略。
(6) 论述搭建智慧供应链管理平台的效果。

实训项目

1. 实训目的
实训目的是使学生了解供应链管理模式下的物流趋势。
2. 实训方式
实训方式为对中国物流与采购联合会的年度优秀案例进行分析。
3. 实训内容
(1) 了解供应链管理模式在物流行业中的应用。
(2) 了解供应链管理模式带来的变革和作用。
(3) 中小企业如何应对供应链管理趋势?
(4) 写出调研报告。

项目十二
第四方物流

WULIU
GUANLI
JICHU

(1) 了解第四方物流的运行模式。
(2) 掌握第四方物流的基本功能。
(3) 了解第四方物流与第三方物流的区别。
(4) 了解第四方物流发展中存在的问题。

一、第四方物流的概念

第四方物流(fourth party logistics)是一个供应链的集成商,一般情况下,政府为促进地区物流产业发展,领头搭建第四方物流平台,提供信息共享及发布服务,是供需双方及第三方物流的领导力量。第四方物流不是物流的利益方,而是通过拥有的信息技术、整合能力以及其他资源提供一套完整的供应链解决方案,以此获取一定的利润。它能帮助企业降低成本和有效整合资源,并且依靠优秀的第三方物流供应商、技术供应商、管理咨询顾问以及其他增值服务商,为客户提供独特和广泛的供应链解决方案。

二、第四方物流的特点

(1) 第四方物流有能力提供一整套完善的供应链解决方案,集成了管理咨询和第三方物流服务的功能。第四方物流和第三方物流不同,不是简单地为客户的物流活动提供管理服务,而是通过对客户所处供应链的整个系统或行业物流的整个系统进行详细分析,提出具有指导意义的解决方案。第四方物流服务供应商本身并不能单独完成方案,而是要通过物流公司、技术公司等多类公司的协助才能实施方案。

(2) 第三方物流服务供应商能够为客户提供相对于企业的全局最优方案,却不能提供相对于行业或供应链的全局最优方案,因此第四方物流服务供应商需要先对现有资源和物流运作流程进行整合和再造,从而达到方案所预期的目标。第四方物流服务供应商的整个管理过程大概分为四个层次,即再造、变革、实施和执行。

(3) 第四方物流通过对供应链产生影响的能力来增加价值,在向客户提供持续更新和优化的技术方案的同时,满足客户的特殊需求。第四方物流服务供应商可以通过物流流程再造,使整个物流系统更合理、效率更高,从而将产生的利益在供应链的各个环节之间进行平衡,使每个环节的客户都可以受益。如果第四方物流服务供应商只是提出一个解决方案,但是没有能力来控制物流的运作,那么第四方物流服务供应商创造价值的潜力也无法被挖掘出来。因此,第四方物流服务供应商对整个供应链具有的影响能力直接决定了其经营的好坏,也就是说,第四方物流除了需要具有强有力的人才、资金和技术以外,还应该具有与一系列服务供应商建立合作关系的能力。

江西寻乌县供销合作社打造"第四方物流",实现资源共享共用新模式

2020年1月7日,商务部、公安部、交通运输部、国家邮政局、全国供销合作总社、中国仓储与配送协会联合发布了《全国城乡高效配送典型案例(第一批)》,"探索'第四方物流'推动城乡上下行"作为全国供销合作社系统和江西省唯一典型案例成功入选。案例主要以寻乌供销社深化供销合作社综合改革,加快推进城乡配送体系建设"第四方末端内向物流快递"模式为内容,坚持商流带动物流、物流支撑商流的实践做法,立足县以下农村物流需求,整合仓、货、车和网点等当地资源,共享仓配体系,探索出一条可持续、能复制的第四方物流模式,实现企业可持续发展,助力乡村振兴。3月24日,江西省供销合作社全面铺开"互联网+第四方物流",还被列入《省委全面深化改革委员会2020年工作要点台账》。

一、"第四方物流",寻乌县社模式全面推广

据悉,寻乌县供销合作社整合快递资源打造"第四方物流",推进农村物流资源共建共享,解决了农村快递"最后一公里"覆盖率和送达效率低的问题的经验做法在《全国政协信息专报》上进行了专题阐述。

之后,中央农办发函给全国供销总社及寻乌县供销合作社,要求就寻乌县供销合作社大力发展"第四方物流",解决配送末梢的具体做法进行总结提炼。寻乌县供销合作社总结上报的《寻乌县整合电商物流资源提升为农服务水平的报告》在中央农办2019年第29期的《农村要情》上单篇刊发,向全国推介。

2020年第5期江西改革动态刊发的《江西省供销社探索打造第四方物流新模式》一文中,也以寻乌供销合作社整合快递资源、畅通城乡双向流通渠道为主要典型案例进行了介绍。为何寻乌县供销合作社这一改革举措能连连获得中央、省、市等上级各部门的认可和好评?接下来就让我们一起走进寻乌供销电商公司,详细了解一下寻乌县供销合作社创建现代物流园区,牢固树立"共享"理念,大力发展"第四方物流"的全新模式吧。

二、资源共享,破解物流企业散乱小问题

为助力乡村振兴,寻乌县供销合作社积极推动物流产业资源整合,着力化解物流贵和物流企业"散、乱、小"的问题。一是"一站"服务。按照高效、集约、综合理念,规划建设了第四方现代物流园区——广寻现代物流园,一站式解决物流运输、城乡配送、智能分拣、冷链仓储、金融结算和住宿餐饮等现代物流需求。同时,将生活费用代收、普惠金融、电影票和旅游门票代卖、车险寿险代理等便民服务功能纳入园区配套,完善了现代综合园区功能。二是"三网"合一。由县供销电子商务有限公司牵头,整合"供销e家"电子商务服务网点、供销合作社乡村网点、快递运营服务网点三套网络,实现三网合一。三是"五统"经营,采取"统一货物进园、统一货物出园、统一货物分拣、统一货物配送、统一按股份比例分配利润"的"五统"经营模式,进行园区运作,集成式管理,进一步降低了管理成本,提升了园区效率。全县物流运营成本直接下降20%,快递价格下调15%。

三、网络共享，破解配送效率不高问题

寻乌县供销合作社加大空白区域物流体系的投建力度，解决了物流配送体系不完善、配送效率不高的问题，组建了一个全域覆盖、全链共赢的物流综合体。一是供应端"最前一公里集货"。在全县各乡（镇）、各村覆盖建设多站合一的快递物流站点，安装便民服务终端设备，实现了快递服务下沉到村一级，帮助村民不出门即可购买生活、生产用品的同时，将农产品通过站点进行统一包装与销售，打通了工业品下乡、农产品进城的渠道。二是运输端"全程一链式运转"。建立了以县现代物流园为中心，辐射乡（镇）网点，连接村级服务站的县、乡（镇）、村三级物流网络体系，通过三轮车、面包车、新能源车及县域物流班列等多种运输方式畅通了城乡物流配送。三是配送端"最后一公里配送"。针对整合后货量大增的情况，开通了寻乌至南昌、南京、上海、杭州、深圳、广州等23条直发专线，减少了中转环节的装卸货成本，避免农产品和日用品混装而不能享受高速路"绿色通道"免费政策的现象。

四、信息共享，破解"信息孤岛"问题

针对物流业的"信息孤岛"问题，寻乌县供销合作社现代物流园借力"吉集号"平台，为园区赋予互联网、大数据两大翅膀，打造智慧物流网络。一是建立大数据平台。在现代物流园内布局建设大数据平台和仓储中心、配送中心、金融结算中心、后勤服务中心"四个中心"，以大数据平台为"大脑"，指挥"四大中心"运行，进行集成管理、指挥调度、资源分配。二是建立大数据网络。全力打造省内首个县级物流公共信息平台，推动线上平台交易数据与政府相关职能部门统计数据的串联互通，率先实现政企数据共享，构建政府数据、企业信息、产品动态、车辆场所等高效连接的"产品卖全国"的大数据网络。三是建立大数据资源库。建立寻乌物流交易大数据、货源大数据、果蔬产业大数据三大板块资源数据库，借助"吉集号"服务中心、企业、零担专线及认证司机等资源，进行大数据收集，实时分析线上物流动态指数，为政府提供蔬菜、脐橙、百香果等产业的发展决策依据。

五、服务共享，着力优化物流配送服务

大力推动物流业与互联网融合发展，解决物流行业信息化程度与效率"双低"、成本与空驶率"双高"问题，进一步优化物流配送服务。一是"互联网＋智慧物流"。利用互联网优势，通过智慧物流大数据分析，推进货物跟踪定位、交易信息实时共享、区域价格分析等，促进了快递市场的组织优化和效率提升。二是"互联网＋车货匹配"。通过搭建互联网平台，实现货运供需信息的在线对接和实时共享，将分散的货运市场有效整合起来，既避免了货车空车运行，又加快了货物离港速度，打造了货运版的"滴滴打车"。三是"互联网＋智能仓储"。推进物流数据与云仓平台互联互通，共享仓储资源与商品库存信息。2019年12月2日，广寻现代物流园与蜗牛云仓签订了战略合作协议，打造"智能管家"，为客户提供更加便捷、迅速的服务。目前，寻乌县供销物流园已成为省内领先的县级物流公共信息平台和现代化智慧物流园区，成为链接粤闽赣境内物流通道的物流集散中心。

（资料来源：https://www.360kuai.com/pc/9c5db91d2a44c8810，有改动）

第四方物流负责第三方物流安排之外的功能整合,因为全球性供应链管理,单靠第三方物流来组织和整合,不可能做到十全十美。除了要保持速度及有效运作,它必须围绕自身业务和重整业务来经营,采用合作而不是直接控制的方法,来获得持续发展的能力。为此,需将单个组织以外的知识与资源纳入第四方物流。

一、第四方物流的运作模式

结合第四方物流自身的特点,有三种运作模式可以选择,虽然它们之间略有差别,但是都要突出第四方物流的特点。

1. 协同运作模式

该运作模式下,第四方物流只与第三方物流有内部合作关系,即第四方物流服务供应商不直接与客户接触,而是通过第三方物流服务供应商实施其提出的供应链解决方案、再造的物流运作流程。这就意味着,第四方物流与第三方物流共同开发市场,在开发的过程中第四方物流向第三方物流提供技术支持、供应链管理决策、市场准入能力以及项目管理能力等,它们之间的合作关系可以采用合同方式绑定或采用战略联盟方式形成。

2. 方案集成商模式

该运作模式下,第四方物流作为客户与第三方物流的纽带,将客户与第三方物流连接起来,这样客户就不需要与众多第三方物流服务供应商进行接触,而是直接通过第四方物流服务供应商来实现复杂的物流运作的管理。这就意味着,第四方物流作为方案集成商,除了提出供应链管理的可行性解决方案外,还要对第三方物流资源进行整合和统一规划,为客户提供服务。

3. 行业创新者模式

行业创新者模式与方案集成商模式有相似之处,都是作为第三方物流和客户沟通的桥梁,将物流运作的两个端点连接起来。两者的不同之处在于,行业创新者模式的客户是同一行业的多个企业,而方案集成商模式只针对一个客户进行物流管理。这种模式下,第四方物流提供行业整体物流的解决方案,这样可以使第四方物流的运作规模更大限度地得到扩大,使整个行业在物流运作上获得收益。

第四方物流无论采取哪一种模式,都突破了第三方物流的局限性,能真正地以低成本运作,实现最大范围的资源整合。因为第三方物流缺乏跨越整个供应链以及真正整合供应链流程所需的战略专业技术,第四方物流则可以不受约束地将每一个领域的最佳物流提供商组合起来,为客户提供最佳物流服务,进而形成最优的物流方案或供应链管理方案。而第三方物流要么单独为客户提供服务,要么通过与自己有密切关系的转包商来为客户提供服务,它不太可能提供技术、仓储与运输服务的最佳结合。

二、第四方物流的基本功能

(1) 供应链管理功能,即管理从货主、托运人到用户、顾客的供应全过程。

(2) 运输一体化功能,即负责管理运输公司、物流公司之间在业务操作上的衔接与协调问题。

(3) 供应链再造功能,即根据货主/托运人在供应链战略上的要求,及时改变或调整战略战术,使其经常处于高效率的运作。第四方物流的关键是以"行业最佳的物流方案"为客户提供服务与技术。

三、第四方物流与第三方物流的区别

(1) 第四方物流与第三方物流相比,其服务的内容更多,覆盖的地区更广,对从事货运物流服务的公司要求更高,要求它们必须开拓新的服务领域,提供更多的增值服务。第四方物流最大的优越性,是它能保证产品"更快、更好、更廉"地送到需求者手中。在当前经济形势下,货主/托运人越来越追求供应链的全球一体化,以适应跨国经营的需要,跨国公司由于要集中精力于其核心业务,因而更多地依赖于物流外包。正因为这样,它们不只是在操作层面上进行外协,而且在战略层面上也需要借助外界的力量,这样就可以得到更快、更好、更廉的物流服务。

(2) 第三方物流要么独自提供服务,要么通过与自己有密切关系的转包商来为客户提供服务,它不大可能提供技术、仓储和运输服务的最佳整合。因此,第四方物流成了第三方物流的协助者,也是货主的物流方案集成商。

(3) 第三方物流供应商为客户提供所有的或部分的供应链物流服务,以获取一定的利润。第三方物流公司提供的服务范围很广,它可以简单到只帮助客户安排一批货物的运输,也可以复杂到设计、实施和运作一个公司的整个分销和物流系统。第三方物流有时也被称为承包物流、第三方供应链管理等其他称谓。第三方物流公司和典型的运输公司或其他供应链服务公司的关键区别在于:第三方物流的最大附加值是基于自身特有的信息和知识,而不是靠提供最低价格的、一般性的、无差异的服务。第三方物流的主要利润来自效率的提高及货物流动时间的减少。

然而,在实际运作中,由于大多数第三方物流公司缺乏对整个供应链进行运作的战略眼光和整合供应链流程的相关技术。于是第四方物流日益成为一种帮助企业持续降低运作成本和提高效益的力量。第四方物流依靠业内最优秀的第三方物流供应商、技术供应商、管理咨询顾问和其他增值服务商,为客户提供独特和广泛的供应链解决方案。这是任何一家第三方物流公司所不能单独提供的。

四、第四方物流提供的增值服务

第四方物流提供的增值服务主要是指由咨询公司提供的物流咨询服务。咨询公司应物流公司的要求为其提供物流系统的分析和诊断,或提供物流系统优化和设计方案等。总之,第四方物流公司以知识、智力、信息和经验为资本,为物流客户提供一整套的物流系统咨询服务。第四方物流公司要从事物流咨询就必须具备良好的物流行业背景和相关经验,它并不需要从事具体的物流活动,更不用建设物流基础设施,只是为整个供应链提供整合方案。

第四方物流是一个供应链集成商,调集和组织自己的及具有互补性的服务提供商的资源、能力和技术,以提供一个综合的供应链解决方案。

第四方物流不仅控制和管理特定的物流服务,而且对整个物流过程提出方案,并通过电子商务将这个程序集成起来。因此第四方物流公司的种类很多,变化程度也十分大。

第四方物流成功的关键在于为顾客提供最佳的增值服务,即迅速、高效、低成本地提供个性化服务。而发展第四方物流需平衡第三方物流的能力、技术及贸易管理等,同时扩大本身经

营自主权。

第四方物流还包括以下四个特点：供应链再造，功能转化，业务流程再造，开展多功能、多流程的供应链管理。

第四方物流为客户带来的效益包括利润的增长和营运成本的降低，即通过整条供应链外包来提高运作效率、降低采购成本，实现流程一体化。

五、第四方物流在发展中存在的问题

1. 在中国市场份额很低

发展和提高第三方物流的服务功能和地位是发展第四方物流的关键。在中国，第三方物流企业有的是由传统物流企业转变而来，有的来源于国外独资和合资企业，还处在转型发展时期。第三方物流在整个中国物流市场上的份额很低，短期内不具备整合物流资源的能力。

2. 基础设施建设落后

中国物流基础设施和装备条件与第四方物流的要求存在一定差距。中国初步形成了由铁路、公路、水路、民用航空及管道等五种运输方式组成的运输体系，基础设施、技术装备、管理水平、运输市场等方面都取得了巨大的发展，但是还不能满足第四方物流发展的需要。

3. 管理体制不完善

在中国，由于体制没有理顺，各部门之间存在职能交叉，造成了物流行业中的多部门分割管理、重复建设等各种问题。

4. 供应链管理技术未成熟

目前中国供应链管理技术尚未发育成熟，企业组织管理变革的能力较差，同时整个物流系统的基础设施落后，客户规模较小，还承担不起第四方物流的服务。第四方物流必须在第三方物流高度发达和业务外包颇为流行的基础上才能发展起来。

5. 物流信息化程度低

信息化是物流的灵魂，而强大的物流信息网络是第四方物流开展的前提条件。利用信息网络技术可以掌控物流供应链的各个环节，有效地整合全国的物流资源，提高物流的运作效率，降低物流成本。目前信息技术不成熟、投资费用偏高等问题使得物流信息化程度低，缺少能够使供应链上所有企业和第三方物流企业实现信息共享的公共信息平台。

6. 现代物流人才的缺乏

现代物流企业，不仅需要有先进的技术和雄厚的资金，还要有一批高素质的物流人才。第四方物流的发展，要求物流人才不仅具备物流的基础知识和丰富的实战经验，还要具备IT、人力资源管理、技术集成等全方位的知识和能力，中国目前严重缺少这类高素质的物流人才。

六、第四方物流的发展对策

1. 加强物流基础设施的规划和建设

政府应该统筹规划，整合物流资源，加强协调，加大物流基础设施的投资力度，并积极引导社会各方力量涉足物流业的投资建设，为物流配送打好基础。同时应该制定规范的物流产业发展政策，在国内合理地建立具有一定规模和区位优势的物流园区、物流基地和物流中心。

2. 大力发展第三方物流

大力发展第三方物流是当前提高中国物流产业发展水平最重要的措施。在整个物流供应链中,第四方物流是第三方物流的管理和集成者,第四方物流要通过第三方物流来整合社会资源。只有大力发展第三方物流企业,第四方物流才有发展的基础。为满足现代物流业的发展需要,必须大力发展第三方物流,培育大型企业集团,提高物流业的效益。

3. 加速物流产业信息化,建立全国物流公共信息平台

发展第四方物流是解决整个社会物流资源配置问题的最有力手段。中国目前正在推进信息化,利用先进的 RFID、EDI、GPS 等信息技术,对当前蓬勃发展的现代物流产业进行信息化改造,利用网络技术建立物流行业的公共信息平台,通过信息技术和网络技术来整合物流资源,这样可以使中国物流产业得到质的提高,从容应对跨国物流企业的竞争。

4. 加快物流人才培养

第四方物流企业特别需要大量的物流人才。当前的物流人才远远不能满足第四方物流发展的需要,因此要通过高等院校和专业物流咨询机构,在实践中培养、锻炼人才,培养一支适应现代物流产业发展的企业家队伍和物流经营骨干队伍。要大量吸收信息技术、人力资源管理、网络技术等方面的人才,激励这些人才把自己具备的知识和物流知识融合在一起,促进第四方物流的发展。大力引进和培育掌握现代知识的物流复合型人才,形成一支适应现代物流产业发展的高素质人才队伍,以促进和保障第四方物流未来在中国的发展,提升中国物流产业整体水平。

七、我国第四方物流面临的机遇

1. 政策方面

"一带一路"政策的影响。政策的出台必然会带来大规模的物流运输需求,这对我国当前的物流体系提出了更大的挑战,高效化、规范化和低成本的运作需求催化了第四方物流的发展。

2. 技术方面

当前我们处在一个信息化的社会,互联网、物联网、北斗定位系统、大数据技术、云计算、人工智能、区块链等科技的不断发展都为第四方物流的数据收集共享、处理分析和方案制定等提供了良好的技术基础。

3. 经济方面

随着我国发展进程的不断推进,产业重心也逐渐由高能耗、高浪费的粗放型增长方式向低能耗、高效率、高附加值的方式转变。第四方物流相对于当下的物流方式来说,不仅能够统筹兼顾各方资源,实现物流的高效化,还能提供物流信息共享、物流咨询、物流金融等增值服务,扩大了物流产业的增值空间。

未来几年,随着"一带一路"国策的影响,国内各地区之间、国内与周边国家之间对物流的需求会不断增大。而具有先天优势的第四方物流企业,如果能抓住机遇,不断完善自身信息平台建设,提高信息共享与供应链管理能力;加强与其他物流模式的合作,提高资源共享能力;不断引进物流专业人才,提高物流管理能力,那么,第四方物流企业将会迎来一个光明的前景。

▶ 相关知识扩展

中国第四方物流发展较晚,2009 年 3 月以前,中国物流咨询公司在网络搜索中可见者寥

寥,但在 2009 年 3 月以后,各种冠以"物流咨询公司"头衔的企业如雨后春笋般涌现出来。出现这种状况的原因主要是国家出台了十大产业振兴规划,其中物流产业振兴规划作为唯一的服务业规划被提上日程,随后,全国各地的物流园区规划和设计层出不穷。因此,各个物流咨询公司进行了业务范围的扩充,开始涉足物流园区的规划。

目前,国内的第四方物流公司(也被称作物流咨询公司)主要有埃森哲咨询、上海天睿、法布劳格咨询、亿博物流咨询、上海欧麟咨询、杭州通创咨询、青岛海尔咨询、大连智丰咨询、香港威裕咨询、大库咨询、时代连商等。据专家分析,第四方物流要比第三方物流的利润更加丰厚,因为它们能提供专业化的咨询服务。尽管这一类业务目前规模尚小,但在竞争激烈的中国物流市场上将是一个快速增长的部分。中国的第四方物流公司通常被称为物流咨询公司(第四方物流是埃森哲的专用名词),虽然名称有别,但所提供的服务都是第四方物流的服务范围。

实例分析

锦程物流,服务全球

锦程物流全球服务中心是大连锦程物流供应链有限公司建立的中国首个面向全球客户提供专业的物流解决方案和物流服务的平台。

大连锦程物流供应链有限公司通过资源整合和集中采购,降低客户的物流成本。锦程物流全球服务中心全力打造中国物流行业首个专业化全球呼叫中心系统及首个专业物流服务网站,在业内率先实现了"全年无休、全天 24 小时"在线服务。并通过分布在大连、天津、青岛、上海、宁波、厦门、深圳、广州、杭州、北京、哈尔滨、南京、长沙、武汉、重庆、西安、石家庄、苏州、连云港、成都、东莞、香港、沈阳、合肥、呼和浩特、郑州、营口等城市的物流服务公司,为客户提供网络化和本地化相结合的优质、迅捷、低成本的专业物流服务。

一、物流行业第一个专业物流服务网站

锦程物流全球服务中心设立了中国物流行业第一个专业的船期运价咨询和物流服务网站——锦程物流全球服务网(http://www.ejc56.com),以满足客户多样化需求为宗旨,致力于高效、便捷的运价搜索、查询及咨询功能的研发,为客户多渠道、多角度地提供免费的运价查询及物流服务,并为客户提供在线即时沟通服务。客户只需点击在线人员,即可与物流服务中心具有深厚行业知识和货代经验的专业客户顾问进行在线交流,随时解答疑问。

二、物流行业第一个专业呼叫中心

锦程物流全球服务中心开通了 24 小时物流服务电话,成立了中国物流行业第一个专业呼叫中心,向全球客户提供方便、快捷、专业、标准的呼叫服务。客户拨打电话,无须支付长途话费,就可随时随地与呼叫中心的专业客户顾问进行联系,进行船期运价及物流服务业务的咨询。

三、在线即时运价服务系统

1. 在线询价

锦程物流全球服务中心为客户提供在线咨询软件——"商务通"。选择并点击相应口岸的在线人员,即可在页面上弹出对话窗口,将有专业客户顾问提供运价查询及各项业务咨询服务。

2. 自助搜索

只需输入起始港和目的港,多家船公司运价立即呈现。

3. 运价订阅

物流服务网站为客户提供在线订阅功能,只要在线填写订阅条件和发送周期,并留下详细、准确的联系方式,物流服务中心就会根据订阅要求定期发送定制的运价信息,足不出户便可随时了解关注的海运价格。

四、全国口岸联动,新价特价一目了然

锦程物流全球服务中心在全国重要口岸及城市设立区域物流服务中心,为客户提供网络化、本地化的优质物流服务,为网站运价数据的提供及咨询服务提供了强有力的支持。百余家船公司、万余条运价、高覆盖面的全球目的港,数百家海外代理长期合作,最新、最好的价格一点即看,尽收眼底。

五、专业的操作团队,让你放心走货

全面:"一站式"综合物流服务,网上货物动态查询。

全程:中国重要口岸分支、世界主要港口代理,实现从国内到海外的门到门全程服务。

全心:热情、专业的操作团队,高效、完善的内部流程,放心、优质的服务质量,全心全意为客户服务。

六、贴心的会员服务

运价服务:成为会员,查询更优惠的运价。

物流服务:免费使用功能强大的"在线物流服务系统",为会员提供货物跟踪服务。会员登录后可进行在线订舱、订舱查询、订舱回执、单证跟踪、提单确认、费用查询等,随时随地把握货物运输信息。

资讯服务:纵观市场风云,知晓行业动态!

会员活动:定期举办优惠促销等活动,在体验贴心服务的同时,更获得超值回馈。

(资料来源:http://www.ejc56.com/ApproachJC.html,有改动)

项目小结

第四方物流不是物流的利益方,而是通过拥有的信息技术、整合能力以及其他资源提供一套完整的供应链解决方案,以此获取一定的利润。由于大多数第三方物流公司缺乏对整个供应链进行运作的战略眼光和整合供应链流程的相关技术,所以第四方物流日益成为一种帮助企业持续降低运作成本和提高效益的力量。第四方物流依靠业内最优秀的第三方物流供应商、技术供应商、管理咨询顾问和其他增值服务商,为客户提供独特、广泛的供应链解决方案,这是任何一家第三方物流公司所不能单独提供的。

同步训练题

(1) 第四方物流的基本功能有哪些?

(2) 试论述第四方物流与第三方物流的区别。

(3) 第四方物流在发展中存在的主要问题是什么?

(4) 试论述我国第四方物流面临的机遇。

实训项目

1. 实训目的

实训目的是使学生了解第四方物流的特征及运营模式。

2. 实训方式

实训方式是让学生到相关物流咨询企业调研。

3. 实训内容

(1) 了解第四方物流的特征。

(2) 了解第四方物流企业的运营模式。

(3) 写出调研报告。

参考文献

REFERENCE

[1] 汉斯·克里斯蒂安·波弗尔.物流前沿:实践·创新·前景[M].北京:机械工业出版社,2006.
[2] 李陶然.物流管理基础[M].北京:对外经济贸易大学出版社,2009.
[3] 黄中鼎.现代物流管理[M].2版.上海:复旦大学出版社,2009.
[4] 王槐林,刘明菲.物流管理学[M].3版.武汉:武汉大学出版社,2010.
[5] 张余华.欧盟物流管理[M].北京:高等教育出版社,2010.
[6] 唐纳德 J.鲍尔索克斯,戴维 J.克劳斯,M.比克斯比·库珀.供应链物流管理:第3版[M].马士华,黄爽,赵婷婷,译.北京:机械工业出版社,2010.
[7] 蓝仁昌.物流企业运行管理[M].北京:中国物资出版社,2011.
[8] 刘同利.销售物流管理[M].北京:中国物资出版社,2011.
[9] 韦家明.物流管理[M].长沙:湖南师范大学出版社,2014.
[10] 丁玉书,刘阳威.物流管理概论[M].北京:清华大学出版社,2012.
[11] 宋栎楠.生产物流管理[M].北京:中国物资出版社,2012.
[12] 戴军,吴玉贤.物流管理基础[M].天津:南开大学出版社,2010.